基金量化之道

系统搭建与实践精要

欧阳鹏程 ◎ 编著

清華大學出版社
北京

内 容 简 介

本书以基金与编程基础为出发点，面向零基础或基础知识较少的读者，由浅入深地介绍从零编写基金分析与交易的量化系统的方法与实践。本书内容由 Python 的基础知识与编程和投研常用的 Python 工具开始，逐步介绍常用的交易指标与投资组合管理，最后介绍系统的优化与管理。

本书共分为 7 章，第 1～3 章分别介绍基金的基础知识、Python 环境的搭建与常用的 Python 工具，作为后几章代码编写的基础；第 4 章着重介绍如何从零开始搭建量化分析系统，其中包含不同模块的设计；第 5 章与第 6 章介绍如何在量化系统中实现不同的交易框架和策略；第 7 章介绍将量化系统上线，并配置监控进行运营管理的方法。书中的代码附有详细注释，以帮助读者加深对量化系统的构建过程与交易策略的理解。

本书以通俗易懂的语言和实例阐述量化在基金产品方面的分析与应用，适于对基金交易与量化分析感兴趣的读者。

图书在版编目（CIP）数据

基金量化之道 ：系统搭建与实践精要 / 欧阳鹏程编著. -- 北京 ：清华大学出版社，2025. 1.
（计算机技术开发与应用丛书）. -- ISBN 978-7-302-67913-4

Ⅰ. F830.45-39

中国国家版本馆 CIP 数据核字第 2025PF1160 号

责任编辑：赵佳霓
封面设计：吴　刚
责任校对：时翠兰
责任印制：曹婉颖

出版发行：清华大学出版社
　　网　　址：https://www.tup.com.cn，https://www.wqxuetang.com
　　地　　址：北京清华大学学研大厦 A 座　　**邮　　编**：100084
　　社 总 机：010-83470000　　**邮　　购**：010-62786544
　　投稿与读者服务：010-62776969，c-service@tup.tsinghua.edu.cn
　　质量反馈：010-62772015，zhiliang@tup.tsinghua.edu.cn
　　课件下载：https://www.tup.com.cn，010-83470236
印 装 者：三河市东方印刷有限公司
经　　销：全国新华书店
开　　本：186mm×240mm　　**印　　张**：16.75　　**字　　数**：378 千字
版　　次：2025 年 3 月第 1 版　　**印　　次**：2025 年 3 月第 1 次印刷
印　　数：1～1500
定　　价：69.00 元

产品编号：105259-01

前言

PREFACE

得益于计算机技术的高速发展，投资者如今在计算机或者手机上就能进行快捷交易。同时随着数据变得更加透明与易得，使用计算机对投资对象进行回测与模拟分析也变得更加简便，使用程序化的策略进行分析或交易的行为通常被称作程序化交易或量化交易。

量化交易在早期阶段主要依赖于电子交易平台的发展，尤其是在美国商品期货市场。1952 年，美国经济学家 Harry Markowitz 提出了现代投资组合理论，为投资组合优化奠定了数学基础；1969 年，Edward Thorp 成立了第 1 个量化投资基金，标志着量化投资的产生；1988 年，James Simons 成立了大奖章基金，从事高频交易和多策略交易；20 世纪 90 年代，随着互联网的发展和金融建模工具及交易平台的普及，各种自动化交易系统、智能匹配算法和更加高效的交易策略纷纷涌现；进入 21 世纪后，随着新的计算机技术（如大数据、机器学习、深度神经网络）的快速发展，多样化的交易策略和高频交易策略的应用成为量化交易的新特征。随着 21 世纪国内金融市场与互联网金融的大力发展，许多优秀的量化平台与开源框架相继涌现，大幅地降低了普通投资者研究数据、执行量化交易的门槛。

量化交易是指以数学模型、统计学替代人为的主观判断并借助计算机编程技术的投资交易方法，通过历史数据对市场走势进行深入分析并制定与执行交易策略，相比人工交易减少了投资者情绪波动的影响，具有更高的执行效率与客观性，避免投资者在市场极度狂热或悲观的情况下做出非理性的投资决策。量化交易可用于多个市场，通过制定不同投资目标的交易策略，各种类型的投资者和交易员都能使用量化交易进行投资。为保持策略的竞争优势，在实践中需要不断地适应市场变化和技术更新。

基金是一种大众最容易接触到的投资方式，许多读者在生活中可能有意无意地接触过基金的投资，受众面广是本书将基金作为分析对象的原因之一。相较于权益类或衍生品投资，基金投资具有多种优势，基金通常投资于多种不同类型的资产，如股票、债券与商品等，可以分散投资者的风险；基金由具有丰富的投资经验和专业知识的基金经理进行管理，他们根据专业知识为投资者做出投资决策，以期获得更高的投资回报；基金投资十分灵活，投资者可以根据自身的投资目标和风险承受能力选择不同类型的基金；通过投资海外市场基金，投资者可以十分方便地参与全球市场的投资，为投资者提供了更多元化的投资选择和更广阔的投资视野；由于基金的受众面广，相关配套的教育资源十分丰富，投资者可以通过多种途径学习基金投资的知识和技巧，提高自己的投资能力。当然，基金投资也有一些劣势，例如其无法完全避免人性弱点，基金经理也可能受到市场情绪、个人偏见或过度自信等人性弱点的影响，导致投资决策出现偏差。因此，投资者在选择基金时，应结合自身的投资目标和风险承受能力做出决策，并可以使用量化分析技术选择合适的基金进行投资。

本书以公募基金为分析对象，以量化投资知识为底座，以编程技术为途径，旨在帮助投资者使用程序化的方式，根据自身的投资特点找到最适合的投资基金与投资策略，面向想要学习量化交易相关知识的读者。读者阅读本书最好具有一定的 Python 编程基础和简单的相关金融知识。

本书的第 1 章介绍基金的基础知识，包括基金的概念、分类及基金的要素和交易方式，第 1 章的内容为本书后面章节的编程方式提供了指导；第 2 章和第 3 章以编程技术为主，第 2 章为零基础的读者准备，介绍 Python 编程环境的搭建方式，第 3 章为读者介绍常用的 Python 编程工具，这些工具不仅在本书后面的章节中会用到，而且对读者平时进行 Python 编程也会有帮助；第 4 章内容是全书的重点，从本章开始将会把基金交易的相关知识和规则与编程相关知识进行结合，完成针对基金交易的量化系统框架设计与模块实现，读者需要着重关注本章，相对于其他品种而言，基金的交易规则较为简单与直接，读者掌握本章知识之后便能够轻松地将量化系统设计与实现思路迁移至其他投资品种；第 5 章与第 6 章将在第 4 章的量化系统框架下完成交易策略的编写，第 5 章以单基金介绍交易策略，从读者最常用的“买入并持有”策略和定投策略入手，让读者以量化的形式感受常用策略的收益情况，第 5 章还介绍根据指标的交易策略与经典的网格交易策略，读者通过经典的策略可以学习到策略设计的思路与应用方式，在第 5 章的最后将会从不同的角度对介绍过的策略进行改进，这部分同样是读者在实际执行策略时需要着重关注的，根据市场的不同情形对策略进行改进优化是必备的能力；第 6 章从多基金投资组合管理的角度入手，在合理的风险或期望的收益率水平下选择最优化的基金组合，读者应把第 5 章与第 6 章结合起来进行学习，保证策略设计思路的连贯性；第 7 章介绍量化系统的优化与管理，从可视化与线上运行的角度进行系统易用性的优化及性能的监控与管理。

资源下载提示

素材(源码)等资源：扫描目录上方的二维码下载。

视频等资源：扫描封底的文泉云盘防盗码，再扫描书中相应章节的二维码，可以在线学习。

本书的内容十分连贯，各章节内容会使用前面章节介绍过的知识，保证读者学习的连贯性。本书使用平实的语言与图示帮助读者更好地理解内容。希望读完本书读者能够对量化交易有更加清晰的认识，并且编程技术也有相应的提升。

强烈建议读者先基于数据进行研究和测试，以确认交易思想或系统的有效性。回测模拟的表现和真实的表现不同，不能代表真实的表现。

投资涉及风险。本书所有代码与示例仅限于教育用途，并不代表任何投资建议。本书中的示例不代表将来的交易会产生相似的回报或亏损。

投资者在做出交易决策之前必须评估风险，确认自身可以承受风险方可投资。

欧阳鹏程

2024 年 10 月

目录

CONTENTS

本书源码

第 1 章 CHAPTER 1 基金的基础知识

本章将从基金的概念、分类、要素与交易 4 个角度为读者介绍基金的基础知识。通过本章的学习，读者将理解投资基金与投资其他品种的区别，在了解不同类别基金的特点的同时选择最适合自己投资理念的基金，并了解如何完成基金的交易，以及如何计算基金中的损益等。

1.1 基金的概念

在日常生活中，读者可能常听到身边的朋友谈论储蓄或投资，实际上这两者是居民理财最主要的两种方式，它们的特点分别如下。

(1) 储蓄：具有保值性的特点，是指居民将暂时不用或结余的货币存入银行或其他金融机构，保证本金安全的同时期望获得一定的利息收益。

(2) 投资：未来的收益具有不确定性，投资者期望获得的回报应当能够补偿投入资金的时间成本、预期的通货膨胀或期望产生更多的收益。

从储蓄和投资的区别不难看出，这两种理财方式的风险偏好是不同的，储蓄以保本为主，同时希望获取一定的利息收益，而投资则有遭受本金损失的风险，但是同时也有获取更高收益的可能性。生活中最普遍的投资产品包括股票、债券、期货、基金等，接下来将介绍这些不同的投资标的各自的特点。

股票是一种权益类投资，买股票相当于获得了公司的一部分所有权，因此买入股票时，通常认为购买者对这家公司的前景是看好的，股票存在内在价值，其内在价值可以通过各种方法进行估算，其中一种最常见的方法是自由现金流贴现模型估值法，通过把公司未来产生的所有现金流贴现到目前。投资股票的策略很多，通常对于个人而言可以在价格远远低于估算的内在价值时买入并持有。股票投资的潜在盈利与风险大，当公司经营良好且投资人看好公司前景时，股价可能暴涨；反之公司经营不善则可能造成公司股价暴跌，甚至退市。股票的常见价格形式由 K 线表达，包括开盘价、最高价、最低价与收盘价(OHLC)。国内常见的股票指数包括上证 50、上证综指、上证 180、沪深 300、科创 50、深证综指、深证 100、创业板指等，每个指数都由一篮子股票组成，篮子中每只股票以特定的权重计算得到指数值，因此相对于个股，指数通常更能代表整个市场或部分市场的波动情况，它的波动相较于个股也会更小。国内的股票买卖施行的是 T+1 交易制度，意味着当日买入的股票只能在下一交易日卖出。

债券是一种固定收益类投资，简单而言当投资者买入债券时，未来债券发行人会还本付息，因此购买债券，通常对于投资者来讲是可以盈利的，从这个层面上看债券的风险要远小于股票，不用承担经营风险。债券的发行主体通常有国家、地方政府、企业等，国家与地方政府发行的债券通常被称为利率债，这类发行主体的信用等级高，违约风险小，因此影响这类债券价格的因素主要是市场利率的高低，而其他的主体发行的债券需要关注其是否会发生违约风险，投资者需要关注债券发行主体的信用状况，因此被称为信用债。债券的价值同样也可以将未来的现金流以一定的贴现率贴现到目前，以此进行债券的估值。通常来讲，债券与股票的走势会呈现一定的负相关关系。

期货合约是一种跨越时间的交易凭证，简称期货，属于金融衍生品。买卖双方通过签订标准化合约，按照指定的时间、价格与其他条件交割指定数量的货品。由于待交割的货品在未来的某个时间，只需缴纳一定保证金就能进行交易，所以期货的交易有杠杆属性。期货有明确的交割时间，不适合长期持有某个期货合约，期货合约刚上市交易或临近交割日期时，交易量会大大减少，从而造成流动性下降，投资者应及时关注流动性好的期货合约并进行移仓操作。对于大型机构来讲，期货常可以用作对冲或者套保，而个人投资者则可进行期货的投机交易。期货的底层交易标的可以是大宗商品、股票、利率、汇率等，每种期货合约的最小价格波动单位、合约乘数等信息也不同。与股票、债券不同的是，期货可以进行做空操作，相当于在签订期货合约的时候以卖方的身份签订，当期货价格下跌时，完成高卖低买的交易操作赚取差价。期货交易施行的是 T+0 交易制度，当天开的仓位可以在当天进行平仓。有关期货程序化交易的更多知识可以参考笔者的拙作《Python 量化交易实战》。

不同于前面介绍的直接投资品种，基金是一种间接投资品种，相当于将资金交给专业投资者，让其帮忙投资理财。基金本质上是一种委托关系，通过委托专业机构（基金管理公司）帮助管理资金和进行投资，基金公司根据不同的投资标的将制定的投资计划作为基金产品向普通投资者发售，有的投资者在购买基金时会将基金经理作为一个考量因素，希望通过选择过往业绩更好、更加专业的明星基金经理进行理财。由于基金是一种委托管理，所以在持有基金的过程中通常会按日计提管理费等费用，这也是基金投资与其他品种的一大区别。基金的申购与赎回也施行 T+1 交易制度，在申购的下一个交易日确认基金份额，在赎回的下一个交易日资金到账。一般来讲，基金经理通过专业化的分散投资降低投资组合的风险，相比于股票来讲具有更低的波动性。基金中分散投资的思想与股票指数不谋而合，因此许多基金本质上跟踪了股票市场指数的表现，这样的基金被称作被动型基金，更加详细的基金分类将在 1.2 节中介绍。基金通过将众多投资者的资金汇集起来，委托基金管理人集中进行投资，发挥资金的规模优势，降低了投资的成本，同时中小投资者也享受到了专业化的投资服务，证券投资基金发挥了专业理财的优势，推动了市场价值判断体系的形成，倡导理性投资的文化，有助于防止市场过度投机。

证券投资基金起源于英国，1868年在英国成立的“海外及殖民地政府信托”是第一只被公认的证券投资基金；随后基金在美国得到了初期发展，1924年在波士顿成立的“马萨诸塞投资信托基金”是美国开放式公司型共同基金的开端，美国相继颁布了一系列法律规范与保障基金的运作与监管，如1933年的《证券法》、1934年的《证券交易法》等；进入21世纪后，全球基金的规模持续增长，资产主要集中在北美和欧洲地区。我国于20世纪80年代末推出“中国概念基金”，20世纪90年代初期国内基金开始发展：1992年11月，深圳市投资基金管理公司率先发起设立天骥基金，是当时国内最大规模的封闭式基金，同月淄博乡镇企业投资基金设立，是国内第一家投资基金；2001年9月，我国第一只开放式基金华安创新创立；2003年后随着基金业资产规模迅速增长，基金监管得到不断完善与规范；2008年后，伴随着互联网金融的发展，基金业也发展为混业化和大资产管理的局面。

1.2　基金的分类

了解了基金的基本概念后，本节将介绍基金的分类，基金可以通过投资标的、投资目标、募集方式、投资理念、资金来源和用途、特殊基金等进行分类，下面将一一进行介绍。

1.2.1　按投资标的分类

由于基金是一种间接投资的手段，因此可以根据基金背后真正投资的标的进行分类，分类如下。

(1) 股票型基金：80%以上的基金资产投资于股票的基金，由于其底层资产是股票，它潜在的风险与长期收益较大。通常来讲，名称中带有“价值”的股票型基金投资于价格被低估的股票；带有“成长”的股票型基金投资于发展前景好、利润增长迅速的股票；带有“平衡”的股票型基金则同时投资于价值股与成长股。

(2) 债券型基金：80%以上的基金资产投资于债券的基金，由于债券的潜在风险和收益均低于股票，债券型基金的潜在风险与收益同样也低于股票型基金。

(3) 货币市场基金：仅投资于货币市场工具的基金，是风险最低的基金。一般而言年化收益率在2%～4%，有相较于银行定存更高的收益率与更灵活的存取方式。

(4) 混合型基金：投资于股票、债券和货币市场工具的基金，但是投资股票与债券的资产比例不符合股票型基金与债券型基金的规定。一般来讲混合型基金比股票型基金的风险要低，同时长期收益要高于债券型基金。

(5) 基金中基金(Fund Of Fund，FOF)：80%以上的基金资产投资于其他基金份额的基金。

(6) 另类投资基金：投资于股票、债券或货币市场工具等传统资产以外的资产的基金，例如投资于商品现货或期货合约的基金、投资于非上市股权的基金、投资于房地产的基金等。

1.2.2 按投资目标分类

基金按投资目标可分为以下3类。

(1) 成长型基金：以追求资本增值为基本目标的基金，主要以具有良好增长潜力的股票作为投资对象，具有潜在风险和收益较大的特点。

(2) 收入型基金：以追求稳定的经常性收入为基本目标的基金，主要以大盘蓝筹股、公司债券、政府债券等收益稳定的证券作为投资对象，具有潜在风险和收益较低的特点。

(3) 平衡型基金：同时考虑资本增值与经常性收入的基金，其潜在风险和收益介于成长型基金和收入型基金之间。

1.2.3 按募集方式分类

基金按募集方式可分为以下两类：

(1) 公募基金：面向广大普通投资者的基金，投资门槛低。

(2) 私募基金：面向特定的合格投资者，投资门槛高，通常100万元起步。

1.2.4 按投资理念分类

基金按投资理念可分为以下3类。

(1) 主动型基金：通过基金管理人的主动投资组合能力构建力图超越基准组合表现的基金。

(2) 被动型基金：通过选取特定的指数作为跟踪目标，不主动寻求取得超越市场表现的基金，力图复制指数的表现。

(3) 量化基金：通过量化选股模型进行投资组合分配的基金，能够有效地避免基金经理的个人偏好和情绪。

1.2.5 按资金来源和用途分类

基金按资金来源和用途可分为以下3类。

(1) 在岸基金：在本国募集资金并投资于本国证券市场的基金。

(2) 离岸基金：一国(地区)的证券投资基金组织在其他国家(地区)发售证券投资基金份额，并将资金投资于本国(地区)或第三国(地区)证券市场的基金。

(3) 国际基金：资金来源于国内，并投资于国外市场的投资基金。

1.2.6 特殊基金

特殊基金有以下两类。

(1) 避险策略基金：通过引入保本保障机制，保障基金份额持有人在保本周期到期时可以获得投资本金保证。

(2) 上市开放式基金(Listed Open-Ended Fund,LOF):可以在场外市场进行基金份额申购与赎回,也与交易所进行基金份额交易和基金份额申购与赎回的基金。

由于公募基金的受众广、门槛低,因此它是本书的主要研究对象。具体而言,本书将聚焦于股票型基金、债券型基金、货币型基金、混合型基金与另类投资基金,读者可以通过本节的知识了解这些不同基金类别的特点。

1.3 基金的要素

进行基金交易之前,需要先了解基金的要素。本节将对基金交易的要素进行介绍,如图 1-1 所示的信息展示了一个基金的基本要素,从图中可以发现单位净值、累计净值、涨跌幅、基金类型、基金规模、成立日等信息,下面将逐一介绍这些要素。

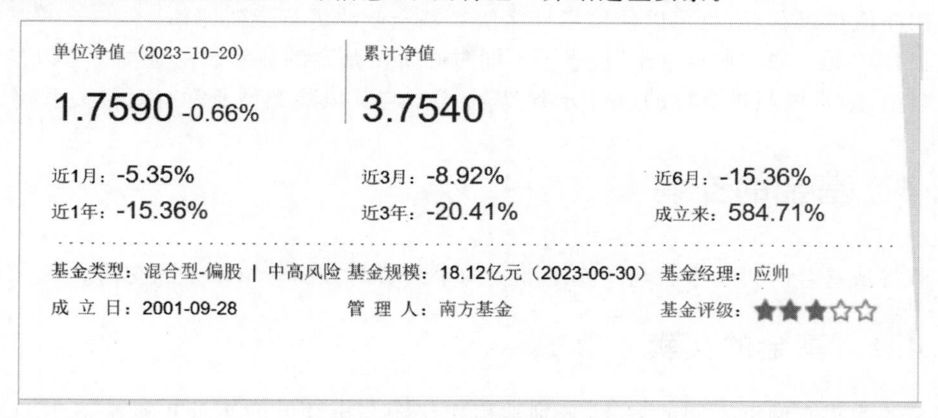

图 1-1　基金的要素

单位净值是当日该基金份额的申赎价格,例如图 1-1 中所示的基金在 2023 年 10 月 20 日时的申赎价格为 1.7590 元,表明如果在当天买入一份该基金份额,则需要 1.7590 元(当然,很多基金不会允许如此小金额的申购),在单位净值后有一个小的-0.66%,表示的是当天的单位净值相较于上一个交易日跌了 0.66%。基金会定期或不定期进行拆分或分红,这两种操作会造成单位净值的变动,例如当日基金净值是 3.4560 元,而在下一个交易日开市前会完成基金 1∶2 的拆分,那么基金份额持有人所持有的基金份额会变为两倍,同时基金的单位净值会变成原来的一半,即 1.7280 元;分红则是将基金资产中的一部分资产派发给投资者,当基金总资产减少且基金总份额不变时,单位净值也会相应减小,与股票的分红原理类似。分红与拆分都会造成单位净值的减小,因此单位净值不是一个合适的价格表征,其没有考虑拆分和分红的影响。

累计净值是指将现金分红考虑后的基金收益。换言之,在基金成立之初以价格每份 1 元购买基金后,累计到当日手中的资产即累计净值。相比于单位净值,累计净值是一个更好的价格表示。

除了单位净值和累计净值,复权净值通常不会展示。复权净值表示的是将现金分红重新投资于该基金所得到的净值。复权净值的原理可以类比于股票价格的复权。相比于单位净值,复权净值更加贴近实际的收益情况,即在某基金的投资期内假定所投金额不变所获得的收益。

如果某一只基金从未发生拆分或分红,则单位净值、累计净值和复权净值都相等;如果只发生了拆分,则累计净值与复权净值相等,一般来讲大于单位净值;如果只发生了分红,则对于盈利的基金而言,通常来讲复权净值最大,累计净值次之,单位净值最小。单位净值是实际进行基金交易时需要考虑的价格成本,通常来讲基金的申购采用未知价原则,净值在每日收盘后确定,以金额进行申购按份额进行赎回;复权净值是衡量基金业绩的重要标准,其考虑了基金拆分与分红的影响,并将现金投资的复利因素也纳入考虑,在做基金回测的时候是重要数据;累计净值由于只考虑了分红中的现金影响,在回测中不如复权净值准确,而由于复权净值难以获取,也可以使用累计净值对基金业绩进行近似评估。

图 1-1 中"近 1 月"到"成立来"代表了不同时间阶段基金的业绩。基金类型可以参考 1.2 节中的介绍,通常按照投资标的进行分类,基金类型与其风险类型通常有对应关系。

1.4 基金的交易

本节将从基金的买卖平台与买卖中涉及的手续费两方面介绍基金的交易。

5min

1.4.1 基金的买卖

基金的购买有两种不同的方式,分别被称作认购与申购。购买处于资金募集期间的新成立基金称作认购,购买已经成立的基金称作申购。认购与申购的区别主要有以下几个方面:①购买的时间不同,基金的认购发生在资金募集期内,即基金尚未成立的时候,而在基金募集期之后向基金管理人申请购买份额的行为则是申购;②购买价格不同,基金的认购价格一般是 1 元/份加上一定的销售费用,而在申购的时候则是按照基金的净值进行计价,通常来讲申购的价格会高于 1 元/份;③赎回条件不同,认购的基金在封闭期结束后才能赎回,而申购的基金在第 2 个交易日则可以赎回;④费率有可能不同,即对于不同的购买金额,认购和申购的收费可能不同。

无论是对于认购还是申购的基金份额,其卖出都被称为赎回。赎回的确认时间一般是 $T+2$ 或者 $T+3$。

基金的销售通常分为直销和代销。基金由基金公司发行,直销是指由基金公司直接销售基金,而代销是指其他机构帮忙销售。容易理解基金的直销只能卖自家基金公司的产品,而在代销机构则能购买各个基金公司的产品。通常来讲,基金可以由银行、证券公司、保险公司与独立的第三方销售公司进行代销,银行代销时一般由银行的理财顾问向客户推销基金理财产品或自行在银行手机客户端购买；证券公司代销时需要开通基金账户，在各家券商手机客户端购买基金即可；常见的独立第三方基金销售公司包括上海天天基金销售有限公司、蚂蚁（杭州）基金销售有限公司等，直接在基金销售公司对应的官网或手机客户端购买即可。随着互联网金融的迅速发展，不少互联网巨头也获得了基金销售牌照。

1.4.2 基金的手续费

基金的认购/申购、持有与赎回的过程中都可能会产生相应的手续费，通常来讲在一只基金的管理运作过程中会产生以下费用：申购费/认购费、销售服务费、管理费、托管费、赎回费等。

如果于资金募集期购买基金，如1.4.1节所提到的，则将会产生认购费，认购费归属基金销售机构所有。认购费通常不打折，根据不同的基金类型其认购费有所不同，一般在0%～1.5%。认购新发基金的认购费较高，并且存在一定风险。由于新发基金没有历史业绩可以参考，因此对于新发基金的投资风格与偏好难以揣摩，并且新发基金易在市场高估期发行，有买入即下跌的风险。

如果基金已经成立，此时购买基金则会产生申购费，作为对渠道宣传的报酬。一般来讲目前各基金销售机构会对申购费进行打折，网络销售平台通常打一折，传统的销售渠道如银行、证券公司等的折扣较少。由于申购费也归销售平台所有，因此许多基金公司直销基金时可以对申购费执行更高的折扣，例如可以做到0.1折，然而投资者可选择的基金会更少。

赎回费在投资者赎回基金份额时收取，而赎回费的具体收取比例通常与基金的持有时间相关，持有时间越长则赎回费率越低，因此鼓励投资者长期持有基金。收取的赎回费会归入基金资产，由剩余的投资人拥有，作为对其他基金持有人的一种补偿。

销售服务费由销售机构收取，属于基金的运作费用，用于支付销售机构的佣金、基金的销售费用及对基金持有人的服务费等。销售服务费是每日计算、每日计提并按月支付的。

管理费由基金管理人/基金公司收取，是基金公司最主要的收入来源，按照每年固定费率收取并分摊到每日计算和计提。

托管费由基金的托管方收取，通常是银行。设置托管方是为了防止基金公司同时持有投资者的现金并管理，引入的第三方进行现金托管，因此需要支付一部分手续费给托管方。同样托管费也是按每年固定费率收取并分摊到每日计算和计提。

基金有前端与后端收费两种方式，前端收费是指在基金申购时就扣减申购费，而后端收费是指申购费在赎回的时候再扣减。通过查看基金概况可以查看某只基金的收费方式，如图1-2所示，基金"南方稳健成长证券投资基金"的收费方式是前端收费，并且可以看到通过天天基金进行申购的费率由1.6%打折到0.16%，从图中还能看出该基金没有销售服务费，托管费率每年为0.2%，以及最高赎回费率为1.5%等信息。除了费率相关信息，从图1-2中可以知道该基金的托管人为工商银行，基金类型为混合型-偏股基金，因此其业绩比较标准为上证综指与上证国债指数的加权和等信息。

基本概况　　其他基金基本概况查询：请输入基金代码、名称或简拼

基金全称	南方稳健成长证券投资基金	基金简称	南方稳健成长混合
基金代码	202001（前端）	基金类型	混合型-偏股
发行日期	2001年09月19日	成立日期/规模	2001年09月28日 / 34.889亿份
资产规模	18.12亿元（截止至：2023年06月30日）	份额规模	9.1424亿份（截止至：2023年06月30日）
基金管理人	南方基金	基金托管人	工商银行
基金经理人	应帅	成立来分红	每份累计2.00元（19次）
管理费率	1.20%（每年）	托管费率	0.20%（每年）
销售服务费率	---（每年）	最高认购费率	1.00%（前端）
最高申购费率	~~1.60%（前端）~~ 天天基金优惠费率：0.16%（前端）	最高赎回费率	1.50%（前端）
业绩比较基准	上证综指×80% +上证国债指数×20%	跟踪标的	该基金无跟踪标的

基金管理费和托管费直接从基金产品中扣除，具体计算方法及费率结构请参见基金《招募说明书》

图 1-2　202001 的基金概况

图 1-2 只是对于基金的情况进行了大致的介绍，相关更加详细的申购费率说明如图 1-3 所示，可以看到对于不同的申购金额，其申购费率也是不同的，当资金量越大时收取的费率越低，以此鼓励投资者进行基金的大额申购。

申购费率（前端）

适用金额	适用期限	原费率 | 天天基金优惠费率 银行卡购买 | 活期宝购买
小于100万元	---	~~1.60%~~ | 0.16% | 0.16%
大于或等于100万元，小于1000万元	---	~~1.30%~~ | 0.13% | 0.13%
大于或等于1000万元	---	每笔1000元

友情提示：活期宝买基金方便又快捷。了解什么是活期宝

基金超级转换，转入基金的申购费率参照天天基金活期宝购买优惠费率。了解基金超级转换

图 1-3　202001 的申购费率

同样，对于赎回费率也不是固定的，如图 1-4 所示。如果持有时长小于 7 天，则赎回费率为 1.5%，否则收取 0.5%，鼓励投资者长期持有基金份额。

赎回费率

适用金额	适用期限	赎回费率
---	小于7天	1.50%
---	大于或等于7天	0.50%

▲ 友情提示：为保护长期投资者利益，证监会规定，本基金对持有期较短的投资者赎回时，将收取不低于0.5%比例的赎回费。该费用由基金公司收取，并计入基金财产。（详见费率表）

友情提示：赎回份额会按照先进先出算持有时间和对应赎回费用。

图 1-4　202001 的赎回费率

有的基金同时支持前端收费和后端收费两种方式，如图 1-5 所示，通过基金代码进行收费方式的区分，但是它们指向同一只基金。在如图 1-5 所示的基金基本概况中，其仅展示了前端收费方式的具体费率。

基本概况　　其他基金基本概况查询：请输入基金代码、名称或简拼

基金全称	富国中证红利指数增强型证券投资基金	基金简称	富国中证红利指数增强A
基金代码	100032（前端）、100033（后端）	基金类型	指数型-股票
发行日期	2008年11月27日	成立日期/规模	2008年11月20日 / 5.000亿份
资产规模	61.63亿元（截止至：2023年06月30日）	份额规模	63.0204亿份（截止至：2023年06月30日）
基金管理人	富国基金	基金托管人	工商银行
基金经理人	徐幼华、方旻	成立来分红	每份累计1.77元（11次）
管理费率	1.20%（每年）	托管费率	0.20%（每年）
销售服务费率	0.00%（每年）	最高认购费率	1.50%（前端）
最高申购费率	~~1.50%（前端）~~ 天天基金优惠费率：0.15%（前端）	最高赎回费率	1.50%（前端）
业绩比较基准	90%×中证红利指数收益率+10%×一年期银行储蓄存款利率(税后)	跟踪标的	中证红利指数

基金管理费和托管费直接从基金产品中扣除，具体计算方法及费率结构请参见基金《招募说明书》

图 1-5　同时有前端、后端收费模式的基金

查看该基金的前端认购费率可以看到如图 1-6 所示的数据，认购费率通常来讲是不打折的。

认购费率（前端）

适用金额	适用期限	原费率 | 天天基金优惠费率
小于100万元	---	1.50%
大于或等于100万元，小于500万元	---	1.20%
大于或等于500万元	---	每笔1000元

图 1-6　前端认购费率

该基金的后端认购费率如图 1-7 所示，认购费率随着基金的持有期限的延长而减少。相较于前端认购，至少需要持有 1 年才有可能相较于后端收费更加优惠，选择前端或后端收费取决于投资者的投资风格。

认购费率（后端）

适用金额	适用期限	认购费率
---	小于1年	1.80%
---	大于或等于1年，小于3年	1.20%
---	大于或等于3年，小于5年	0.60%
---	大于或等于5年	0.00%

图 1-7　后端认购费率

该基金的前端申购费率如图1-8所示，对于前端申购费率，第三方平台通常会打一折。

申购费率（前端）

适用金额	适用期限	原费率	天天基金优惠费率 银行卡购买	活期宝购买
小于100万元	---	~~1.50%~~	0.15%	0.15%
大于或等于100万元，小于500万元	---	~~1.20%~~	0.12%	0.12%
大于或等于500万元	---	每笔1000元		

友情提示：活期宝买基金方便又快捷。了解什么是活期宝

基金超级转换，转入基金的申购费率参照天天基金活期宝购买优惠费率。了解基金超级转换

图 1-8　前端申购费率

该基金的后端申购费率如图1-9所示，后端申购的手续费一般没有折扣，相比于前端申购收费，进行后端申购至少要持有基金5年才会获得优惠，由于需要持有的时间太长，因此大多数投资者会选择前端申购，这也造成目前后端收费的基金逐渐减少。

申购费率（后端）

适用金额	适用期限	申购费率
---	小于1年	1.80%
---	大于或等于1年，小于3年	1.20%
---	大于或等于3年，小于5年	0.60%
---	大于或等于5年	0.00%

图 1-9　后端申购费率

该基金的前端与后端赎回费率如图1-10和图1-11所示，赎回费率通常没有折扣，并且与认购和申购类似，后端收费方式在持有时间较短相较于前端收费方式没有优势。

赎回费率（前端）

适用金额	适用期限	赎回费率
---	小于7天	1.50%
---	大于或等于7天	0.50%

友情提示：为保护长期投资者利益，证监会规定，本基金对持有期较短的投资者赎回时，将收取不低于0.5%比例的赎回费。该费用由基金公司收取，并计入基金财产。（详见费率表）

友情提示：赎回份额会按照先进先出算持有时间和对应赎回费用。

图 1-10　前端赎回费率

有时一只基金会区分A、B、C几种不同的份额，如图1-12和图1-13所示。一般使用A、B、C区分基金份额的原因是最低金额门槛不同（货币基金），申购与赎回费率计算不同（债券型基金、股票型基金）。

如图1-12和图1-13中的基金，对比可以看出C类份额没有申购费用，但是相比多了一个每年的销售服务费。不难看出，如果持有时间较短，则应该选择C类份额进行投资，否则应该选择A类份额投资。

赎回费率（后端）

适用金额	适用期限	赎回费率
---	小于7天	1.50%
---	大于或等于7天，小于或等于2年	0.60%
---	大于2年，小于或等于3年	0.30%
---	大于3年	0.00%

友情提示：为保护长期投资者利益，证监会规定，本基金对持有期较短的投资者赎回时，将收取不低于0.5%比例的赎回费。该费用由基金公司收取，并计入基金财产。（详见费率表）

图 1-11 后端的赎回费率

基本概况

其他基金基本概况查询：请输入基金代码、名称或简拼

基金全称	华泰柏瑞富利灵活配置混合型证券投资基金	基金简称	华泰柏瑞富利混合A
基金代码	004475（前端）	基金类型	混合型-灵活
发行日期	2017年08月10日	成立日期/规模	2017年09月12日 / 13.874亿份
资产规模	45.54亿元（截止至：2023年06月30日）	份额规模	22.9763亿份（截止至：2023年06月30日）
基金管理人	华泰柏瑞基金	基金托管人	建设银行
基金经理人	董辰	成立来分红	每份累计0.00元（0次）
管理费率	1.20%（每年）	托管费率	0.20%（每年）
销售服务费率	0.00%（每年）	最高认购费率	~~1.20%（前端）~~ 天天基金优惠费率：0.12%（前端）
最高申购费率	~~1.50%（前端）~~ 天天基金优惠费率：0.15%（前端）	最高赎回费率	1.50%（前端）
业绩比较基准	沪深300指数收益率*50%+中债综合指数收益率*50%	跟踪标的	该基金无跟踪标的

基金管理费和托管费直接从基金产品中扣除，具体计算方法及费率结构请参见基金《招募说明书》

图 1-12 基金的 A 份额

理解了手续费的不同收取方式与不同基金份额的区别，不难理解前端收费基金中各部分的计算方式：盈利＝赎回金额－申购金额，而申购金额需要扣减手续费才是真实购买基金的金额：净申购金额＝申购金额/(1＋申购费率)、申购手续费＝申购金额－净申购金额，申购份额＝净申购金额/单位净值；赎回总金额＝赎回份额×单位净值，赎回手续费＝赎回总金额×赎回费率，赎回金额＝赎回总金额－赎回手续费。以上公式主要用于展示前端收费方式的基金申购与赎回过程中的手续费与相关金额的计算，同时基金还存在每日计提的管理费、托管费等，读者可以根据实际数据进行演算。由于目前基金的主流收费方式是前端收费，因此本书的系统认为所有基金的收费方式都是前端收费，有关后端收费的计算方式读者可以自行查阅相关资料。

基本概况 其他基金基本概况查询：请输入基金代码、名称或简拼

基金全称	华泰柏瑞富利灵活配置混合型证券投资基金	基金简称	华泰柏瑞富利混合C
基金代码	014597（前端）	基金类型	混合型-灵活
发行日期	2021年12月20日	成立日期/规模	2021年12月22日 / --
资产规模	28.26亿元（截止至：2023年06月30日）	份额规模	14.4298亿份（截止至：2023年06月30日）
基金管理人	华泰柏瑞基金	基金托管人	建设银行
基金经理人	董辰	成立来分红	每份累计0.00元（0次）
管理费率	1.20%（每年）	托管费率	0.20%（每年）
销售服务费率	0.80%（每年）	最高认购费率	---（前端）
最高申购费率	0.00%（前端）	最高赎回费率	1.50%（前端）
业绩比较基准	沪深300指数收益率*50%+中债综合指数收益率*50%	跟踪标的	该基金无跟踪标的

基金管理费和托管费直接从基金产品中扣除，具体计算方法及费率结构请参见基金《招募说明书》

图 1-13 基金的 C 份额

1.5 小结

本章介绍了基金的基础知识，从基金的概念、基金的分类、基金的要素与基金的交易 4 个方面进行了讲解，读者需要重点掌握不同基金分类的特点，基金的各种要素，尤其是不同净值之间的区别与联系，基金购买与赎回过程中产生的费率与计算，这将对理解后面几章的内容有巨大帮助。

第 2 章

CHAPTER 2

Python 环境的搭建

本章以 Ubuntu 操作系统介绍 Python 环境的搭建，将分别介绍通过官网源码安装与通过 Anaconda 安装 Python 环境。

2.1 通过官网安装

本书的系统的运行环境为 Python 3.10，通过源码安装 Python 需要依赖 GCC 编译，因此需要先使用下面的命令安装依赖库：

```
sudo apt update
sudo apt install build - essential zlib1g - dev libncurses5 - dev libgdbm - dev libnss3 - dev
libssl - dev libreadline - dev libffi - dev libsqlite3 - dev wget libbz2 - dev
```

在 Python 官网下载 Python 3.10 源代码，如图 2-1 所示。

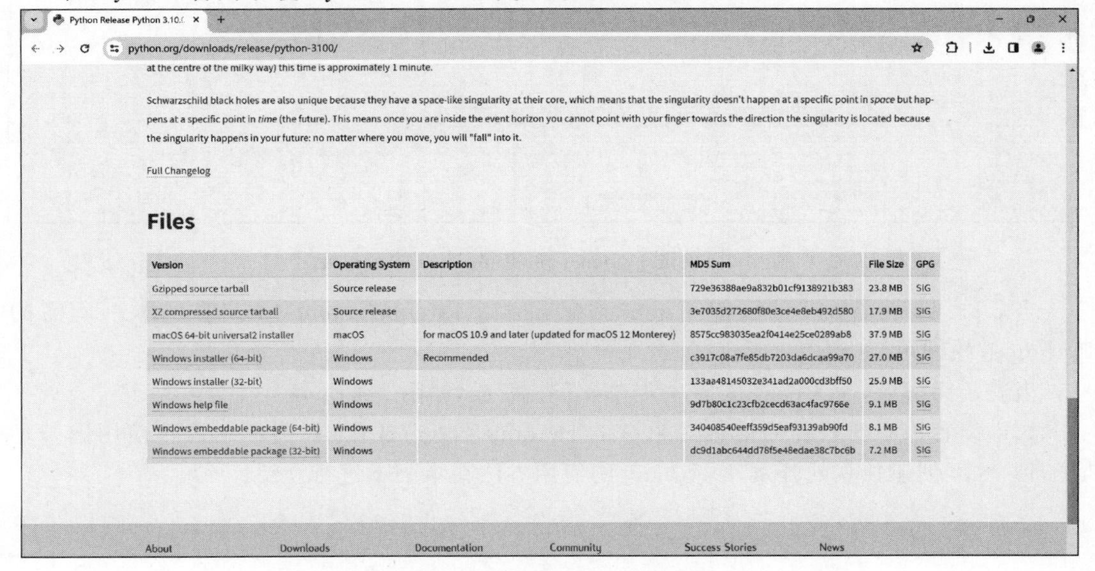

图 2-1　Python 3.10 下载页面

如图 2-1 所示，单击 Source release 版本或通过 wget 下载即可。下载完成后解压并进入 Python 源码目录：

```
tar -xf Python-3.10.0.tgz
cd Python-3.10.0/
```

接下来配置编译优化选项：

```
./configure --enable-optimizations
```

最后使用 make 命令进行编译和安装即可：

```
make -j 2
sudo make altinstall
```

使用命令 python3.10 和 pip3.10 分别测试 Python 和 pip 的可用性即可，如果出现如图 2-2 所示的结果，则说明安装成功。

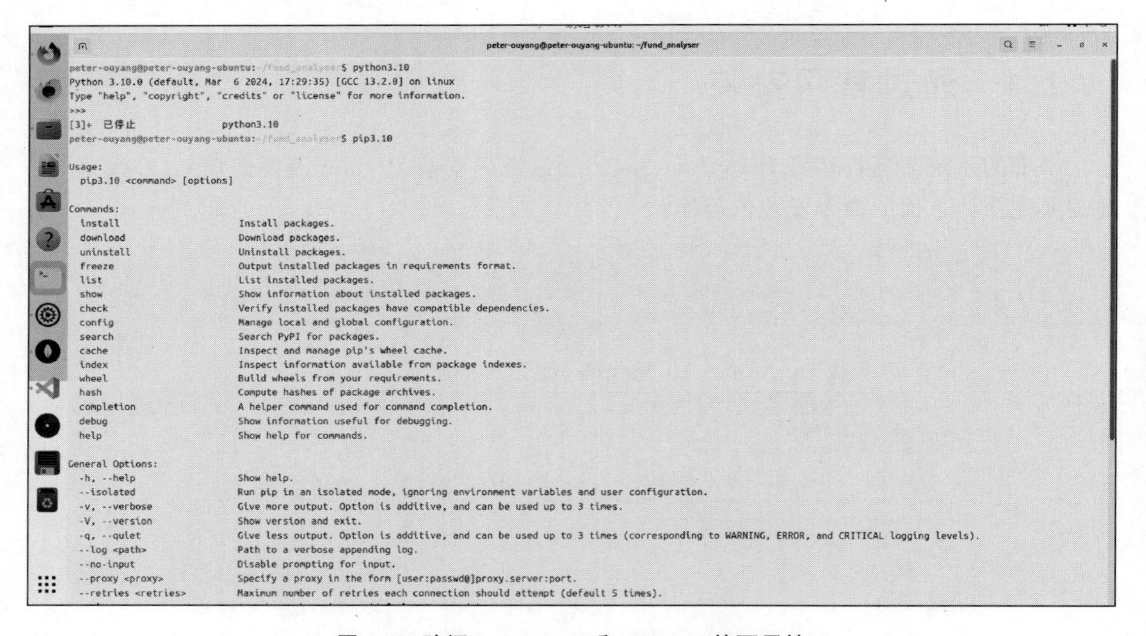

图 2-2 验证 python3.10 和 pip3.10 的可用性

当 pip3.10 命令可用时，使用 pip3.10 install -r requirements.txt 安装本书所需的 Python 依赖即可，如图 2-3 所示。

当安装完毕后，应不存在依赖冲突直至安装完成，如图 2-4 所示。

如果读者担心新安装的依赖对原有的 Python 环境造成影响，则本书推荐使用虚拟环境工具 venv 创建独立的开发环境，venv 的使用方法在本书不进行介绍。

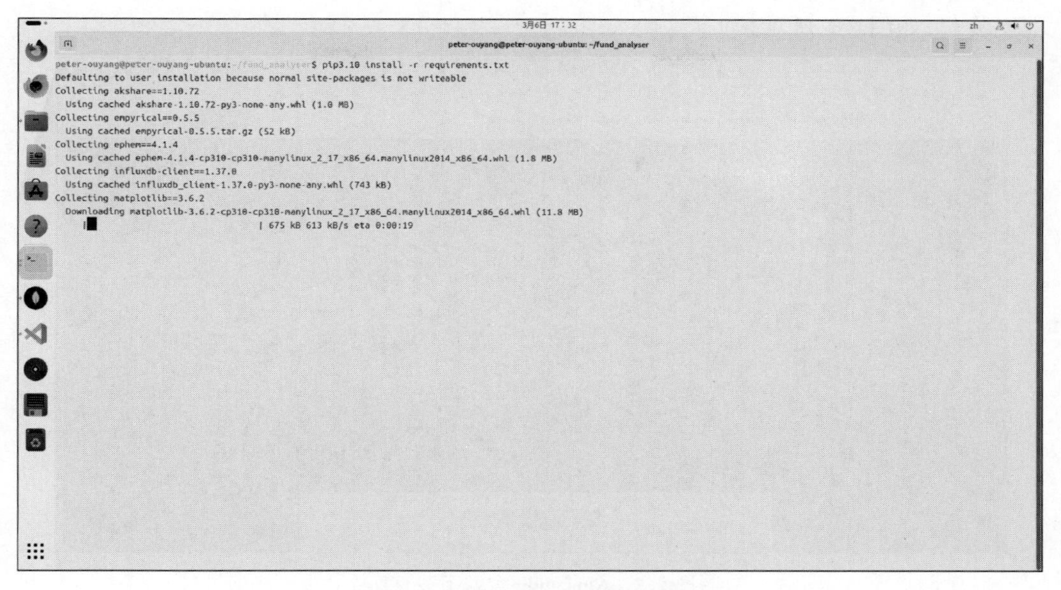

图 2-3　使用 pip3.10 安装依赖

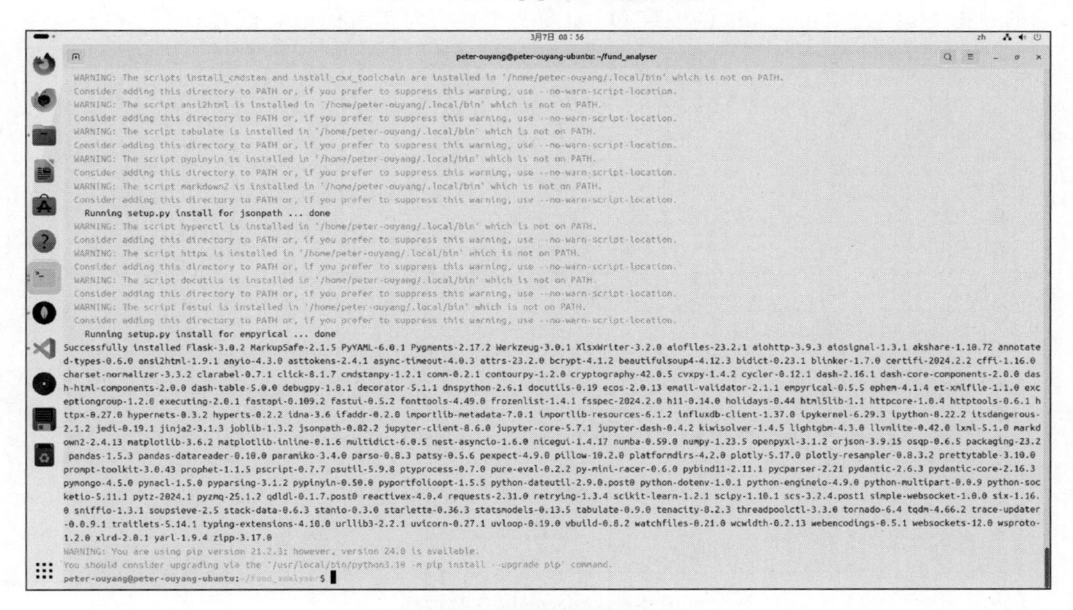

图 2-4　依赖安装完成

2.2　通过 Anaconda 安装

Anaconda 是一个用于安装和管理 Python 包的软件，通过 Anaconda 可以方便地创建不同的虚拟环境并且管理环境中的 Python 包。首先进入 Anaconda 官网，单击下载 Linux

版本安装包，如图 2-5 所示。

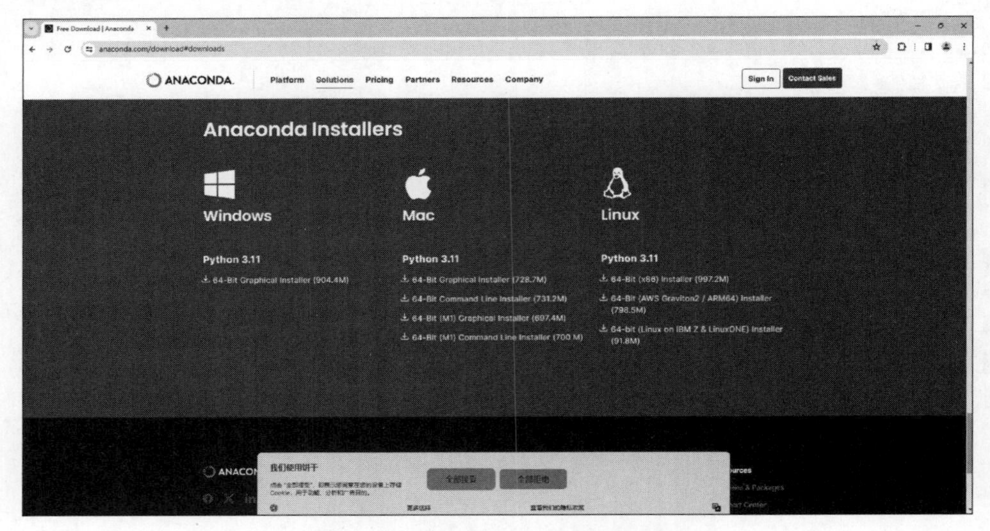

图 2-5 Anaconda 官网下载页面

通过 bash 执行 Anaconda 的安装包，如图 2-6 所示为正常的安装流程。

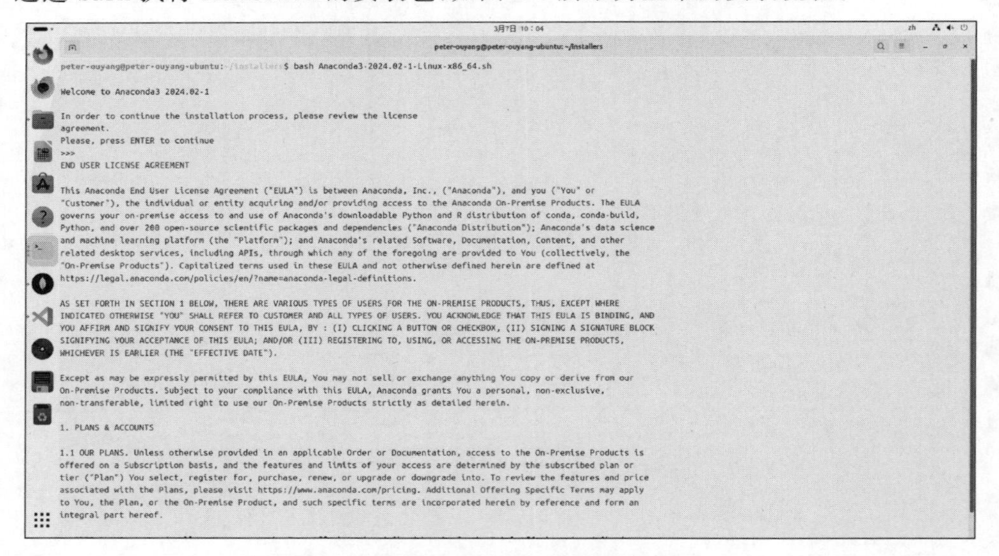

图 2-6 Anaconda 安装过程

安装过程中有部分自定义的选项，例如安装路径等，读者可以根据自身情况进行选择。安装完成后需要将 conda 加入环境变量：

```
echo 'export PATH = "{安装路径}/bin: $ PATH"'  >> ~/. bashrc
source ~/. bashrc
```

安装完成后，在终端使用 conda 命令进行测试，如果看到如图 2-7 所示的结果，则说明安装成功。

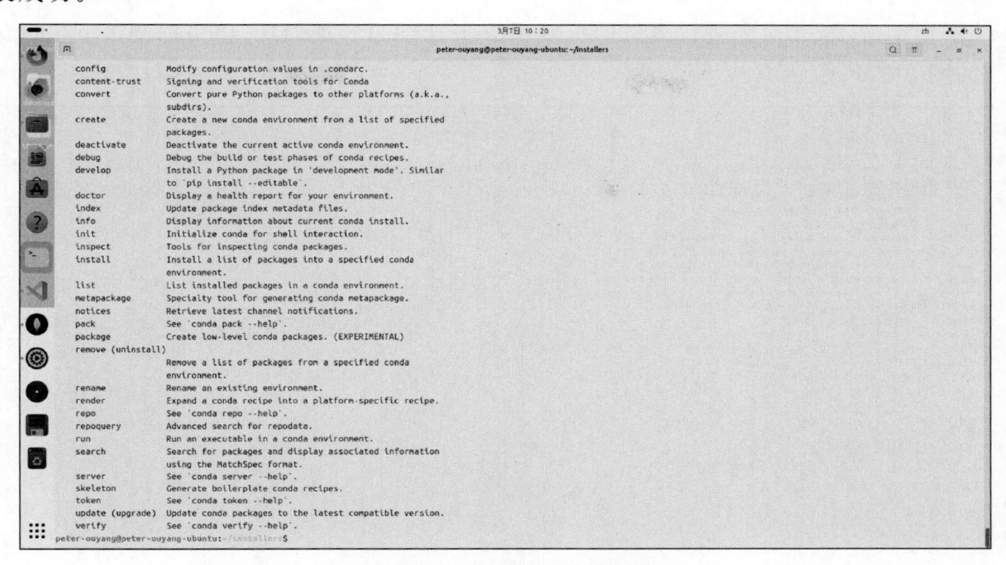

图 2-7 验证 conda 的可用性

由于下载的 Anaconda 包含的 Python 版本为 3.11，而本书使用的版本为 3.10，因此需要使用 Anaconda 创建 Python 3.10 的虚拟环境，命令如下：

```
conda create -n fund_analyser python=3.10
```

conda create 命令的-n 选项表示创建的虚拟环境名称，python 选项可以指定安装的 Python 版本，执行命令的安装过程如图 2-8 所示。

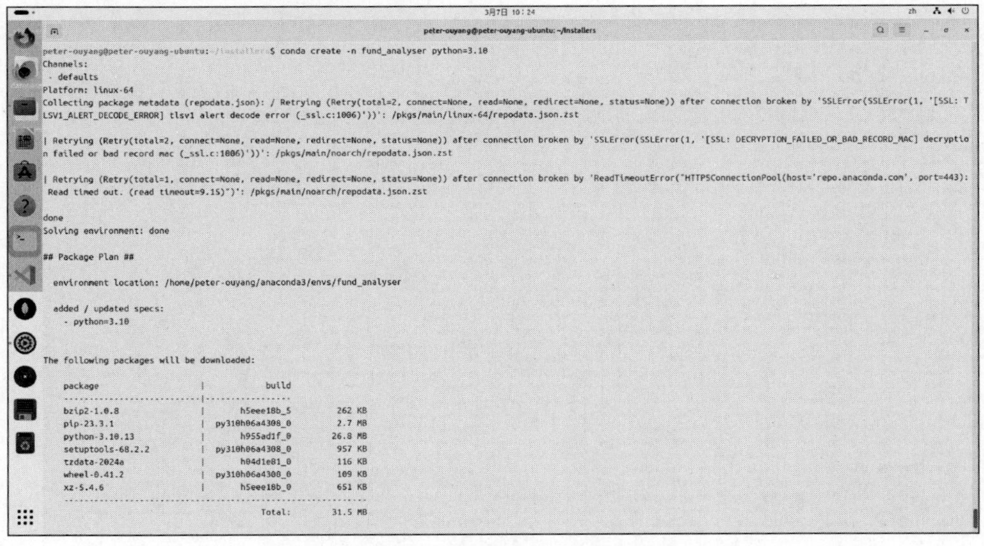

图 2-8 安装 Python 3.10 虚拟环境

虚拟环境创建完成后,使用 conda activate fund_analyser 命令激活虚拟环境,在当前虚拟环境下使用 python 命令进行测试即可使用 Python 3.10,类似地,也可以测试 pip 的安装情况,如图 2-9 所示。

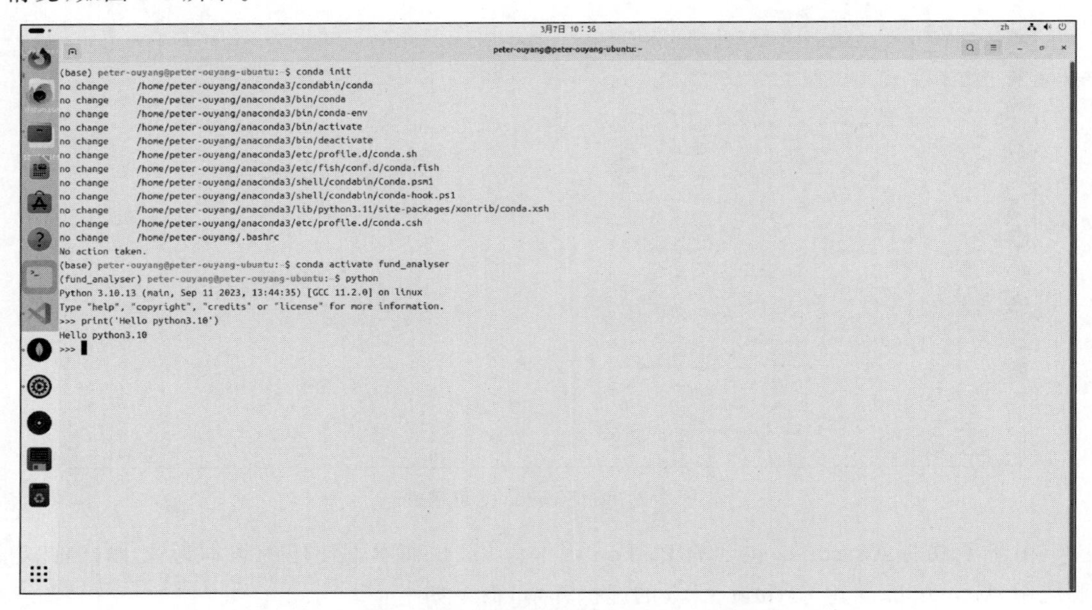

图 2-9 测试虚拟环境的 Python 3.10

使用虚拟环境的 pip 安装 requirements.txt 文件中的依赖包即可完成环境的配置,如图 2-10 所示。

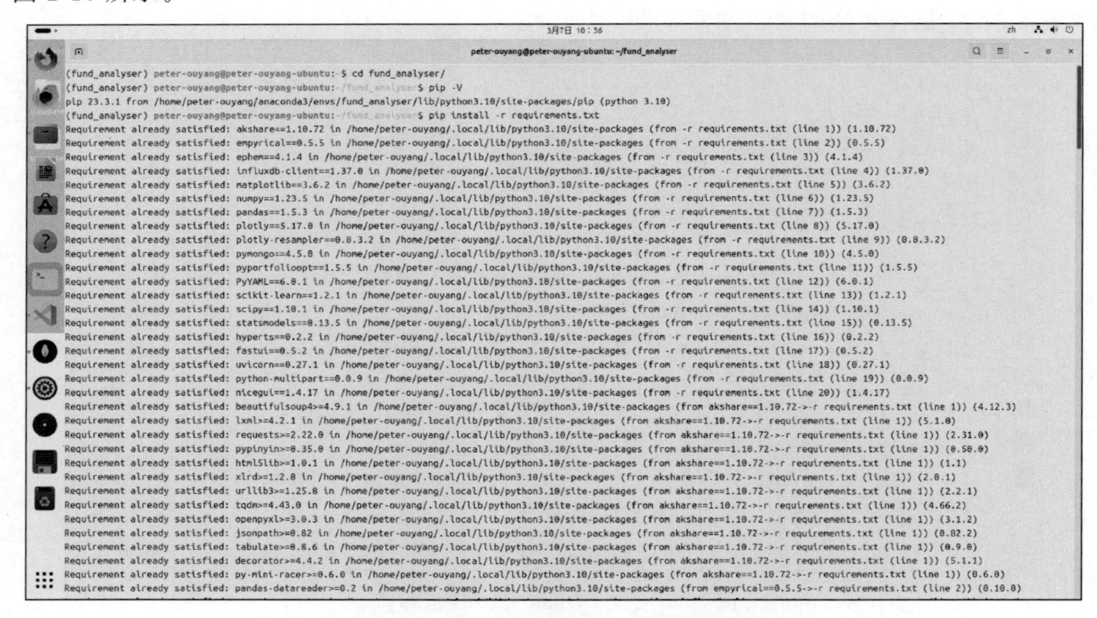

图 2-10 使用虚拟环境的 pip 安装依赖包

2.3 小结

本章介绍了两种方式搭建 Python 编程环境。相较于从源码编译，通过 Anaconda 进行安装更加方便与灵活，同时 Anaconda 支持不同操作系统的安装，其执行过程与 2.2 节中类似。本书推荐读者使用 Anaconda 进行环境配置，便于后期的开发与维护。

第3章

CHAPTER 3

常用的 Python 工具

本章介绍 Python 数据类编程中常用的工具包，有相关基础的读者可以跳过本章。

3.1 NumPy

NumPy 是一款在 Python 中被广泛使用的开源科学计算库，它的特点是支持高维大型数组的运算，其图标如图 3-1 所示。

在金融领域应用中使用 NumPy 库进行运算，尤其是当涉及大型矩阵运算等时使用 NumPy 计算十分方便。除此之外，在图像相关的应用中也可以使用 NumPy，输入的图像实际上是一个形状为(H,W,C)的高维数组，其中 H、W、C 分别为图像的高度、宽度与通道数(也有其他的图像表示形式，例如将通道数放在最前)。

图 3-1 NumPy 的图标

3.1.1 NumPy 中的数据类型

NumPy 中的数据类型众多，与 C 语言的数据类型较为相近。例如，其中的整型就分为 int8、int16、int32、int64 及它们对应的无符号形式，而 Python 中的整型则只有 int 进行表示，同样对于 float 也是类似的。

数据类型之间的转换使用 np.[类型](待转换数组)或.as_type([类型])。如希望将 int64 类型的数组 a 转换为 float32，则可以使用 np.float32(a)或 a.as_type(np.float32)完成。

3.1.2 NumPy 中数组的使用

1. 创建数组

在 NumPy 中多维数组被称作 ndarray，使用 NumPy 创建多维数组十分方便，可以通过转换 Python 中的列表或元组得到，也能直接通过 NumPy 中的函数创建。NumPy 中对数组进行操作的函数所返回的数据都是 ndarray。例如要创建一个形状为(2,3,4)一共 24 个 1 的 ndarray,可以通过以下的两种方式进行创建,代码如下:

```
//ch3/test_numpy.py
import numpy as np

#方法 1:通过列表创建数组
a_list = [
    [[1, 1, 1, 1], [1, 1, 1, 1], [1, 1, 1, 1]],
    [[1, 1, 1, 1], [1, 1, 1, 1], [1, 1, 1, 1]]
]

a_np1 = np.array(a_list)
print(a_np1)
#<class 'numpy.ndarray'>
print(type(a_np1))
#<class 'numpy.int32'>
print(type(a_np1[0][0][0]))

#方法 2:通过 NumPy 函数创建数组
a_np2 = np.ones(shape=[2, 3, 4])
print(a_np2)
#<class 'numpy.ndarray'>
print(type(a_np2))
#<class 'numpy.float64'>
print(type(a_np2[0][0][0]))
```

使用 python test_numpy.py 运行程序后,发现通过两种方式创建的数组都可以得到形状为(2, 3, 4)的数组,并且它们的类型都是<class 'numpy.ndarray'>。不同的是,a_np1 与 a_np2 中的元素数据类型分别为<class 'numpy.int32'>与<class 'numpy.float64'>,这是因为 a_list 中的元素原本是 Python 中的 int 型,所以在转换为 ndarray 时是 numpy.int32 型。如果将 a_list 中的元素改为 1. 或 1.0,此时 a_np1 与 a_np2 中的元素类型则都是<class 'numpy.float64'>。使用 ndarray 的 astype 方法进行类型转换,代码如下:

```
a_np2_int = a_np2.astype(np.int32)
#<class 'numpy.int32'>
print(type(a_np2_int[0][0][0]))
```

NumPy 除了提供了创建所有元素为 1 数组的方法 np.ones,相似地,也可以使用 np.zeros 创建所有元素为 0 的数组,代码如下:

```
b_np = np.zeros([2, 3, 4])
print(b_np)
```

除了可以用 np.ones 和 np.zeros 创建指定形状的数组,也可以使用 np.ones_like 与 np.zeros_like 创建和已知数组形状相同的全 1 或全 0 数组,其过程相当于先获得目标数组的形状,再使用 np.ones 或 np.zeros 进行创建,代码如下:

```
#创建和 b_np 数组形状相同的数组,其中值全为 1
one_like_b_np = np.ones_like(b_np)
print(one_like_b_np)
#(2, 3, 4)
print(one_like_b_np.shape)
```

2. 创建占位符

当不知道数组中的每个元素的具体值时，还可以使用 np.empty 来创建一个“空”数组作为占位符，这个“空”只是语义上而言的，其实数组中存在随机的数值。NumPy 对使用 empty 方法创建的数组元素随机进行初始化，而后期需要做的是为数组中的元素进行赋值，代码如下：

```
#empty1 和 empty2 中的值都是随机初始化的,empty 方法实际上是创建了占位符,运行效率高
empty1 = np.empty([2, 3])
print(empty1)
empty2 = np.empty([2, 3, 4])
print(empty2)
```

3. 数组的属性

所有的 ndarray 都有 ndim、shape、size、dtype 等属性，其中 ndim 用来查看数组的维度个数，如 a_np1 的形状为(2,3,4)，那么它就是一个三维的数组，ndim 的值为 3，而 shape 是用来查看数组的形状的，即 a_np1. shape 是(2, 3, 4)；size 的意义则说明数组中总的元素个数，即 a_np1. size=2×3×4=24，代码如下：

```
#3
print(a_np1.ndim)
#(2, 3, 4)
print(a_np1.shape)
#24
print(a_np1.size)
```

4. 数组的转置

NumPy 可以对高维数组进行转置(transpose)，转置是指改变数组中元素的排列关系而不改变元素的数量。转置时需要指定 axes 参数，它指输出的数组的轴顺序与输入数组的轴顺序之间的对应关系。如新建一个形状为(2, 3, 4)的数组 a，其在 0、1、2 轴上的长度分别为 2、3、4，使用 np. transpose(a, axes=[0, 2, 1])表示将 a 数组的 2 轴和 1 轴进行交换，而原数组的 0 轴保持不变，得到的新数组的形状则为(2,4,3)。可以这样理解：原数组 a 是由 2(0 轴长度)个 3×4(1 轴和 2 轴)的矩阵组成的，0 轴保持不变，而只有 1 轴与 2 轴进行转置，即两个 3×4 的矩阵分别进行矩阵转置即为最后的结果，故最终的形状为(2,4,3)，具体转置结果的代码如下：

```
//ch3/test_numpy.py
b_list = [
```

```
    [[1, 2, 3, 4], [5, 6, 7, 8], [9, 10, 11, 12]],
    [[13, 14, 15, 16], [17, 18, 19, 20], [21, 22, 23, 24]]
]

b_np = np.array(b_list)
print(b_np)
#(2, 3, 4)
print(b_np.shape)

b_np_t1 = np.transpose(b_np, axes = [0, 2, 1])
print(b_np_t1)
#(2, 4, 3)
print(b_np_t1.shape)

b_np_t2 = np.transpose(b_np, axes = [1, 0, 2])
print(b_np_t2)
#(3, 2, 4)
print(b_np_t2.shape)

b_np_t3 = np.transpose(b_np, axes = [1, 2, 0])
print(b_np_t3)
#(3, 4, 2)
print(b_np_t3.shape)

b_np_t4 = np.transpose(b_np, axes = [2, 0, 1])
print(b_np_t4)
#(4, 2, 3)
print(b_np_t4.shape)

b_np_t5 = np.transpose(b_np, axes = [2, 1, 0])
print(b_np_t5)
#(4, 3, 2)
print(b_np_t5.shape)
```

5. 数组的变形

NumPy 支持对数组进行变形(reshape),变形和 3.1.2 节第 4 部分的转置一样,都能改变数组的形状,但是转置改变的是数组元素的排列,而变形改变的是数组元素的分组。换言之,转置前后数组元素的顺序会发生改变,而变形操作不会改变元素之间的顺序关系。比较转置操作和变形操作的异同的代码如下:

```
//ch3/test_numpy.py
b_np_transpose = np.transpose(b_np, axes = [0, 2, 1])
print(b_np_transpose)
#(2, 4, 3)
print(b_np_transpose.shape)

b_np_reshape = np.reshape(b_np, newshape = [2, 4, 3])
print(b_np_reshape)
```

```
#(2, 4, 3)
print(b_np_reshape.shape)
```

从结果可以看出，b_np_transpose 和 b_np_reshape 的形状都是(2, 3, 4)，而数组内部元素的排列不同，b_np_transpose 与原数组 b_np 中元素的排列顺序不同，而 b_np_reshape 的元素排列与原数组相同。

在实际操作中，常需要将数组变形为只有一行或者一列，此时将 newshape 指定为[1,−1]或[−1,1]即可，−1 表示让程序自动求解该维度的长度。np.squeeze 也是一个常用的函数，它可以对数组中长度为 1 的维度进行压缩，其本质也是 reshape。

6. 数组的切分与合并

NumPy 可以将大数组拆分为若干小数组，同时也能将若干小数组合并为一个大数组，切分通常使用 split 方法，而根据不同的需求，通常会使用 stack 或者 concatenate 方法进行数组的合并，下面分别介绍这几种方法的应用。

当使用 split 将大数组切分为小数组时，需要指定切分点的下标或切分的数量(indices_or_sections)及在哪个维度上切分(axis)。当指定切分下标时，需要为 indices_or_sections 参数传入一个切分下标的列表(list)；当指定切分数量时，为 indices_or_sections 参数传入一个整数 k 即可，表示需要将待切分数组沿指定轴平均切分为 k 部分，若指定的 k 无法完成均分，则此时 split 方法会抛出 ValueError，分割的结果为含有若干分割结果 ndarray 的列表。如果需要非均等切分，读者则可以参考 array_split 方法，该方法在此不进行介绍。演示 split 方法的不同使用场景与方法的代码如下：

```
//ch3/test_numpy.py
to_split_arr = np.arange(12).reshape(3, 4)

'''
[[ 0 1 2 3]
 [ 4 5 6 7]
 [ 8 9 10 11]]
'''
print(to_split_arr)
#形状为(3, 4)
print(to_split_arr.shape)

#[array([[0, 1, 2, 3]]), array([[4, 5, 6, 7]]), array([[ 8, 9, 10, 11]])]
axis_0_split_3_equal_parts = np.split(to_split_arr, 3)
print(axis_0_split_3_equal_parts)

'''
[array([[0, 1],
       [4, 5],
       [8, 9]]),
 array([[2, 3],
       [6, 7],
```

```
        [10, 11]])]
'''
axis_1_split_2_equal_parts = np.split(to_split_arr, 2, axis = 1)
print(axis_1_split_2_equal_parts)

#ValueError,因为轴 0 的长度为 3,所以无法被均分为 2 份
axis_0_split_2_equal_parts = np.split(to_split_arr, 2)

'''
[array([[0, 1, 2, 3],
        [4, 5, 6, 7]]),
 array([[8, 9, 10, 11]])]
'''
axis_0_split_indices = np.split(to_split_arr, [2, ])
print(axis_0_split_indices)

'''
[array([[ 0, 1, 2],
        [ 4, 5, 6],
        [ 8, 9, 10]]),
 array([[ 3],
        [ 7],
        [11]])]
'''
axis_1_split_indices = np.split(to_split_arr, [3, ], axis = 1)
print(axis_1_split_indices)
```

运行以上程序,从控制台打印的结果可以看出 axis_0_split_3_equal_parts 与 axis_1_split_2_equal_parts 分别将原数组在轴 0(长度为 3)和轴 1(长度为 4)平均切分为 3 份和 2 份,此时为 split 的 indices_or_sections 传入的值分别为 3 和 2,代表需要切分的数量,而当尝试在 0 轴上切分为两部分时,程序会报错。当为 split 的 indices_or_sections 传入的值为[2,]和[3,]时会分别得到 axis_0_split_indices 和 axis_1_split_indices,前者表示将原数组在 0 轴上分为两部分,第一部分是 0 轴下标小于 2 的部分,第二部分是下标大于或等于 2 的部分,即分为 to_split_arr[:2,:]和 to_split_arr[2:,:];类似地,axis_1_split_indices 表示将原数组在 1 轴上分为两部分,分别为 to_split_arr[:,:3]和 to_split_arr[:,3:]。

在 NumPy 中合并数组通常有两种方式:stack 和 concatenate,两者有很多相似之处,也有明显的区别。这两个函数都需要传入待合并的数组列表及指定在哪个轴上进行合并;区别是 stack 会为合并的数组新建一个轴,而 concatenate 直接在原始数组的轴上进行合并。假设现在需要对两个形状都为(3,4)的数组进行合并,使用 stack 函数在 2 轴进行合并时,由于原始数组只有 0 轴和 1 轴,并没有 2 轴,因此 stack 函数会为新数组新建一个 2 轴,得到的数组形状为(3,4,2),而如果使用 concatenate 在 1 轴上合并,则得到的新数组的形状为(3,4+4),即(3,8)。这两个函数在合并数组时的异同的代码如下:

```
//ch3/test_numpy.py
#新建两个形状为(3, 4)的待合并数组
```

```
merge_arr1 = np.arange(12).reshape(3, 4)
merge_arr2 = np.arange(12, 24). reshape(3, 4)

print(merge_arr1)
print(merge_arr2)

#stack 为新数组新建一个轴 2
stack_arr1 = np.stack([merge_arr1, merge_arr2], axis = 2)
print(stack_arr1)
#(3, 4, 2)
print(stack_arr1.shape)

#stack 为新数组新建一个轴 1,原始的轴 1 变为轴 2
stack_arr2 = np.stack([merge_arr1, merge_arr2], axis = 1)
print(stack_arr2)
#(3, 2, 4)
print(stack_arr2.shape)

#新数组在原始轴 1 上进行连接
concat_arr1 = np.concatenate([merge_arr1, merge_arr2], axis = 1)
print(concat_arr1)
#(3, 8)
print(concat_arr1.shape)

#新数组在原始轴 0 上进行连接
concat_arr2 = np.concatenate([merge_arr1, merge_arr2], axis = 0)
print(concat_arr2)
#(6, 4)
print(concat_arr2.shape)
```

运行以上程序可以得知,stack 会在 axis 参数指定的轴上新建一个轴,改变合并后数组的维度,而 concatenate 函数仅会在原始数组的某一 axis 上进行合并,不会产生新的轴。

本书仅对 NumPy 基本的用法进行介绍,有兴趣了解其更多强大功能与用法的读者可以到 NumPy 的官方网站进一步学习。

3.2 Matplotlib

Matplotlib 是一个强大的 Python 开源图形库,其图标如图 3-2 所示。可以使用它轻松地绘制各种图形或者对数据进行可视化,如函数图、直方图、饼图等。Matplotlib 常常和 NumPy 配合使用,NumPy 提供绘图中的数据,Matplotlib 对数据进行可视化。

图 3-2 Matplotlib 的图标

3.2.1　Matplotlib 中的相关概念

在 Matplotlib 中，绘图主要通过两种方式，一种方式是使用 pyplot 直接绘图，使用方法较为简便，但是功能比较受限；另一种方式则是通过 pyplot.subplot 返回的 fig 和 axes 对象进行绘图，这种方式的灵活性较强，本节主要对后者进行讲解。

首先需要了解 Matplotlib 中的一些概念，如图 3-3 所示。整个承载图像的画布称作 Figure，Figure 上可以有若干 Axes，每个 Axes（可以将 Axes 认为是子图）有自己独立的属性，如 Title（标题）、Legend（图例）、图形（各种 plot）等。

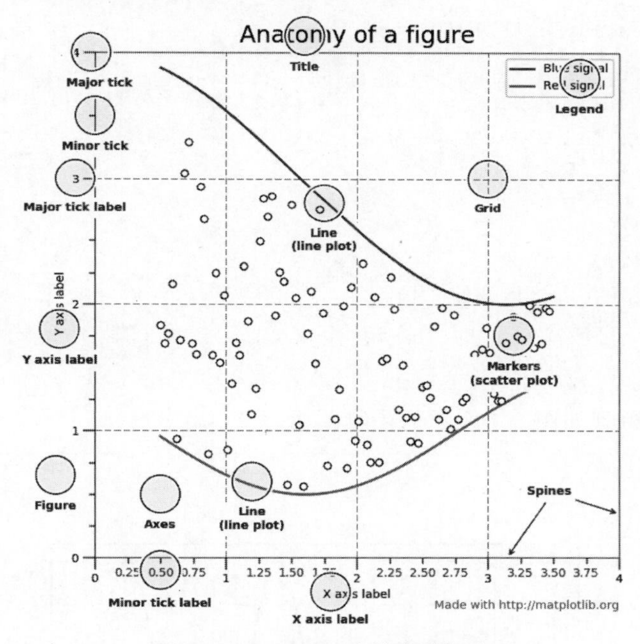

图 3-3　Matplotlib 中的各种概念

在实际使用时，首先使用 plt.subplot 方法创建若干 Axes，再依次对每个 Axes 进行绘图并设置它的 Title 与 Legend 等属性，最后使用 plt.show 或 plt.savefig 方法对图像进行显示或者保存。

3.2.2　使用 Matplotlib 绘图

1. 绘制函数图像

本节将展示如何使用 Matplotlib 绘制函数图像，以使用正弦函数为例。首先，定义数据产生接口正弦函数并得到画图数据，接着创建 figure 与 axes 对象并使用 axes.plot 进行图像的绘制，代码如下：

```
//ch3/test_matplotlib.py
import matplotlib.pyplot as plt
```

```
import numpy as np

#定义数据产生函数
def sin(start, end):
    #使用 np.linspace 产生 1000 个等间隔的数据
    x = np.linspace(start, end, num = 1000)
    return x, np.sin(x)

start = -10
end = 10

data_x, data_y = sin(start, end)

#得到 figure 与 axes 对象,使用 subplots 默认只生成一个 axes
figure, axes = plt.subplots()
axes.plot(data_x, data_y, label = 'Sin(x)')
#显示 plot 中定义的 label
axes.legend()
#在图中显示网格
axes.grid()
#设置图题
axes.set_title('Plot of Sin(x)')
#显示图像
plt.show()
```

运行程序可以得到如图 3-4 所示的函数图像。

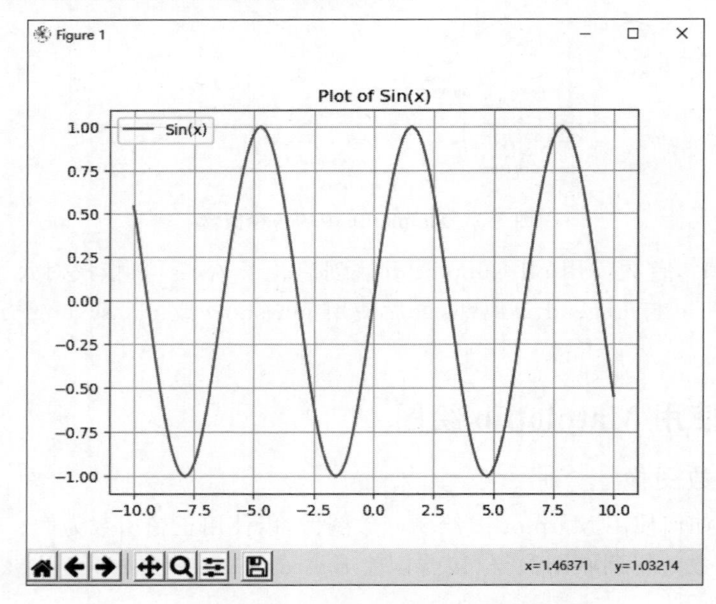

图 3-4 sin(x)在[−10,10]上的图像

下面使用 plt. subplots 绘制多张子图,给 plt. subplots 方法以行列的形式(如给函数传入(m,n),则表示要画 m 行 n 列总共 $m\times n$ 张子图)传入需要绘制的子图数量。绘制 2 行 3 列一共 6 张正弦函数的图像,代码如下:

```
//ch3/test_matplotlib.py
row = 2; col = 3
fig, axes = plt.subplots(row, col)
for i in range(row):
    for j in range(col):
        #以索引的形式取出每个 axes
        axes[i][j].plot(data_x, data_y, label = 'Sin(x)')
        axes[i][j].set_title('Plot of Sin(x) at [{}, {}]'.format(i, j))
        axes[i][j].legend()
#设置总图标题
plt.suptitle('All 2 * 3 plots')
plt.show()
```

运行以上程序可以得到如图 3-5 所示的图像。

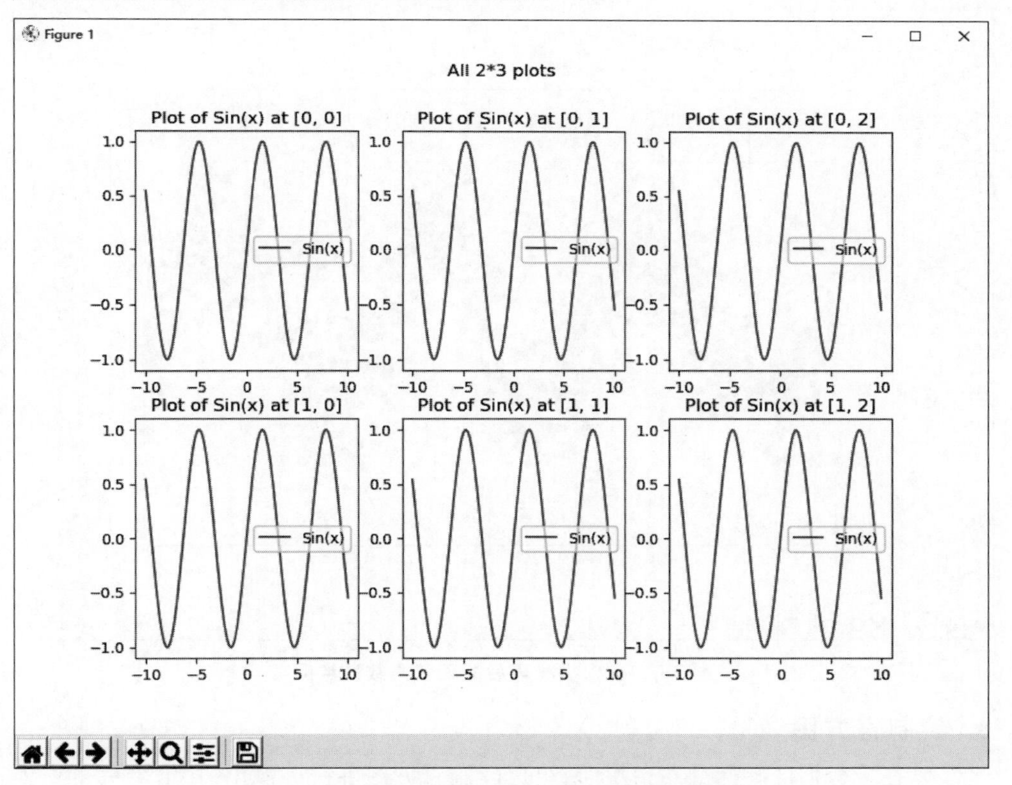

图 3-5　2×3 张 sin(x)在[−10,10]上的图像

2. 绘制散点图

当数据是杂乱无章的点时,常常需要绘制散点图以观察其在空间内的分布情况,此时可以使用 scatter 函数直接进行绘制,其用法与 3.2.2 节第 1 部分的 plot 函数基本类似。在正

弦函数值上引入了随机噪声，并使用散点图呈现出来，代码如下：

```
//ch3/test_matplotlib.py
#从均值为 0、标准差为 1 的正态分布中引入小的噪声
noise_y = np.random.randn( * data_y.shape) / 2
noise_data_y = data_y + noise_y

figure, axes = plt.subplots()
#使用散点图进行绘制
axes.scatter(data_x, noise_data_y, label='sin(x) with noise scatter')
axes.grid()
axes.legend()
plt.show()
```

运行程序可以得到如图 3-6 所示的结果，从图中能看出引入小噪声后图像整体仍然维持正弦函数的基本形态，以散点图的形式绘制的结果十分直观。

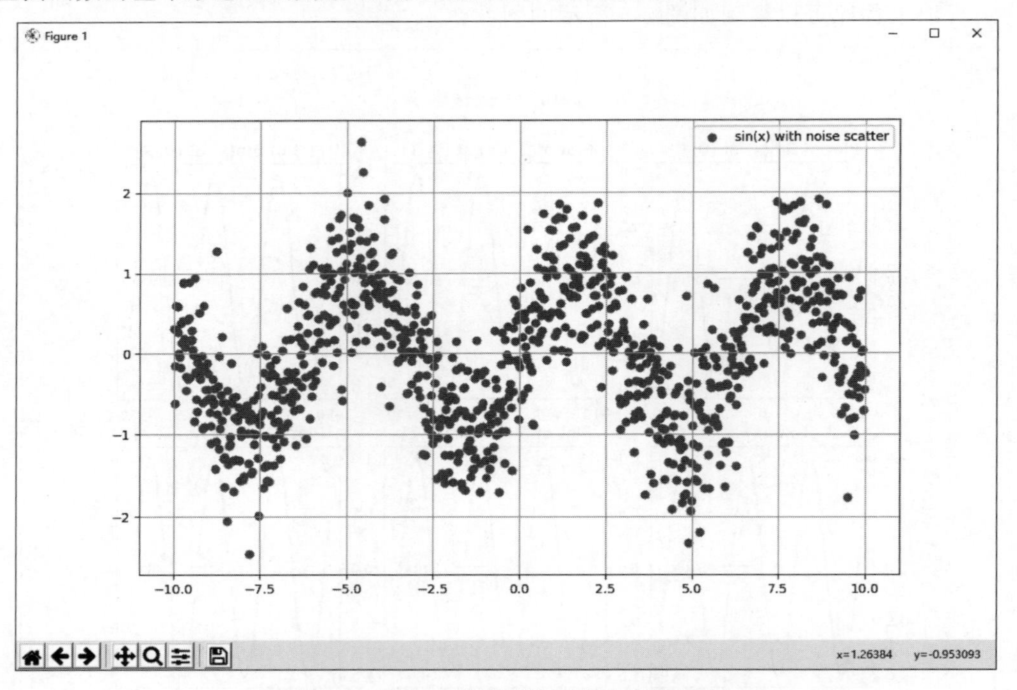

图 3-6 引入小噪声后的正弦函数散点图

3. 绘制直方图

当需要查看数据的整体分布情况时，可以绘制直方图进行可视化，其用法与 3.2.2 节第 1 部分的 plot 函数基本类似，仅仅是可视化的图形表现上有所区别。绘制直方图的代码如下：

```
//ch3/test_matplotlib.py
#生成 10 000 个正态分布中的数组
```

```
norm_data = np.random.normal(size = [10000])
figure, axes = plt.subplots(1, 2)
#将数据分置于 10 个桶中
axes[0].hist(norm_data, bins = 10, label = 'hist')
axes[0].set_title('Histogram with 10 bins')
axes[0].legend()
#将数据分置于 1000 个桶中
axes[1].hist(norm_data, bins = 1000, label = 'hist')
axes[1].set_title('Histogram with 1000 bins')
axes[1].legend()
plt.show()
```

运行程序可以得到如图 3-7 所示的结果，可以看到桶的数量越多结果越细腻，越接近正态分布的结果。

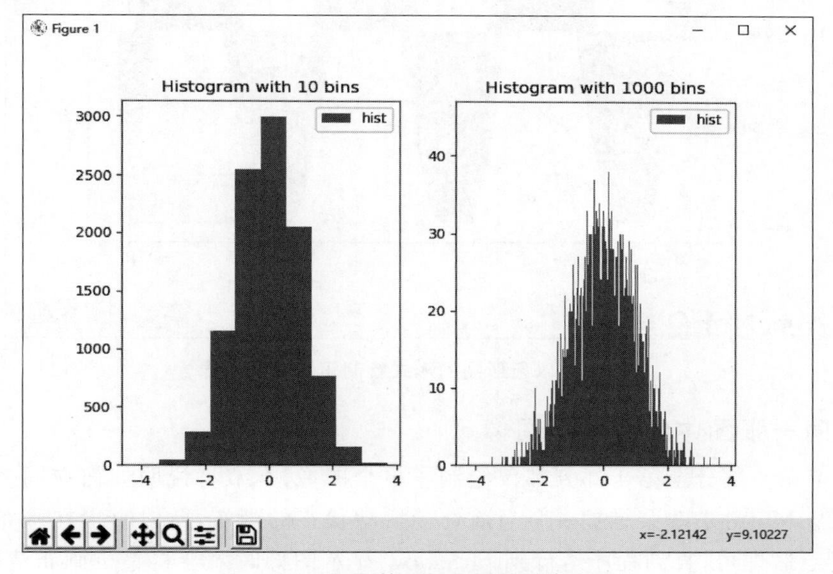

图 3-7　以不同的区间间隔绘制直方图

4. 绘制条形图

使用 Matplotlib 绘制条形图十分方便，条形图常常也被称为柱状图，它的图形表现与直方图十分类似，但是条形图常被用于分类数据的可视化，而直方图则主要用于数值型数据的可视化，这就意味着在横轴上条形图的分隔不需要连续并且区间大小可以不相等，而直方图则需要区间连续并且间隔相等。使用 bar 进行绘图时，需要传入对应的 x 与 y 值，使用条形图绘制正弦函数的图像的代码如下：

```
figure, axes = plt.subplots()
axes.bar(data_x, data_y, label = 'bar')
axes.legend()
axes.grid()
plt.show()
```

运行程序后可以得到如图 3-8 所示的结果，可以看出 Matplotlib 中的条形图可以绘制因变量为负值的图像，此时图像在 x 轴下方，使用 bar 绘制的条形图可以认为是散点图中所有的点向 x 轴作垂线而形成的图形。

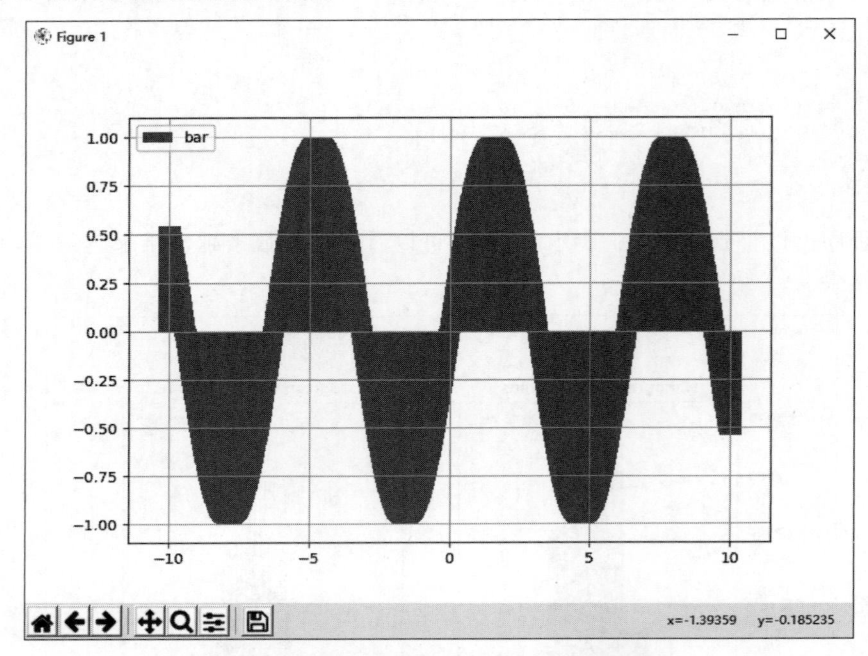

图 3-8 以条形图的形式绘制正弦函数图像

5. 在同一张图中绘制多个图像

3.2.2 节第 1 部分至第 4 部分都仅绘制了单个图像，本节将说明如何在同一张图中绘制多个图像。Matplotlib 会维护一个当前处于活动状态的画布，此时直接在画布上使用绘图函数进行绘制即可，直到程序运行到 plt.show 显示图像时才会将整个画布清除，在一张图中同时绘制正弦函数曲线图与散点图，代码如下：

```
//ch3/test_matplotlib.py
figure, axes = plt.subplots()
#绘制曲线图
axes.plot(data_x, data_y, label='Sin(x)', linewidth=5)
#绘制散点图,此时 axes 对象仍处于活动状态,直接绘制即可
axes.scatter(data_x, noise_data_y, label='scatter noise data', color='yellow')
axes.legend()
axes.grid()
plt.show()
```

程序的运行结果如图 3-9 所示，由于绘图函数默认使用蓝色，所以在绘制曲线图与散点图时本书额外使用 linewidth 与 color 参数指定线条和点的颜色与宽度，以便读者能看清图像。

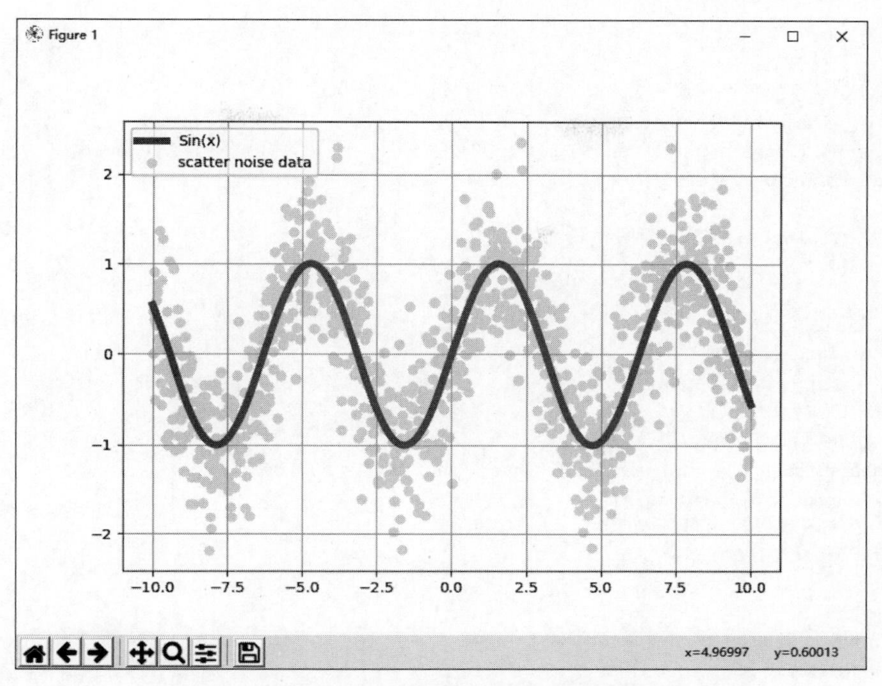

图 3-9　在同一张图中同时绘制曲线图与散点图

6. 动态绘制图像

前面所绘制的图像都是静态图像，当数据随时间变化时，静态图像则不能表现出数据的变化规律，因此本部分将说明如何使用 Matplotlib 绘制实时的动态图像。首先需要对用到的函数进行一些说明。

(1) plt.ion()：用于开启 Matplotlib 中的交互模式(interactive)，开启交互模式后，只要程序遇到绘图指令，如 plot、scatter 等，就会直接显示绘图结果，而不需要再调用 plt.show 进行显示。

(2) plt.cla()：表示清除当前活动的 axes 对象，清除后需要重新绘图以得到结果。相似的指令还有 plt.clf()，这个函数表示清除当前 figure 对象。

(3) plt.pause(time)：延迟函数，由于交互模式下显示的图像会立即关闭，无法看清，所以需要使用 plt.pause 函数使绘制的图像暂停，以便观察。传入的参数 time 用于延迟时间，单位为秒。

(4) plt.ioff()：表示退出交互模式。在绘图完成之后调用。

下面的代码定义了一个带系数的正弦函数，以传入不同的系数来模拟产生和时间相关的数据，并在交互模式下实时显示不同系数的正弦函数图像的变化情况，代码如下：

```
//ch3/test_matplotlib.py
figure, axes = plt.subplots()
#定义时间的长度
```

```
num = 100

#定义带系数的正弦函数,以模拟不同时刻的数据
def sin_with_effi(start, end, effi):
    x = np.linspace(start, end, num = 1000)
    return x, np.sin(effi * x)

#打开 Matplotlib 的交互绘图模式
plt.ion()

#对时间长度进行循环
for i in range(num):
    #清除上一次绘图结果
    plt.cla()
    #取出当前时刻的数据
    data_x, data_y = sin_with_effi(start, end, effi = i / 10)
    axes.plot(data_x, data_y)
    #暂停图像以显示最新结果
    plt.pause(0.001)

#关闭交互模式
plt.ioff()
#显示最终结果
plt.show()
```

运行以上程序可以得到如图 3-10 所示的结果，可以看到随着时间的变化，由于正弦函数的系数越来越大，因此函数图像越来越紧密，能以十分直观的形式观察函数图像的变化情况。

7. 显示图像

Matplotlib 也可以用于显示图像，代码如下：

```
img_path = 'matplotlib_logo.png'
#读取图像
img = plt.imread(img_path)
#显示图像
plt.imshow(img)
```

运行程序后，能看到如图 3-11 所示的结果（前提是当前文件夹下有 matplotlib_logo.png 这张图像）。如果需要显示非 PNG 格式的图像，则需要使用 pip install pillow 命令额外安装 pillow 库以获得对更多图像的支持。

plt.imshow 也能以热力图的形式显示矩阵，随机初始化形状为(256，256)矩阵并使用 Matplotlib 进行显示的代码如下：

```
//ch3/test_matplotlib.py
row = col = 256
#定义一个空的占位符
heatmap = np.empty(shape = [row, col])
```

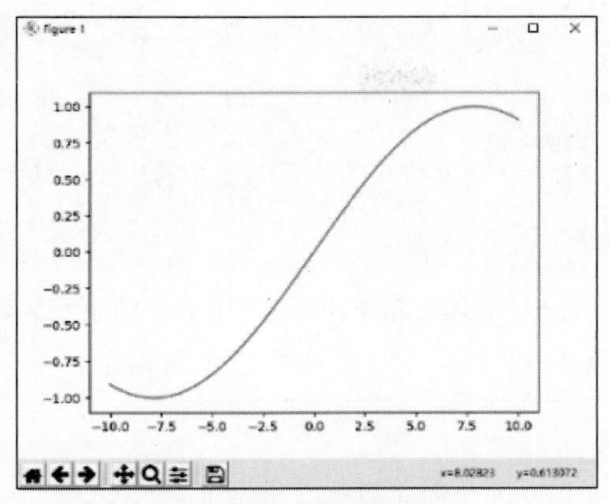

(a) 程序运行初期图像

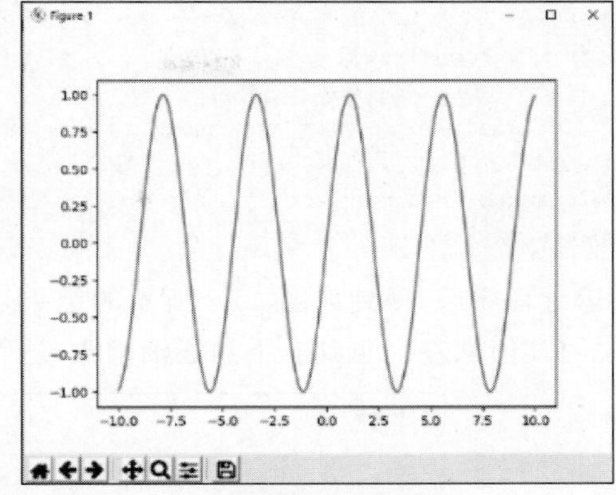

(b) 程序运行中期图像

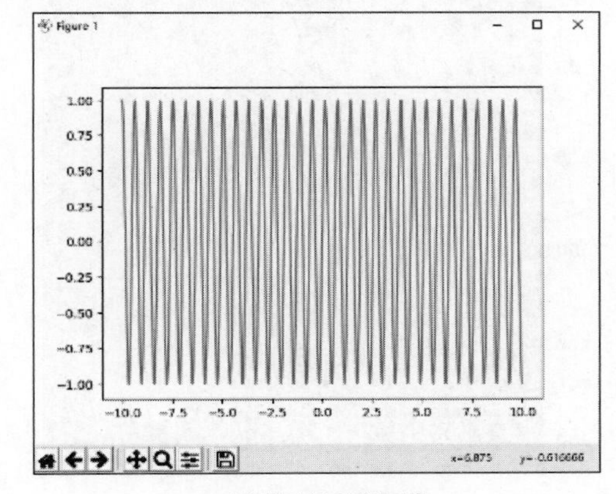

(c) 程序运行后期图像

图 3-10 在同一张图中同时绘制曲线图与散点图

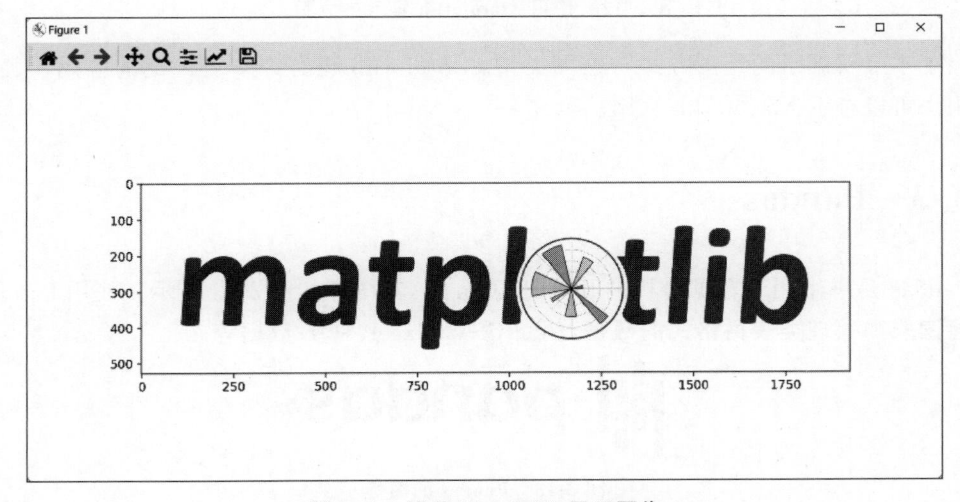

图 3-11 使用 Matplotlib 显示图像

```
#初始化占位符中的每个像素
for i in range(row):
    for j in range(col):
        heatmap[i][j] = np.random.rand() * i + j
#imshow 将输入的图像进行归一化并映射至 0～255,较小值使用深色表示,较大值使用浅色表示
plt.imshow(heatmap)
plt.show()
```

运行程序后，得到如图 3-12 所示的结果，能看出图像从左上角到右下角的颜色逐渐变亮，说明其值从左上角到右下角逐渐增大，这符合代码中所写的矩阵初始化逻辑。

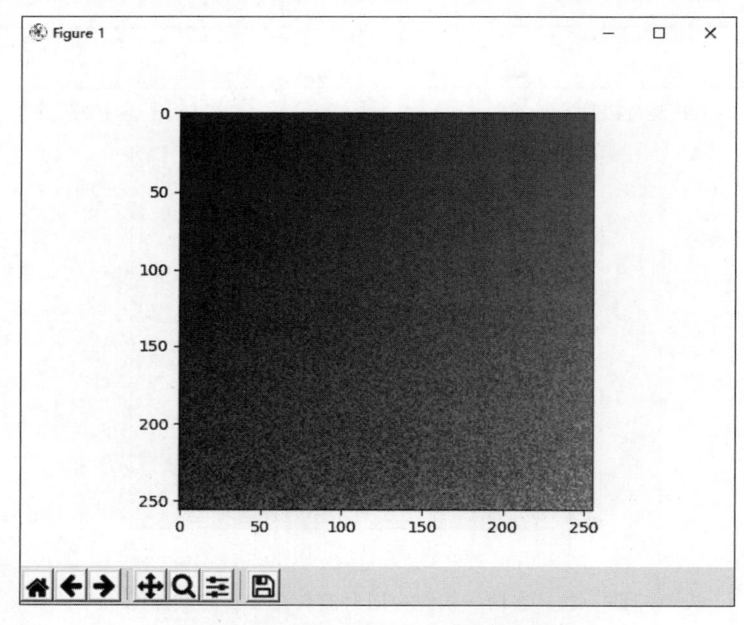

图 3-12　使用 Matplotlib 显示热力图

除了本节所展示的绘图方式与绘图类型，Matplotlib 还有许多更广泛的应用。关于其更多用法可以查看 Matplotlib 官网。

3.3　Pandas

Pandas 是一个用于数据分析的开源 Python 库，其图标如图 3-13 所示。使用 Pandas 能高效地读取和处理类表格格式的数据，例如 CSV、Excel、SQL 数据等。

图 3-13　Pandas 的图标

3.3.1 Pandas 中的数据结构

在 Pandas 中,有两种核心的数据结构,其中一维的数据称为 Series,本书在此不对 Series 进行过多讲解,二维的数据结构被称作 DataFrame,其结构如图 3-14 所示。从图中可以看出 DataFrame 是一种类表格的数据结构,其包含 row 和 column,DataFrame 中的每个 row 或者 column 都是一个 Series。

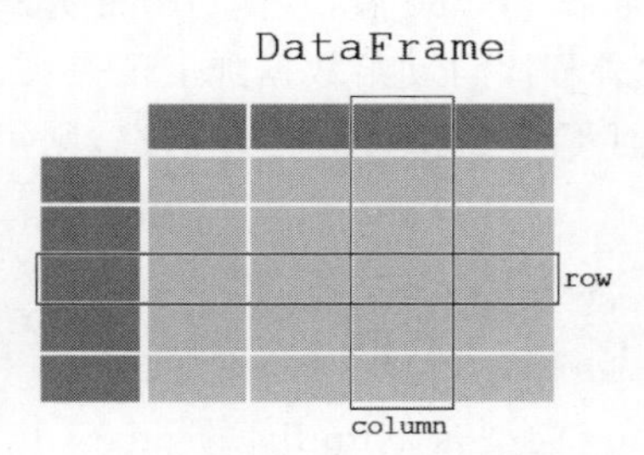

图 3-14 DataFrame 示意图

3.3.2 使用 Pandas 读取数据

1. 读取 CSV 文件

CSV 是逗号分隔值文件,使用纯文本来存储表格数据,前面讲过 Pandas 适用于读取类表格格式的数据,因此本节将展示如何使用 Pandas 便捷地读取 CSV 文件。

首先,打开记事本,在其中输入如图 3-15 所示的数据,并将其保存为 num_csv. csv(也可以不更改文件扩展名,文件内的数据使用逗号分隔即可)。

接下来,使用 pandas. read_csv 方法进行读取即可,代码如下:

```
import pandas as pd

file_name = 'num_csv.csv'
csv_file = pd.read_csv(file_name)
print(csv_file)
```

读取后的结果如图 3-16 所示,可以看到结果中最左边一列的 0 和 1 代表行号,这说明函数认为 CSV 文件中只有两行数据,而第 1 行的 first~fifth 不算作数据,仅算作表头。

```
first, second, third, fourth, fifth
1,2,3,4,5
6,7,8,9,10
```

图 3-15 用于测试的 CSV 数据

	first	second	third	fourth	fifth
0	1	2	3	4	5
1	6	7	8	9	10

图 3-16 读取 CSV 数据的结果

如果需要将第 1 行作为数据考虑,或者需要读取的 CSV 文件没有表头,则需要在 read_csv 方法中指定 header=None,即数据中不存在表头行,读取 CSV 文件的结果如图 3-17 所示,代码如下:

```
csv_file_wo_header = pd.read_csv(file_name, header = None)
print(csv_file_wo_header)
```

```
       0       1      2       3      4
0  first  second  third  fourth  fifth
1      1       2      3       4      5
2      6       7      8       9     10
```

图 3-17 读取不带 header 的 CSV 数据

从结果可以看出，指定 header=None 后，左侧行号变为从 0～2，一共 3 列，原本的表头被认为是第 1 行数据。除此之外程序自动给数据加上了表头，以数字进行标识。

如果只想取出数据部分，而不需要表头与行号信息，则可以使用 DataFrame 的 values 属性进行获取，代码如下：

```
csv_file_values = pd.read_csv(file_name).values
print(csv_file_values)
```

运行结果的 csv_file_values 类型是 NumPy 的 ndarray，取出数据后可以进一步使用 NumPy 中的方法对其进行处理。

2. 读取 Excel 文件

Excel 是人们日常生活中最常用的软件之一，Pandas 对于 Excel 文件的读取也提供了十分方便的接口。和 CSV 文件不同，由于 Excel 文件中可以存在多张表(Sheet)，在读取 Excel 文件时需要指定读取的表，使用 Pandas 读取 Excel 文件的代码如下：

```
file_name = 'num_excel.xlsx'
#可以通过 Sheet 名或者 Sheet 的索引进行访问('Sheet1' == 0,'Sheet2' == 1)
excel_file = pd.read_excel(file_name, 0)
print(excel_file)
```

3. 读取 JSON 文件

Pandas 同样可以读取 JSON 数据，与 3.8 节中将要提到的 JSON 模块不同，Pandas 读取的 JSON 数据仍然是 DataFrame 的形式，所读取的 JSON 文件可以分为 4 种格式(orient)，第 1 种是 split，其表示将 DataFrame 中的行号、列号及内容分开存储。JSON 中 index 的数据为 DataFrame 中的最左一列的行号索引，以 columns 的数据为 DataFrame 中的表头名，以 data 的数据为 DataFrame 中的内容；剩余 3 种分别是 index、records 及 table，这 3 种格式在此不进行讲解，详细内容可以参考 Pandas 官网。

新建一个 num_json.json 文件，其内容如图 3-18 所示。

```
{
    "index": [1, 2],
    "columns": ["first", "second", "third", "fourth", "fifth", "sixth"],
    "data": [
        [1, 2, 3, 4, 5, 6],
        [7, 8, 9, 10, 11, 12]
    ]
}
```

图 3-18 新建 JSON 数据示例

读取 num_json.json 文件中的数据的代码如下：

```
file_name = 'num_json.json'
# index -> [index], columns -> [columns], data -> [values]
json_file = pd.read_json(file_name, orient = 'split')
print(json_file)
```

运行程序后，可以得到如图 3-19 所示的结果。

```
   first  second  third  fourth  fifth  sixth
1      1       2      3       4      5      6
2      7       8      9      10     11     12
```

图 3-19 读取 JSON 文件

3.3.3 使用 Pandas 处理数据

使用 Pandas 读取数据后，可以使用 NumPy 中的方法处理 DataFrame 中的 values，也可以直接使用 Pandas 对 DataFrame 进行处理，本节将展示几种常见的数据处理方式。

1. 取行数据

本节将说明如何取出 DataFrame 中的一行。使用 DataFrame 的 loc 属性并传入行名称取出对应行，或者使用 DataFrame 的 iloc 属性，此时需要传入的是行索引以取出对应行。取出 csv_file 中的第 1 行(索引为 0)的代码如下：

```
print(csv_file.iloc[0])
```

运行以上程序后，可以得到如图 3-20 所示的结果。可以看出其确实取出了 DataFrame 中的第 1 行，并且其结果同时输出了列名、行名和数据类型等信息。

2. 取列数据

本节说明如何取出 DataFrame 中的一列，同样可以使用 loc 属性和 iloc 属性，此时对 loc 的索引格式为 loc[:, <column_name>]，需要给 loc 传入两个索引值，前一个表示行索引，后一个则表示列索引。除此之外，还可以直接使用 DataFrame[<column_name>]的形式取出列数据，这两种方法的代码如下：

```
#方法 1
print(csv_file['first'])
#方法 2
print(csv_file.loc[:, 'first'])
```

运行程序后，可以得到如图 3-21 所示的结果。

```
first      1
 second    2
 third     3
 fourth    4
 fifth     5
Name: 0, dtype: int64
```

图 3-20 取出 DataFrame 中的行数据

```
0    1
1    6
Name: first, dtype: int64
```

图 3-21 取出 DataFrame 中的列数据

3. 求数据的统计信息

使用 Pandas 可以方便地得到 DataFrame 的统计信息，如最大值、最小值、平均值等，下面的程序分别展示了如何取出 DataFrame 中行的最大值、DataFrame 中列的最小值及整个 DataFrame 中的平均值，代码如下：

```
#axis = 1 表示对行进行操作
print(csv_file.max(axis = 1))
#axis = 0 表示对列进行操作,默认 axis 为 0
print(csv_file.min(axis = 0))
#先取出列的平均值,接着求一次列均值的均值即为整个 DataFrame 的均值
print(csv_file.mean().mean())
```

```
0     5
1    10
dtype: int64
first      1
 second    2
 third     3
 fourth    4
 fifth     5
dtype: int64
5.5
```

图 3-22 DataFrame 中的统计信息

运行程序后可以得到如图 3-22 所示的结果，能看到 0 行和 1 行的最大值分别为 5 和 10，first 到 fifth 这 5 列的最小值分别为 1、2、3、4、5，而整个 DataFrame 的均值为 5.5。

4. 处理缺失值

在数据集中，常常存在缺失数据，对于缺失数据的处理通常有两种方法，一种是直接将含有缺失数据的记录删除；另一种是将特征值填入缺失位置，通常会在该位置填入该列的平均值或 0，或者直接填入字段以示此处空缺/无效。找到 DataFrame 中的缺失数据并进一步进行处理的代码如下：

```
//ch3/test_pandas.py
#插入一条所有数据为 NaN 的记录
csv_file_with_na = csv_file.reindex([0, 1, 2])
print(csv_file_with_na)
#查看 NaN 在 DataFrame 中的位置
print(csv_file_with_na.isna())
#使用每列的平均值填入该列所有 NaN 的位置
print(csv_file_with_na.fillna(csv_file_with_na.mean(axis = 0)))
#在所有 NaN 的位置填入 0
print(csv_file_with_na.fillna(0))
#在所有 NaN 的位置填入"Missing"字段
print(csv_file_with_na.fillna('Missing'))
#丢弃 DataFrame 中含有 NaN 的行
print(csv_file_with_na.dropna(axis = 0))
#丢弃 DataFrame 中含有 NaN 的列
print(csv_file_with_na.dropna(axis = 1))
```

运行程序后，可以得到如图 3-23 所示的结果。从结果可以看出，使用 reindex 方法后，由于原 DataFrame 中没有索引为 2 的行，所以 Pandas 自动新建了一条所有字段都为 NaN 的记录，使用了 isna 方法查看 DataFrame 中所有 NaN 的位置，其返回一个 bool 类型的 DataFrame，可以看到除了索引为 2 的行都为 True 外，其他记录都为 False，说明只有刚才插入的记录是 NaN。接下来代码分别使用了 fillna 方法将各列均值、0 或 Missing 字段对缺

失值进行了填充,从图 3-23 中可以看出不同填充方案得到的结果。最后代码还展示了如何直接舍弃含有 NaN 的数据,一共有两种舍弃方式,即舍弃行或者舍弃列。从舍弃行的结果可以看出,索引为 2 的记录被直接删除,而舍弃列的结果返回了一个空的 DataFrame,因为每列都含有 NaN,因此所有的数据都被舍弃了。

```
   first  second  third  fourth  fifth
0    1.0     2.0    3.0     4.0    5.0
1    6.0     7.0    8.0     9.0   10.0
2    NaN     NaN    NaN     NaN    NaN
   first  second  third  fourth  fifth
0  False   False  False   False  False
1  False   False  False   False  False
2   True    True   True    True   True
   first  second  third  fourth  fifth
0    1.0     2.0    3.0     4.0    5.0
1    6.0     7.0    8.0     9.0   10.0
2    3.5     4.5    5.5     6.5    7.5
   first  second  third  fourth  fifth
0    1.0     2.0    3.0     4.0    5.0
1    6.0     7.0    8.0     9.0   10.0
2    0.0     0.0    0.0     0.0    0.0
     first   second    third   fourth    fifth
0        1        2        3        4        5
1        6        7        8        9       10
2  Missing  Missing  Missing  Missing  Missing
   first  second  third  fourth  fifth
0    1.0     2.0    3.0     4.0    5.0
1    6.0     7.0    8.0     9.0   10.0
Empty DataFrame
Columns: []
Index: [0, 1, 2]
```

图 3-23 处理 DataFrame 中的缺失值

本节说明了 Pandas 的基本用法,从各种类型数据的读取到数据的处理,相比本书介绍的部分,Pandas 还有许多数据处理与分析方法,更多信息可以查看 Pandas 的官网。

3.4 scikit-learn

scikit-learn 是一个开源的 Python 机器学习库,在开始说明具体任务之前,先向读者阐述 scikit-learn 中模型的建立与使用过程。在使用 scikit-learn 做机器学习的过程中,第 1 步是准备数据,准备好训练集数据与测试集数据;接着实例化一个模型的对象(模型即后文中将要介绍的 SVM、随机森林等),需要根据具体任务选择适合的模型;在实例化模型完成之后,直接调用 fit 函数即可,此函数需要传入训练数据,函数内部自动拟合所传入的数据。在 fit 完成后,若需要测试,则调用 predict 函数即可,接着可以使用 score 函数对预测值与真实值之间的差异进行评估,该函数会返回一个得分以表示差异的大小。

从上述使用框架的过程中可以看出,scikit-learn 是一个封装性很强的包,这对于新手而言十分友好,无须自己定义过多函数或写过多代码,直接调用其封装好的函数即可,而整个过程对用户形成了一个黑盒,使用户难以理解算法内部的具体实现,这也是封装过强的弊端。

下面本书就以回归及分类任务为例具体讲解框架中每步的做法。

3.4.1 使用 scikit-learn 进行回归

本节以简单的回归问题说明 scikit-learn 的用法，以 3.4 节中所讲的 5 个步骤依次进行介绍。

1. 准备数据

本节选取了一个图像较为复杂的函数 $y=x\sin(x)+0.1x^2\cos(x)+x$ ，使用以下程序生成 y 在 $x\in[-10, 10]$上的数据，并且 x 以间隔为 0.01 取值。为了验证 scikit-learn 中模型的学习能力，直接使用训练数据进行测试，代码如下：

```
//ch3/test_scikit_learn.py
from sklearn.svm import SVR, SVC
import numpy as np
import matplotlib.pyplot as plt

#生成回归任务的数据
def get_regression_data():
    start = -10
    end = 10
    space = 0.01

    #自变量从[start, end]中以 space 为等间距获取
    x = np.linspace(start, end, int((end - start) / space))
    #根据自变量计算因变量，并给其加上噪声干扰
    y = x * np.sin(x) + 0.1 * x ** 2 * np.cos(x) + x + 5 * np.random.randn(*x.shape)

    #返回训练数据
    return np.reshape(x, [-1, 1]), y

#得到回归数据
x, y = get_regression_data()
#打印数据形状以进行验证
print(x.shape, y.shape)
```

运行以上程序可以得到命令行的输出：(2000, 1) (2000,)，说明训练数据与测试数据已经被正确获取，其中训练数据 x 的形状中 2000 表示有 2000 个训练样本，1 表示每个训练样本由 1 个数构成，而训练标签 y 的形状表明其是由 2000 个数组成的标签。

接下来对训练数据进行可视化，让读者对数据有一个直观上的认识，同时也测试生成的数据是否符合要求。使用 Matplotlib 对数据进行可视化，以蓝色的点进行标识，实现可视化过程的代码如下：

```
//ch3/test_scikit_learn.py
#可视化数据
figure, axes = plt.subplots()

#以散点图绘制数据
```

```
axes.scatter(x, y, s = 1, label = 'training data')
# 以 LaTeX 风格设置标题
axes.set_title('$y = x sin(x)  + 0.1x^2 cos(x)  + x$')
axes.legend()
axes.grid()
plt.show()
```

运行以上程序可以得到如图3-24所示的函数图像，从图中可以看出数据基本处于一条曲线，该曲线即上面设置的函数，说明训练与测试数据都被正确地生成了。

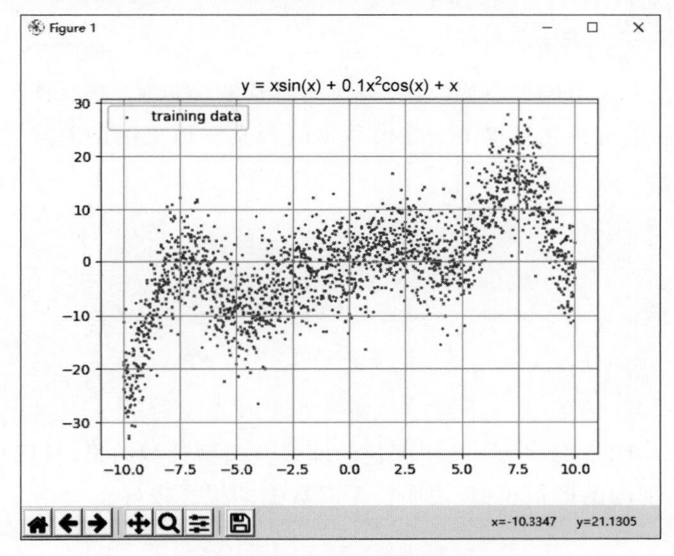

图3-24　训练数据的图像

2. 实例化模型

本书在这一节选用SVR(Support Vector Regression，支持向量回归)，将SVM运用到回归问题上。本节对于原理不做阐述，仅说明scikit-learn的用法。初始化SVR模型的代码如下：

```
#初始化分类模型
svr  =  SVR(kernel = 'rbf', C = 10)
```

上面的代码表示初始化了一个SVR模型，其kernel参数表示模型选用的核函数，scikit-learn对SVR的核函数有以下常见3种选择：rbf、linear和poly，在此选用rbf作为核函数，C表示误差的惩罚系数，惩罚系数越大，则对训练数据拟合越好，但有可能造成过拟合，其默认值为1，由于训练数据较难拟合，因此本书将C值设置为10，以加强模型的拟合能力，读者可以自行尝试其他值。

3. 使用模型进行拟合

定义好模型后，接下来使用模型拟合训练数据，代码如下：

```
#用模型对数据进行拟合
svr_fit = svr.fit(x, y)
```

使用 fit 函数对训练数据进行拟合,需要传入数据及其对应的标签。

4. 使用模型进行测试

在模型拟合完数据后,为了测试模型的性能,可以使用 predict 函数查看其对不同的输入值的预测,测试的代码如下:

```
#使用模型进行测试
svr_predict = svr_fit.predict(x)
```

在 predict 函数中只用传入训练数据,函数会将预测值返回,此时使用训练数据进行预测,这样方便在之后的可视化过程中查看模型预测与真实值之间的差异。绘制真实值与预测值的代码如下:

```
#可视化模型学到的曲线
fig, axes = plt.subplots()
axes.scatter(x, y, s = 1, label = 'training data')
axes.plot(x, svr_predict, lw = 2, label = 'rbf model', color = 'red')
axes.legend()
axes.grid()
plt.show()
```

可视化的结果如图 3-25 所示,其中深色的曲线是模型预测结果,从图中可以看出,该曲线和原离散数据呈现的图形很相似,说明模型对数据的拟合较好。

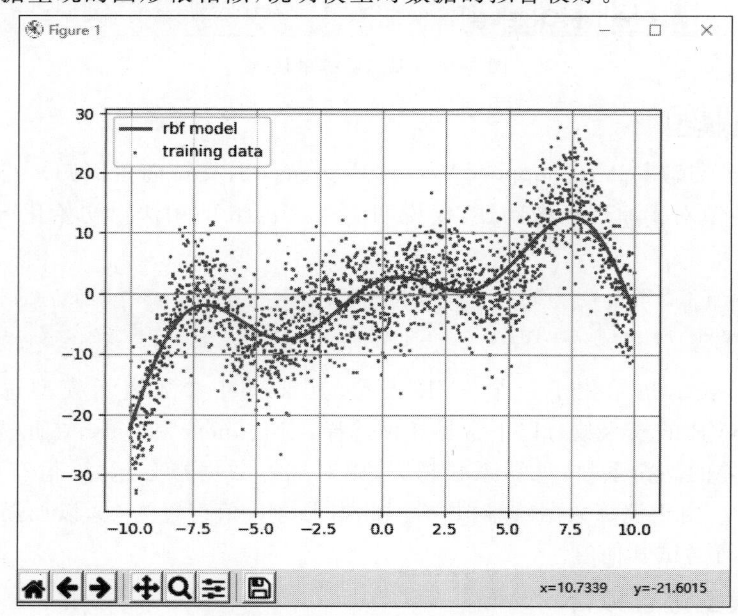

图 3-25 训练数据的图像

5. 评估模型性能

除了可以使用可视化的方式查看模型拟合情况，还可以使用 score 方法定量评估模型的好坏，score 函数定量地刻画了预测值与真实值之间的差异，其用法的代码如下：

```
#评估模型性能
score = svr_fit.score(x, y)
print(score)
```

score 方法需要传入训练数据及其标签，最终在命令行输出的 score 为 0.6428078808326549（读者的 score 和本书所展示的值可能不同，因为数据的初始化是随机的），说明模型对于 64.28%的数据预测正确。由于原数据在空间中较为离散化，过高的 score 可能会带来过拟合的问题，无论从可视化的结果还是 score 上来看，该模型的表现可以接受。

3.4.2 使用 scikit-learn 进行分类

本节同样以使用 scikit-learn 的 5 个步骤分别说明如何解决分类问题。

1. 准备数据

与回归的数据不同，分类需要给特定的数据指定类标签，为了简便起见，本节使用二维坐标作为分类特征，落在椭圆 $\frac{x^2}{1.5^2}+y^2=1$ 内的点为一类，类标签以 0 表示，而落在椭圆 $\frac{x^2}{1.5^2}+y^2=1$ 与圆 $x^2+y^2=4$ 之间的点为另一类，其类标签为 1。下面的程序用于生成分类的训练数据，代码如下：

```
//ch3/test_scikit_learn.py
#生成分类任务的数据
def get_classification_data():
    #数据量
    cnt_num = 1000
    #计数器
    num = 0

    #初始化数据与标签的占位符，其中训练数据为平面上的坐标，标签为类别号
    x = np.empty(shape=[cnt_num, 2])
    y = np.empty(shape=[cnt_num])

    while num < cnt_num:
        #生成随机的坐标值
        rand_x = np.random.rand() * 4 - 2
        rand_y = np.random.rand() * 4 - 2

        #非法数据，如果超出了圆 x^2 + y^2 = 4 的范围，则重新生成合法坐标
```

```
        while rand_x ** 2 + rand_y ** 2 > 4:
            rand_x = np.random.rand() * 4 - 2
            rand_y = np.random.rand() * 4 - 2

        #如果生成的坐标在椭圆 x^2 / 1.5^2 + y^2 = 1 的范围内,则类标号为 0,否则为 1
        if rand_x ** 2 / 1.5 ** 2 + rand_y ** 2 <= 1:
            label = 0
        else:
            label = 1

        #将坐标存入占位符
        x[num][0] = rand_x
        x[num][1] = rand_y

        #将标签存入占位符
        y[num] = label

        num += 1

    #给训练数据添加随机扰动以模拟真实数据
    x += 0.3 * np.random.randn( *x.shape)

    return x, y

#得到训练数据与标签
x, y = get_classification_data()
#查看数据和标签的形状
print(x.shape, y.shape)
```

运行上面的程序后,能看到命令行输出(1000, 2) (1000,),表示有 1000 个训练数据及其对应的标签,其中每个训练数据由两个数(坐标)构成,而标签由 1 个数字构成。

除此之外,使用 Matplotlib 以散点图的形式可视化训练数据,由于同时存在不同类别的数据,所以需要先将类标为 0 的数据和将类标为 1 的点分开,并以不同的标识绘制,这样会增强图像的直观性,代码如下:

```
//ch3/test_scikit_learn.py
#获取标签为 0 的数据下标
zero_cord = np.where(y == 0)
#获取标签为 1 的数据下标
one_cord = np.where(y == 1)

#以下标取出标签为 0 的训练数据
zero_class_cord = x[zero_cord]
#以下标取出标签为 1 的训练数据
one_class_cord = x[one_cord]

figure, axes = plt.subplots()
#以圆点画出标签为 0 的训练数据
```

```
axes.scatter(zero_class_cord[:, 0], zero_class_cord[:, 1], s = 15, marker = 'o', label = 'class 0')
# 以十字画出标签为 1 的训练数据
axes.scatter(one_class_cord[:, 0], one_class_cord[:, 1], s = 15, marker = ' + ', label = 'class 1')
axes.grid()
axes.legend()

# 分别打印标签为 0 和 1 的训练数据的形状
print(zero_class_cord.shape, one_class_cord.shape)
plt.show()
```

运行以上程序，命令行会输出(388, 2) (612, 2)（读者输出的数据可能不同，因为数据的初始化是随机的），表示在 1000 个训练样本中，有 388 个属于类 0，有 612 个属于类 1；同时能看到类似图 3-26 所示的结果。

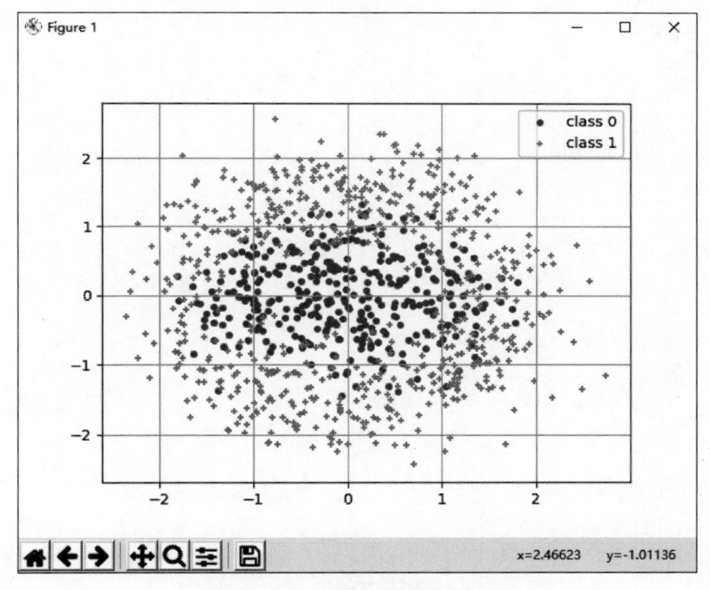

图 3-26 分类数据的散点图

2. 实例化模型

本节使用 SVM 完成对训练数据的分类，代码如下：

```
# 创建 SVM 模型
clf = SVC(C = 100)
```

3. 使用模型进行拟合

同样，类似 3.4.1 节中的第 3 部分，使用 fit 函数即能使模型拟合训练数据，代码如下：

```
clf.fit(x, y)
```

4. 使用模型进行测试

本节对分类器的分类边界进行可视化，由于变量（训练数据）可以充斥整个二维空间，因此可以从二维空间中取出足够多的点以覆盖所关心的区域(由于需要将分类数据与分类边界相比较,所以可以将关心的区域设置为训练数据所覆盖的区域),使用得到的模型对关心的区域中的每个点进行分类,以得到其类别号,最终将不同预测的类别号以不同的颜色画出,即可得到模型的分类边界,代码如下:

```
//ch3/test_scikit_learn.py
def border_of_classifier(sklearn_cl, x):
    #求出所关心范围的最边界值:最小的x、最小的y、最大的x、最大的y
    x_min, y_min = x.min(axis = 0) - 1
    x_max, y_max = x.max(axis = 0) + 1

    #将[x_min, x_max]和[y_min, y_max]这两个区间分成足够多的点(以0.01为间隔)
    x_values, y_values = np.meshgrid(np.arange(x_min, x_max, 0.01),
                    np.arange(y_min, y_max, 0.01))

    #将上一步分隔的x与y值使用np.stack两两组成一个坐标点,覆盖整个关心的区域
    mesh_grid = np.stack((x_values.ravel(), y_values.ravel()), axis = -1)

    #使用训练好的模型对于上一步得到的每个点进行分类,得到对应的分类结果
    mesh_output = sklearn_cl.predict(mesh_grid)

    #改变分类输出的形状,使其与坐标点的形状相同(颜色与坐标一一对应)
    mesh_output = mesh_output.reshape(x_values.shape)

    fig, axes = plt.subplots()

    #根据分类结果从cmap中选择颜色进行填充(为了使图像清晰,此处选用binary配色)
    axes.pcolormesh(x_values, y_values, mesh_output, cmap = 'binary')

    #将原始训练数据绘制出来
    axes.scatter(zero_class_cord[:, 0],
      zero_class_cord[:, 1], s = 15, marker = 'o', label = 'class 0')
    axes.scatter(one_class_cord[:, 0],
      one_class_cord[:, 1], s = 15, marker = '+', label = 'class 1')
    axes.legend()
    axes.grid()

    plt.show()

#绘制分类器的边界,传入已训练好的分类器,以及训练数据(为了得到关心的区域范围)
border_of_classifier(clf, x)
```

运行上面的程序可以得到类似图3-27所示的结果(由于训练数据的随机性,因此读者的模型的分类边界与图3-27可能会不完全一致)。

5. 评估模型性能

与3.4.1节第5部分类似,使用score函数评估模型即可,代码如下:

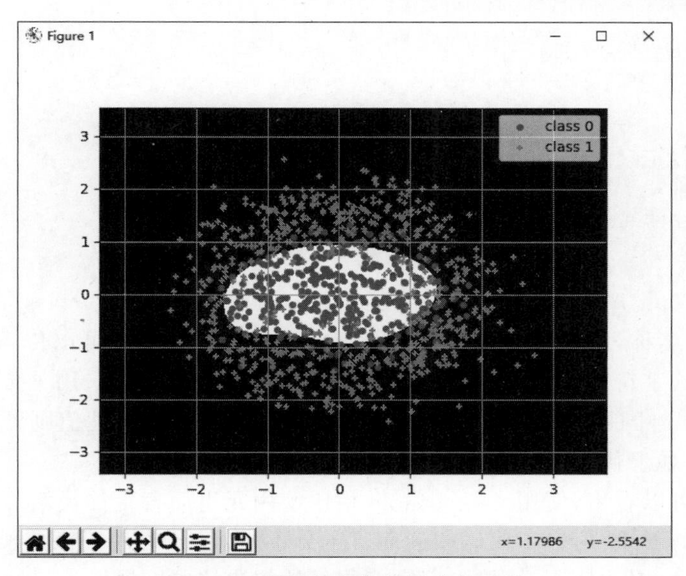

图 3-27 训练数据与模型分类边界

```
#评估模型性能
score = clf.score(x, y)
print(score)
```

运行以上代码，可以得到输出 0.859（读者得到的结果可能与此不同），说明分类器对 85.9%的数据进行了正确分类，而从可视化结果可以看出来，剩余 14.1%未被正确分类的数据很有可能是噪声数据（那些存在于两类数据交叉部分的点）。基于这个准确率，可以接受此分类器。

本节以简单的回归与分类问题作为实例，讲解了 scikit-learn 的基本用法，还有许多别的模型和应用值得读者进一步探究，由于本书不涉及过多的机器学习知识，在此不进行讲解，更多信息可以参考 scikit-learn 官网。

3.5 collections

collections 模块在 Python 标准数据类型的基础上极大地扩展了一些特殊用途的数据类型，包括 namedtuple、deque、ChainMap、Counter、OrderedDict、defaultdict、UserDict、UserList 和 UserString，本节将对其中几种常用的数据类型进行介绍。

3.5.1 namedtuple

namedtuple 是 collections 中的一个重要的数据结构，从名称可以看出，它其实是一个元组类型的数据结构，但同时元组内的每个元素还有其对应的名称，这使它也具有类似字典的特性，如下代码展示了使用 namedtuple 表示四通道图像中每个通道值：

```
//ch3/test_collections.py
from collections import namedtuple

#创建一个表示四通道图像的 namedtuple
Channel = namedtuple('ImageChannels', field_names=['R', 'G', 'B', 'A'])
ch = Channel(R=127, G=200, B=255, A=100)
#获取四通道中的 R 通道值
print(ch[0], ch.R)
```

创建 namedtuple 时，第 1 个参数为类型名（typename），类似于 class 的名称，表示所创建的 namedtuple 名称，第 2 个参数表示 namedtuple 中的属性名，可以传入一个 str 的列表或者用空格分隔的字符串，为了提高代码的可读性，在如上代码中采用了传入字符串列表的形式对 namedtuple 中的变量进行定义。从 namedtuple 中获取属性值则可以采取元组或者类似字典的形式，如上代码所示。

从以上示例可以看出，使用 namedtuple 相比使用元组而言更加灵活。获取元组中的元素只能使用下标的形式，这对于代码阅读而言十分不直观，同时由于字典类型无法 hash，无法被添加进入集合，因此使用 namedtuple 能很好地解决这些问题。

3.5.2 Counter

顾名思义，Counter 是一个计数器的数据类型，其能方便地辅助计数相关应用的实现，本质是 dict 的一个子类，使用 Counter 进行计数的时候，其会返回一个 dict，key 为元素，value 为该元素出现的次数，如下代码以不同的方式对字符串中的不同字符进行了计数：

```
//ch3/test_collections.py
from collections import Counter
#待计数的字符串
s = 'abbcdd'
#直接传入字符串进行计数
counter1 = Counter(s)
#传入列表进行计数
counter2 = Counter(list(s))
#传入元组进行计数
counter3 = Counter(tuple(s))
#传入字典进行计数
counter4 = Counter({'a': 1, 'b': 2, 'c': 1, 'd': 2})
print(counter1, counter2, counter3, counter4)
```

以上代码分别以直接传入字符串、列表/元组、字典计数器的方式创建了具有相同结果的 Counter。

3.5.3 OrderedDict

OrderedDict 可以使读取字典中数据的顺序与写入数据的顺序相同，使用方法的代码如下：

```
//ch3/test_collections.py
from collections import OrderedDict
#创建 OrderedDict 对象
od = OrderedDict()
#向 OrderedDict 中存放值
od['A'] = 'a'
od['B'] = 'b'
od['C'] = 'c'
#读取 OrderedDict 中的值
for k, v in od.items():
    print(k, v)
```

运行如上代码可以看出，打印出来的元素顺序与插入数据时的顺序一致。在 Python 3.5 及之前，标准数据类型 dict 的存储和数据插入顺序并不一致，因此在 Python 3.5 及其之前需要使用 OrderedDict 保证读取数据的有序性。从 Python 3.6 开始，标准数据类型 dict 的读取顺序和写入顺序已经保持一致，读者可以根据自身的应用场景使用字典的顺序特性。

3.5.4 defaultdict

使用 Python 标准数据类型 dict 时，如果访问的 key 不在字典中，则程序会抛出异常 KeyError，此时需要使用逻辑判断该 key 是否存在于字典或者使用字典的 get 方法为不存在的键赋予默认值，代码如下：

```
//ch3/test_collections.py
#创建只包含一个元素的字典
d = {'ip': '127.0.0.1'}
#当尝试访问一个字典中不存在的元素时会抛出 KeyError
#port = d['port']
#在使用之前需要判断字典中是否有键
port = d['port'] if 'port' in d else None
#使用 get 方法赋予默认值
port = d.get('port')
```

虽然通过以上两种方法能够避免程序出现异常，但是无疑都增加了编程的成本，此时可以使用 collections 模块中的 defaultdict 来创建带有默认值的字典，如果此时字典中不存在某键，则会直接返回默认值，如下代码为字典中不存在的键返回默认值 80：

```
//ch3/test_collections.py
from collections import defaultdict
#创建一个默认值为 80 的 defaultdict
dd = defaultdict(lambda: 80)
dd['ip'] = '127.0.0.1'
#返回 80
port = dd['port']
```

使用 defaultdict 一方面简化了开发者对于异常的处理，另一方面由于程序会默认返回值而不抛出异常，因此使用不慎会为程序引入额外的调试成本，这种行为可能是开发人员不希望的，读者需要根据自身的需要酌情使用。

3.6 typing

由于 Python 是动态语言，其对于类型定义没有严格的检查，编程方式十分灵活，然而便捷的同时也带来了另一个问题，这便是在编程过程中代码提示较少，在阅读他人的代码或后期进行代码维护时会增加成本，因此，在 Python 3.5 及其以后的版本中，原生 Python 内置了 typing 模块，用于辅助 Python 编程时的类型检查，可以很方便地用于集成开发环境。

在 Python 中，对于参数或者变量的类型，使用"：[类型]"的形式编写，而函数返回值的类型则在函数签名后使用"-> [类型]"即可，代码如下：

```
//ch3/test_typing.py
a: str = 2
#期望接受一种类型为 str 的参数，没有返回值
def print_var(v: str) -> None:
    print(v)
```

从代码中可以看出，虽然变量 a 的值为整型值，但是在进行类型标注时可以任意进行标注，并且在编程过程中以开发人员标注的类型为准，除此之外以上代码还定义了一个期望接受一种类型为字符串的参数，并且由于函数体内只进行了打印操作，没有返回值，因此在函数头使用"-> None"进行表示。

在程序运行时，Python 并不强制开发人员标注函数和变量的类型，使用 typing 的主要作用：①类型检查，防止程序运行时出现参数或返回值类型不一致的情形；②作为开发文档的附加说明，方便调用。本节将分不同的数据类型（Python 标准数据类型、扩展类型等）为读者介绍使用 typing 的代码写法。

3.6.1 标准数据类型标识

Python 3 中有 6 种基本的数据类型，分别是 Number、String、List、Tuple、Set 和 Dictionary，在 Number 中又包含 int、float、bool 和 complex，下面就分别介绍这几种数据类型在 typing 中的使用方法。

对于 Number 和 String 类型的标识比较简单，直接使用类型即可，代码如下：

```
//ch3/test_typing.py
#整型变量
int_var: int = 1
#浮点型变量
float_var: float = 1.0
#布尔型变量
bool_var: bool = True
```

```
#复数型变量
complex_var: complex = 1 + 2j
#字符串变量
str_var: str = '1'
#一个整型变量和一个浮点型变量相加并返回
def func_with_type(i: int, f: float, b: bool, c: complex, s: str) -> float:
   return i + f
```

对于 Number 和 String 类型变量的标识只需读者理解类型标识的基本写法，并未用到 typing 模块，而在对 List、Tuple、Set 和 Dictionary 类型的变量进行标识时，则需要进一步标识出这些组合类型中数据的类型，例如对于 List 类型变量，需要使用如下代码进行标识：

```
//ch3/test_typing.py
from typing import List
#将标识元素为整型值的列表
list_var: List[int] = [1, 2, 3, 4]
```

可以看出，在进行类型定义时，需要在“[]”中表明列表中元素的类型。类似地，在对 Tuple、Set 及 Dictionary 进行类型定义时，可以使用的代码如下：

```
//ch3/test_typing.py
from typing import Tuple, Set, Dict
#含有 4 个不同类型元素的元组
tuple_var: Tuple[int, str, float, bool] = [1, '2', '3.0', False]
#元素为整型变量的集合
set_var: Set[int] = {1, 2, 3, 4}
#键为字符串且值为整型值的字典
dict_var: Dict[str, int] = {'1': 1, '2': 2, '3': 3}
```

在 Python 3.9 及其以后的版本中，Python 中标准的组合类型也开始支持“[]”进行类型标识，因此更加推荐使用以下方式进行类型标识：

```
//ch3/test_typing.py
#将标识元素为整型值的列表
list_var2: list[int] = [1, 2, 3, 4]
#含有 4 个不同类型元素的元组
tuple_var2: tuple[int, str, float, bool] = [1, '2', '3.0', False]
#元素为整型变量的集合
set_var2: set[int] = {1, 2, 3, 4}
#键为字符串且值为整型值的字典
dict_var2: dict[str, int] = {'1': 1, '2': 2, '3': 3}
```

当然，不同类型标识也可以进行组合使用，例如下面的代码标识了变量 combined_var 是一个内部元素同时包含 List、Tuple 和 Dictionary 的元组：

```
//ch3/test_typing.py
combined_var: tuple[list[int], tuple[int, str, float, bool], dict[str, int]]
```

不难看出，每次进行类型标识的时候都需要重新写一次类型的定义，因此 Python 提供了类型别名的写法，如下代码所示，分别使用了 A、B、C 3 个变量代表不同的复合数据类型，这样做的好处是能增强代码的可读性，其次也能很方便地复用已经定义过的类型。

```
//ch3/test_typing.py
#自定义类型别名
A = list[int]
B = tuple[int, str, float, bool]
C = dict[str, int]
combined_var2: tuple[A, B, C] = ([1, ], (1, '2', 3., True), {'1': 1})
```

对于 List、Set 等可以存储不同类型变量的复合数据结构而言，则需要使用 Union 进行标识，从 Python 3.10 开始，Union 可以使用“|”进行标识，下面的代码表示变量为包含整型值或字符串的列表：

```
//ch3/test_typing.py
from typing import Union
int_str_var: list[Union[int, str]] = ['a', 2, 'b', 4]
#Python 3.10 及以后
int_str_var2: list[int | str] = ['a', 2, 'b', 4]
```

3.6.2 collections 中的数据类型标识

类似地，typing 模块也支持对 collections 中的数据类型进行标识，下面将分别进行介绍。在 3.5 节中已经向读者介绍了 collections 模块中常用的几种数据结构，本节就以 3.5 节中的数据结构为例说明 collections 中的数据类型标识。

使用 typing 中的 NamedTuple 为 collections 中的 namedtuple 进行类型标识的时候并不用在注解内，而是使用如下代码进行声明：

```
//ch3/test_typing.py
from typing import NamedTuple
#相当于 collections.namedtuple('Address', ['ip', 'port'])
class Address(NamedTuple):
    ip: str
    port: int
address = Address(ip='127.0.0.1', port=80)
```

可以看到，在 typing 中对于 namedtuple 是以类继承的形式进行实现的，在创建 namedtuple 实例时使用类似创建类对象的方法即可。

对于 Counter、OrderedDict 和 defaultdict 则还是以注解的形式进行类型标识即可，代码如下：

```
//ch3/test_typing.py
from typing import Counter as TCnt, OrderedDict as TOrdD, DefaultDict as TDD
from collections import Counter, OrderedDict, defaultdict
#由于 Counter 的 value 必定为 int, 因此只需标识 key 的类型
```

```
counter: TCnt[str] = Counter('aabbccddefg')
#OrderedDict 需要标识 key 和 value 的类型
od: TOrdD[str, str] = OrderedDict()
#defaultdict 需要标识 key 和 value 的类型
dd: TDD[str, str] = defaultdict(str)
```

对于 Counter、OrderedDict 和 defaultdict 的类型标识与 Python 中的标准数据类型标识方法类似，因此在此不再说明。

在 Python 3.9 及其之后的版本中，collections 中的 Counter、OrderedDict 和 defaultdict 已原生支持，代码如下：

```
//ch3/test_typing.py
#Python 3.9 之后
counter2: Counter[str] = Counter('aabbccddefg')
od2: OrderedDict[str, str] = OrderedDict()
dd2: defaultdict[str, str] = defaultdict()
```

3.6.3 其他常用标识

本节将为读者介绍一些在 typing 模块中常用的类型标识。

Callable 表示当前的变量或参数是一个可调用对象，例如在以下的代码中函数期望传入一个函数对象：

```
//ch3/test_typing.py
from typing import Callable
#传入的函数参数接收一个整型值作为参数并且返回值为 str
def wrapper1(func: Callable[[int], str]):
    return func(0)
#传入的函数参数接收任意的可变参数，无返回值
def wrapper2(func: Callable[..., None]):
    func()
```

Callable 使用列表的形式接收函数的入参类型，并在其后跟随返回值类型。

当传入的参数类型可以为任意时，可以使用 Any 进行标识，在 Python 中无法进行类型推断的变量同样也被默认认为是 Any 类型，在此不使用代码进行说明。

当一个函数从不终止或总会抛出异常时，可以使用 NoReturn 进行标识，代码如下：

```
//ch3/test_typing.py
from typing import NoReturn
#包含死循环的函数
def func_while() -> NoReturn:
    from time import sleep
    while True:
        sleep(1)
#必定会抛出异常的函数
def func_exc(num: int) -> NoReturn:
    raise ValueError(f'Bad Value: {num}')
```

读者需要区分返回值为 NoReturn 和 None 的区别，NoReturn 表示函数不会终止或者不会返回，而 None 表示函数无返回值。

Optional 表示当前的类型标识是可选的，代码如下：

```
//ch3/test_typing.py
from typing import Optional
#期望传入一种类型为整型或浮点型的参数，允许传入 None
def func_with_optional_param(num: Optional[Union[int, float]]):
    if num is None:
        raise ValueError(f'Unexpected value: {num}')
    print(num)
```

Literal 表示变量或参数只能为指定的字面值，如下代码指定了打开文件的模式只能采用['r', 'rb', 'w', 'wb']中的值：

```
//ch3/test_typing.py
from typing import Literal
MODE = Literal['r', 'rb', 'w', 'wb']
#打开文件
def open_helper(file: str, mode: MODE) -> str:
    with open(file, mode, encoding='utf8'):
        pass
    return ''
```

3.7 argparse

在 Python 中，可以使用 argparse 模块方便地对命令行参数进行处理。编程时，通过命令行传入的不同参数改变程序的执行逻辑，极大地增加了程序的灵活性，因此本节将对 argparse 模块进行简要介绍。

3.7.1 argparse 的使用框架

argparse 模块能处理指定的命令行参数与位置命令行参数（根据传入参数的位置进行识别），其整体使用流程如下：

首先使用 ArgumentParser 方法创建一个解析器 parser（此时 parser 中的参数列表为空），在创建过程中可以为 ArgumentParser 方法传入定制化的属性，如对该 parser 的描述等。

创建完 parser 后，接下来需要为 parser 添加参数，一般使用 add_argument 方法，该方法需要指定参数名，同时 add_argument 方法含有许多可选的属性，如参数目标数据类型、默认值，目标参数指定动作 action 等。读者可以将一个添加完参数的 parser 理解成一个参数的集合，该集合包含了所有即将从命令行接受的参数。对于 add_argument 方法的探究是本节的重点，将在 3.7.2 节详细说明。

为 parser 添加完目标参数后，使用 parse_args 方法将命令行中传入的参数转换为 argparse 中的 Namespace 对象（表示参数读取完毕），此时可以使用 args.[变量名]的形式访问由命令行传入的参数。

通过以上 3 个步骤，即可方便地解析来自命令行的参数。值得注意的是，使用 add_argument 方法为 parser 添加参数时，如何正确地设计参数的类型、属性及动作是至关重要的，有时错误的设计会给编码带来不小的麻烦。

3.7.2 使用 argparse 解析命令行参数

本节只对 add_argument 方法进行探讨，若读者想进一步学习 ArgumentParser 方法的运用，则可以参考 argparse 的帮助文档。

1. 解析字符串类型的参数

parser 从命令行接受的参数的默认类型是字符串，因此直接按照 3.7.1 节所讲的使用流程接受参数即可，下面的程序说明了这一过程，为创建的 parser 添加了一个名为 vvv(--vvv)的参数，并且此参数的简写形式为 v(-v)，默认值为 string，代码如下：

```
//ch3/test_argparse.py
import argparse

def parse_str():
    #创建 parser
    parser = argparse.ArgumentParser()
    #为 parser 添加一个名为 vvv(简称 v)的参数,其默认值为 string
    parser.add_argument('-v', '--vvv', default='string')
    #解析参数
    args = parser.parse_args()
    return args

args = parse_str()
#打印 Namespace
print(args)
#打印接受的参数及其类型
print(args.vvv, type(args.vvv))
```

在控制台使用命令 python test_argparse.py -v argparse_is_good（或 python test_argparse.py --vvv argparse_is_good）可以得到如图 3-28(a)所示的结果，能看到 args 中只有一个名为 vvv 的参数，它的值恰好是从命令行传入的"argparse_is_good"字符串。同时该参数类型为 str。如果直接使用命令 python test_argparse.py（不传入任何参数），则会得到如图 3-28(b)所示的结果，可以看到此时 vvv 参数的值为默认值 string。

```
Namespace(vvv='argparse_is_good')
argparse_is_good <class 'str'>
```

(a) 从命令行传入参数

```
Namespace(vvv='string')
string <class 'str'>
```

(b) 使用默认值

图 3-28 使用 argparse 解析字符串参数

2. 解析 int 类型的参数

与 3.7.2 节的第 1 部分类似，在使用 add_argument 时，为 type 参数传入目标类型即可，下面的程序说明了如何将 type 指定为 int，以解析整型参数，代码如下：

```
#为 parser 添加一个名为 iii(简称 i)的参数,其默认值为 0,将传入的类型限制为整型
parser.add_argument('-i', '--iii', default=0, type=int)
```

将 type 指定为 int 后，程序会尝试将从命令行传入的参数转换为 int 型，如果转换失败（如使用命令 python test_argparse.py -i argparse_is_good），则程序会报错终止。有意思的是，default 值的类型可以与指定的类型无关，因为只有当命令行未传入参数时，才会使用 default 值（尝试将 default 值转换为 type 类型），因此，如果将上述程序的 default 改为 string，而使用正确传入整型数的命令时，则程序仍能正常执行。除了可以使用 int 作为 type 外，对于 float 也采用类似的处理方式，而 type 为 bool 则采用其他的处理方法，有兴趣的读者可以自行尝试将 type 指定为 bool 的解析结果（因为本质是将字符转换为 bool 值，因此会发现无论传入什么值其结果都为 True，除非将 default 置为 False 并不传入任何参数）。

3. 解析 bool 类型的参数

由于 bool 仅有两个值，即 True 或 False，因此 argparse 处理 bool 的过程中不需要传入任何值，仅以是否写出该参数进行判别。例如定义了一个名为 b 的参数，仅当命令中写出了参数 b 时，该值才为 True（或 False），当没写时为 False（或 True），而无须显式地传入 True 或 False。这一点和使用 if 语句判别 bool 值十分相似，如下面的程序，使用 b==True 进行判断是多此一举的，直接使用 b 本身即可，代码如下：

```
b = True
if b == True:
    …
if b:
    …
```

对于 bool 型参数的处理，需要用到 add_argument 中的 action 参数，将其指定为 store_true（或 store_false）表示命令中写了该参数就将其置为 True（False），解析 bool 型的参数的代码如下：

```
#添加一个名为 bbb(简称 b)的参数,其默认值为 False,若命令写出 --bbb(-b),则值为 True
parser.add_argument('-b', '--bbb', default=False, action='store_true')
#添加一个名为 ppp(简称 p)的参数,其默认值为 True,若命令写出 --ppp(-p),则值为 False
parser.add_argument('-p', '--ppp', default=True, action='store_false')
```

4. 解析 list 类型参数

将命令行传入的参数返回为一个 list 有多种方法，本节介绍其中常用的两种。下面就分别对这两种方法进行介绍。

第 1 种是将 add_argument 方法的 action 指定为 append（列表的追加），这种用法适合

命令中多次重复使用相同参数传值的情况。假设现已为 parser 添加了名为 eee 的参数并将 action 指定为 append，此时使用命令 python test_argparse.py --eee 1 --eee 2 则会得到参数 eee 为['1', '2']，这种方法的缺点是需要多次传入同名参数，不方便使用。

第 2 种更为便捷的方法是指定 add_argument 方法中的 nargs 参数，将这个参数指定为"+""?"或"*"，分别表示传入 1 个或多个参数、0 个或 1 个参数及 0 个或多个参数（同正则表达式的规则一致），并将传入的参数转换为 list。例如将 nargs 指定为"+"并且变量名为 eee 的整型变量时，使用 python test_argparse.py --eee 1 2 后，直接可以得到名为 eee 值为[1, 2]的参数。

下面的程序分别说明了以上两种解析列表参数的方法，第 1 种方法得到的结果为['1', '2']，而第 2 种方法将 type 指定为 int，结果为[1, 2]，代码如下：

```
#添加一个名为 eee(简称 e)的参数,若多次使用 -- eee( - e),则结果以列表的 append 形式连接
parser.add_argument('-e', '--eee', action='append')
#添加一个名为 lll(简称 l)的参数,将传入的参数返回为一个 list
parser.add_argument('-l', '--lll', nargs='+', type=int)
```

argparse 还有更多高级用法，如打开指定文件等。

3.8 JSON

JSON 的全称为 JavaScript Object Notation，是一种轻量级的数据交换格式，其使用键-值对的形式存储与交换数据（与 Python 中的字典相同，不过 Python 中的字符串可以使用单引号或双引号表示，而 JSON 中仅能使用双引号），其键是无序的，仅支持由键访问数据，而其值是可以有序的，使用有序列表（数组）进行存储。

在 Python 中，使用 JSON 模块可以轻松地完成 JSON 数据的存储与读取。在 Python 中，JSON 支持直接以 JSON 格式处理 Python 字典，也支持处理类 JSON 格式的字符串。值得注意的一点是，使用 JSON 持久化字典数据时，仅支持 Python 中的内置数据类型，除此以外的类型需要进行转换，如键-值对中存在 NumPy 中的数据类型（常常会持久化 NumPy 数组），需要先将其转换为 Python 中的基本类型才能继续持久化。下面以 JSON 数据的写入与读取来分别介绍这两种处理方式。

3.8.1 使用 JSON 模块写入数据

在 JSON 中，写入数据使用 dump 方法，需要为其传入待存储的字典数据及对应的文件指针。除此之外，可以使用 dumps(dump+string)方法将 Python 字典数据转换为字符串，dump 与 dumps 用法的代码如下：

```
//ch3/test_json.py
import json
```

```
#初始化 Python 字典
py_dict = {'message': 'json is brilliant!', 'version': 1.14, 'info': 'python dict'}

#使用 dump 方法向文件写入 Python 字典
with open('py_dict.json', 'w', encoding = 'utf8') as f:
    json.dump(py_dict, f)

#使用 dumps(dump + string)将字典值转换为对应字符串
dict2str = json.dumps(py_dict)
print(dict2str)
```

运行以上程序后，能发现代码目录下多了一个 py_dict.json 文件，其内容即定义的 py_dict 字典中的值，不同的是，在持久化为 JSON 文件时会将原字典中的格式自动重整为 JSON 的标准格式。与此同时，控制台打印的 dict2str 结果也正是 py_dict 转换为 JSON 格式字符串的结果。

3.8.2 使用 JSON 模块读取数据

本节将说明如何读取 JSON 文件。与持久化数据时所用的 dump 与 dumps 这一对“孪生兄弟”类似，读取 JSON 文件时也有对应的 load 与 loads(load＋string)方法：load 方法从 JSON 文件中将持久化的内容读取到 Python 字典中，而 loads 则直接从类 JSON 字符串中获取数据，这两种数据读取的方法的代码如下：

```
//ch3/test_json.py
#打开并读取 JSON 文件
with open('py_dict.json', 'r', encoding = 'utf8') as f:
    load_json_file = json.load(f)

#初始化一个 JSON 格式的字符串
json_like_str = r'{"message": "json is brilliant!", "version": 1.14, "info": "json - like string"}'
#从字符串中读取数据
load_json_str = json.loads(json_like_str)

#打印从文件中读取的数据
print(load_json_file)
#打印从字符串读取的数据
print(load_json_str)
```

运行程序后，能看到控制台分别打印出来自文件与字符串的内容，并且它们都是 Python 中的字典类型，说明读取的内容已经从字符串正确加载并转换为字典类型。

3.9 TA-Lib

TA-Lib 的全称为 Technical Analysis Library，从其名称可以看出这是一个“技术分析”库，其中包含了像是 ADX、MACD、RSI 这种技术指标，还包括 K 线信号的模式识别，下面将分别对技术指标和模式识别进行说明。

3.9.1 技术指标

本节将为读者简单地介绍几种 TA-Lib 中常用的技术指标及其使用方法。首先在路径 code/ch3/下准备 CSV 数据 202001.csv，其数据内容如图 3-29 所示，可以看出数据包含以日为单位的基金数据（单位净值、日增长率、复权净值、复权净值增长率、累计净值、累计收益率、同类型排名、总排名、同类型排名百分比）。

```
datetime,unit_val,unit_val_growth_rate,adjust_val,adjust_val_growth_rate,cum_val,cum_val_growth_rate,same_type_rank,total_rank,same_type_rank_ratio
2001-09-28T00:00:00.000Z,1,NaN,1,NaN,0,-1,9999999999,9999999999,1.01
2001-09-29T00:00:00.000Z,1,0,1,0,0,-1,9999999999,9999999999,1.01
2001-10-19T00:00:00.000Z,0.9997,-0.0003,0.9997,-0.0003,0,-1,9999999999,9999999999,1.01
2001-10-26T00:00:00.000Z,1.0013,0.0016,1.0013,0.00160048,0,-1,9999999999,9999999999,1.01
2001-11-02T00:00:00.000Z,1.0013,NaN,1.0013,0,0,-1,9999999999,9999999999,1.01
2001-11-09T00:00:00.000Z,0.9989,-0.002397,0.9989,-0.00239688,0,-1,9999999999,9999999999,1.01
2001-11-16T00:00:00.000Z,1.0079,0.00901,1.0079,0.00900991,0,-1,9999999999,9999999999,1.01
2001-11-22T00:00:00.000Z,1.0146,0.006647,1.0146,0.00664748,0,-1,9999999999,9999999999,1.01
2001-11-29T00:00:00.000Z,1.0145,-0.000099,1.0145,-0.00009856,0,-1,9999999999,9999999999,1.01
2001-12-07T00:00:00.000Z,1.0191,0.004534,1.0191,0.00453425,0,-1,9999999999,9999999999,1.01
2001-12-10T00:00:00.000Z,1.0174,-0.001668,1.0174,-0.00166814,0,-1,9999999999,9999999999,1.01
2001-12-11T00:00:00.000Z,1.0092,-0.00806,1.0092,-0.00805976,0,-1,9999999999,9999999999,1.01
2001-12-12T00:00:00.000Z,1.0068,-0.002378,1.0068,-0.00237812,0,-1,9999999999,9999999999,1.01
2001-12-13T00:00:00.000Z,1.0023,-0.00447,1.0023,-0.00446961,0,-1,9999999999,9999999999,1.01
2001-12-14T00:00:00.000Z,1.0004,-0.001896,1.0004,-0.00189564,0,-1,9999999999,9999999999,1.01
2001-12-17T00:00:00.000Z,0.9981,-0.002299,0.9981,-0.00229908,0,-1,9999999999,9999999999,1.01
2001-12-18T00:00:00.000Z,1.0027,0.004609,1.0027,0.00460876,0,-1,9999999999,9999999999,1.01
2001-12-19T00:00:00.000Z,1.0001,-0.002593,1.0001,-0.002593,0,-1,9999999999,9999999999,1.01
2001-12-20T00:00:00.000Z,0.9928,-0.007299,0.9928,-0.00729927,0,-1,9999999999,9999999999,1.01
2001-12-21T00:00:00.000Z,0.9942,0.00141,0.9942,0.00141015,0,-1,9999999999,9999999999,1.01
2001-12-24T00:00:00.000Z,0.9888,-0.005432,0.9888,-0.0054315,0,-1,9999999999,9999999999,1.01
2001-12-25T00:00:00.000Z,0.9939,0.005158,0.9939,0.00515777,0,-1,9999999999,9999999999,1.01
2001-12-26T00:00:00.000Z,0.9984,0.004528,0.9984,0.00452762,0,-1,9999999999,9999999999,1.01
2001-12-27T00:00:00.000Z,0.998,-0.000401,0.998,-0.00040064,0,-1,9999999999,9999999999,1.01
2001-12-28T00:00:00.000Z,1.0011,0.003106,1.0011,0.00310621,0,-1,9999999999,9999999999,1.01
2001-12-31T00:00:00.000Z,1.0037,0.002597,1.0037,0.00259714,0,-1,9999999999,9999999999,1.01
2002-01-04T00:00:00.000Z,0.9961,-0.007572,0.9961,-0.00757198,0,-1,9999999999,9999999999,1.01
2002-01-07T00:00:00.000Z,0.9933,-0.002811,0.9933,-0.00281096,0,-1,9999999999,9999999999,1.01
2002-01-08T00:00:00.000Z,0.9926,-0.000705,0.9926,-0.00070472,0,-1,9999999999,9999999999,1.01
```

图 3-29 202001.csv 中的数据示例

使用 Pandas 模块读取 CSV 数据，代码如下：

```
//ch3/test_talib.py
import pandas as pd

pd.set_option('display.max_rows', None)

#读取 CSV 数据
data = pd.read_csv('202001.csv')
print(data)
#获取复权净值
 adjust_val = data.loc[:, 'adjust_val']
```

接下来使用最常用的指标 SMA（Simple Moving Average，简单移动平均），其计算如式(3-1)所示。

$$\mathrm{SMA}_i^k = \frac{1}{k}\sum_{j=i-k+1}^{i} x_j \tag{3-1}$$

其中，下标 i 表示第 i 个简单移动平均值，上标 k 表示周期为 k，因此 SMA 用于简单计算原数据中包含第 i 个元素在内的前 k 个元素的平均值，使用 TA-Lib 计算 SMA 的方法，代码如下：

```
//ch3/test_talib.py
import talib
#计算周期为 5 天的复权净值的移动平均值
sma = talib.SMA(adjust_val, timeperiod = 5)
print(sma)
```

```
0           NaN
1           NaN
2           NaN
3           NaN
4      1.000460
         ...
5326   7.232026
5327   7.230002
5328   7.223385
5329   7.222296
5330   7.226344
Length: 5331, dtype: float64
```

图 3-30 计算复权净值 SMA 值的结果

运行以上代码，可以得到收盘价的 SMA 值的计算结果，如图 3-30 所示。

从图 3-30 中可以看出，前 4 个 SMA 值为 NaN，这是因为代码中计算 SMA 的周期值为 5，因此在计算前 4 个复权净值的 SMA 时数据不足，因此返回值为 NaN，而第 5 个值的计算方式为$\frac{1}{5}(1+1+0.9997+1.0013+1.0013)=1.00046$，其他的 SMA 值的计算以此类推。

接下来再介绍一个常用的指标 MACD(Moving Average Convergence/Divergence，异同移动平均线)，其需要计算一个快速平均线(指数平均线，典型周期为 12)和一个慢速平均线(指数平均线，典型周期为 26)，并计算两者之间的差值作为信号的依据，平均线的计算方法如式(3-2)所示。

$$\begin{aligned}\mathrm{EMA}_m^{\mathrm{fast}} &= \mathrm{EMA}_{m-1}^{\mathrm{fast}} \times \frac{M-1}{M} + x_m \times \frac{1}{M} \\ \mathrm{EMA}_n^{\mathrm{slow}} &= \mathrm{EMA}_{n-1}^{\mathrm{slow}} \times \frac{N-1}{N} + x_n \times \frac{1}{N}\end{aligned} \tag{3-2}$$

式中的 M、N 表示计算 EMA 的周期，m、n 表示序列中第 m、第 n 个元素的 EMA 值。在 TA-Lib 中，如果计算 EMA 的所需元素不够，则其直接使用算术平均值代替计算。得到快速和慢速平均线后，使用式(3-3)计算 DIF 值：

$$\mathrm{DIF}_m = \mathrm{EMA}_m^{\mathrm{fast}} - \mathrm{EMA}_m^{\mathrm{slow}} \tag{3-3}$$

对 DIF 同样使用 EMA 计算指数移动平均值即可得到 DEA(MACD 值)，如式(3-4)所示。

$$\mathrm{DEA}_n = \mathrm{DEA}_{n-1} \times \frac{N-1}{N} + \mathrm{DIF}_m \times \frac{1}{N} \tag{3-4}$$

分别得到 DIF 和 DEA 的值之后，再使用式(3-5)计算 MACD 值：

$$\mathrm{MACD} = \mathrm{DIF}_m - \mathrm{DEA}_n \tag{3-5}$$

得到的 MACD 值即为行情软件中 MACD 指标的红/绿柱所表示的值。在 TA-Lib 中计算 MACD 值的方法，代码如下：

```
//ch3/test_talib.py
#使用定义计算 MACD
ema_fast = talib.EMA(adjust_val, timeperiod = 3)
ema_slow = talib.EMA(adjust_val, timeperiod = 5)
dif = ema_fast - ema_slow
dea = talib.EMA(dif, timeperiod = 2)
```

```
macd_hist = (dif - dea)
print(macd_hist)

#直接使用 talib 计算 MACD
macd, macd_signal, macd_hist = \
    talib.MACD(adjust_val, fastperiod = 3, slowperiod = 5, signalperiod = 2)
print(macd_hist)
```

如上代码中展示了如何使用定义与 TA-Lib 计算 MACD 值，运行代码可以发现两者的计算结果一致。

3.9.2 模式识别

TA-Lib 中除了能计算各指标值以外，还能针对 K 线的排列进行模式识别，例如乌云盖顶、三只乌鸦等 K 线形态。由于基金数据不符合 OHLC 的格式，因此 TA-Lib 中的模式识别不适用于基金数据。例如需要识别 OHLC 数据中的"乌云盖顶"模式，可以使用以下代码实现：

```
res = talib.CDLDARKCLOUDCOVER(opens, highs, lows, closes, penetration = 0.5)
```

更多有关 TA-Lib 模式识别的内容可以参见其文档。

3.10 AKShare

AKShare 是一个功能十分强大的财经数据获取开源 Python 包，它能够提供股票、期货、债券、期权、外汇、货币、现货、利率、基金、指数等数据，股票包括 A 股、港股和美股等数据，提供实时与历史行情数据，同时针对股票还提供市场的评价信息和年报等基本面数据。对于期货、期权和外汇等品种，AKShare 也提供了类似的数据。

AKShare 同时提供了许多有趣的数据，包括中国宏观杠杆率、CPI 和 PPI 报告等宏观数据、不同国家的宏观数据、奥运奖牌、空气质量等。使用者可以将 AKShare 作为一个大的数据集市，其中不仅提供了金融数据，也能为其他领域提供数据分析应用的数据。

AKShare 从相对权威的财经数据网站获取原始数据并进行加工并返回，使用 AKShare 时的 Python 版本最好在 3.8.5 以上。由于原始的财经网站数据格式与接口可能经常发生变化，因此推荐将 AKShare 升级到最新版本进行使用。

下面以公募基金相关数据获取为例说明 AKShare 的使用方法。

3.10.1 获取基金基础信息

在 AKShare 中，获取基金的基础信息使用 fund_name_em 方法，这种方法从天天基金网获取基金的基础信息并返回一个 5 列的 DataFrame，每列信息分别为基金代码、拼音缩写、基金简称、基金类型和拼音全称，其中基金代码和基金类型是最重要的信息，基金的简称与拼音等对实际的分析意义不大。

使用如下的代码完成基金基础信息的获取：

```
//ch3/test_akshare.py
import akshare as ak

#获取当前时刻所有基金的基础数据
fund_infos = ak.fund_name_em()
print(fund_infos)
```

执行代码后，可以得到如图 3-31 所示的数据。

```
       基金代码              拼音缩写                  基金简称      基金类型                                  拼音全称
0      000001             HXCZHH                华夏成长混合   混合型-灵活                  HUAXIACHENGZHANGHUNHE
1      000002             HXCZHH            华夏成长混合(后端)   混合型-灵活                  HUAXIACHENGZHANGHUNHE
2      000003           ZHKZZZQA             中海可转债债券A   债券型-可转债              ZHONGHAIKEZHUANZHAIZHAIQUANA
3      000004           ZHKZZZQC             中海可转债债券C   债券型-可转债              ZHONGHAIKEZHUANZHAIZHAIQUANC
4      000005         JSZQXYDQZQ            嘉实增强信用定期债券    债券型-长债          JIASHIZENGQIANGXINYONGDINGQIZHAIQUAN
...       ...                ...                   ...       ...                                   ...
19738  970204  XZZGJQLXXZLLGYCYQZQA  兴证资管金麒麟兴享增利六个月持有期债券A  债券型-混合债  XINGZHENGZIGUANJINQILINXINGXIANGZENGLILIUGEYUE...
19739  970205  XZZGJQLXXZLLGYCYQZQC  兴证资管金麒麟兴享增利六个月持有期债券C  债券型-混合债  XINGZHENGZIGUANJINQILINXINGXIANGZENGLILIUGEYUE...
19740  970206        ZJYSLHYNCYHHC        中金优势领航一年持有混合C   混合型-偏股    ZHONGJINYOUSHILINGHANGYINIANCHIYOUHUNHEC
19741  970207            GXRFZQC              国信睿丰债券C   债券型-混合债                GUOXINRUIFENGZHAIQUANC
19742  970208    GXJDZHSGYCYHHFOF     国信经典组合三个月持有混合(FOF)       FOF    GUOXINJINGDIANZUHESANGEYUECHIYOUHUNHEFOF

[19743 rows x 5 columns]
```

图 3-31　使用 AKShare 获取基金基本信息的结果

从图 3-31 可以看出本书执行代码的时候一共获取了 19 743 只不同类型的基金。

3.10.2 获取基金历史行情

不同类型的基金在数据组织结构上存在不同，本节以开放式基金为例讲解如何获取基金历史行情。在 AKShare 中，使用 fund_open_fund_info_em 方法获取开放式基金的历史行情，这种方法接收两个参数，分别是基金代码 fund 与指标名称 indicator，其中 indicator 的可选值为下列值之一：单位净值走势、累计净值走势、累计收益率走势、同类排名走势、同类排名百分比、分红送配详情、拆分详情，不同的指标值的返回值字段有所不同，下面将以代码为 202001 的基金为例进行讲解。

1. 获取单位净值走势

使用 fund_open_fund_info_em(fund, indicator='单位净值走势')获取开放式基金的单位净值走势，可以得到如图 3-32 所示的结果。可以看出返回的 DataFrame 数据不仅包括每日的净值，还包括日增长率的数据。

日增长率的计算方式如式(3-6)所示，读者可以自行进行验算。

$$\text{growth\_rate}_i = \frac{\text{unit\_val}_i - \text{unit\_val}_{i-1}}{\text{unit\_val}_{i-1}} \times 100 \tag{3-6}$$

通过 fund_open_fund_info_em 方法得到的数据大多是以包含日期的及其相应指标数据的 DataFrame。

2. 获取累计净值走势

使用 fund_open_fund_info_em(fund, indicator='累计净值走势')获取开放式基金的累

计净值走势，返回的数据如图 3-33 所示，累计净值走势的数据只有两列，分别为日期及当日该基金的累计净值。

```
         净值日期    单位净值  日增长率
0     2001-09-28  1.0000  0.00
1     2001-10-12  1.0005  0.05
2     2001-10-19  0.9997 -0.08
3     2001-10-26  1.0013  0.16
4     2001-11-02  1.0013  0.00
...          ...     ...   ...
5338  2023-10-11  1.8347  0.24
5339  2023-10-12  1.8352  0.03
5340  2023-10-13  1.8202 -0.82
5341  2023-10-16  1.8132 -0.38
5342  2023-10-17  1.8158  0.14

[5343 rows x 3 columns]
```

图 3-32　使用 AKShare 获取基金的历史单位净值

```
         净值日期    累计净值
0     2001-09-28  1.0000
1     2001-10-12  1.0005
2     2001-10-19  0.9997
3     2001-10-26  1.0013
4     2001-11-02  1.0013
...          ...     ...
5338  2023-10-11  3.8297
5339  2023-10-12  3.8302
5340  2023-10-13  3.8152
5341  2023-10-16  3.8082
5342  2023-10-17  3.8108

[5343 rows x 2 columns]
```

图 3-33　使用 AKShare 获取基金的历史累计净值走势

由于返回的数据是 DataFrame，因此此时可以直接使用 plot 方法进行绘图，代码如下：

```
//ch3/test_akshare.py
#获取累计净值走势
import matplotlib.pyplot as plt

plt.rcParams['font.sans-serif'] = ['SimHei']
fund_cum_val = ak.fund_open_fund_info_em(fund_symbol, indicator='累计净值走势')
fund_cum_val.plot()
plt.show()
```

运行以上代码可以得到如图 3-34 所示的绘图结果。

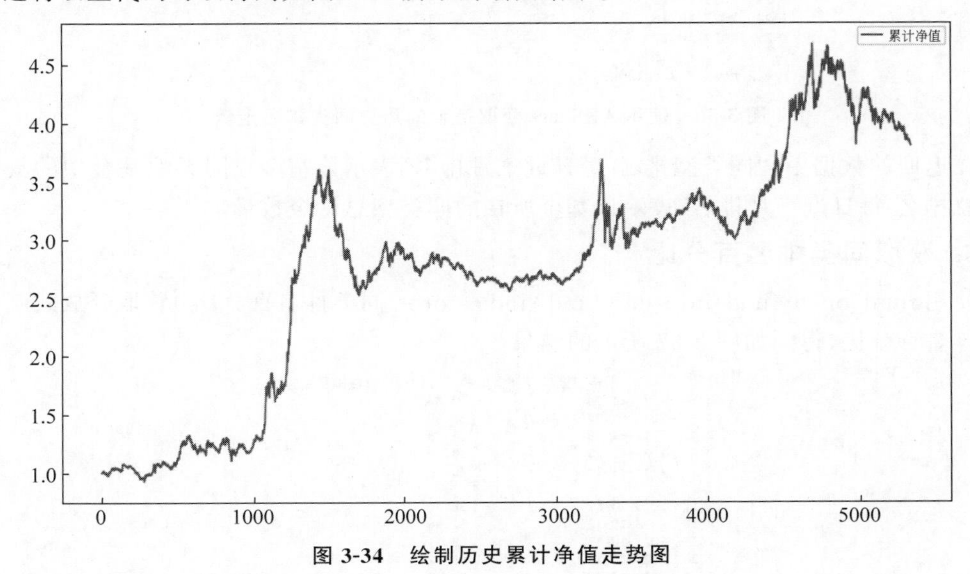

图 3-34　绘制历史累计净值走势图

3. 获取累计收益率走势

使用 fund_open_fund_info_em(fund, indicator='累计收益率走势')获取开放式基金的

累计收益率走势，得到如图 3-35 所示的结果。

```
          净值日期   累计收益率
0     2023-04-17   0.00
1     2023-04-18   0.00
2     2023-04-19  -0.39
3     2023-04-20  -0.24
4     2023-04-21  -2.19
..           ...    ...
116   2023-10-11 -11.93
117   2023-10-12 -11.91
118   2023-10-13 -12.63
119   2023-10-16 -12.97
120   2023-10-17 -12.84

[121 rows x 2 columns]
```

图 3-35 使用 AKShare 获取基金的历史累计收益率走势

需要注意的是，返回的累计收益率数据是近半年的，在进行数据拼接的时候需要进行平滑。

4. 获取同类排名走势

使用 fund_open_fund_info_em(fund, indicator='同类排名走势')获取开放式基金的同类排名走势，得到如图 3-36 所示的结果。

```
           报告日期  同类型排名-每日近三月排名  总排名-每日近三月排名
0     2013-01-04          230          389
1     2013-01-07          248          389
2     2013-01-08          250          389
3     2013-01-09          240          389
4     2013-01-10          233          389
...          ...          ...          ...
2617  2023-10-11         1597         3830
2618  2023-10-12         1816         3828
2619  2023-10-13         1629         3889
2620  2023-10-16         1576         3827
2621  2023-10-17         1630         3825

[2622 rows x 3 columns]
```

图 3-36 使用 AKShare 获取基金的历史同类排名走势

在返回的数据中，“同类型排名-每日近三月排名”表示该基金在同类型基金中的具体名次，“总排名-每日近三月排名”表示该基金所在的同类型总基金数量。

5. 获取同类排名百分比

使用 fund_open_fund_info_em(fund, indicator='同类排名百分比')获取开放式基金的同类排名百分比，得到如图 3-37 所示的结果。

```
          报告日期  同类型排名-每日近3月收益排名百分比
0     2013-01-04              40.87
1     2013-01-07              36.25
2     2013-01-08              35.73
3     2013-01-09              38.30
4     2013-01-10              40.10
...          ...                ...
2617  2023-10-11              58.30
2618  2023-10-12              52.56
2619  2023-10-13              58.11
2620  2023-10-16              58.82
2621  2023-10-17              57.39

[2622 rows x 2 columns]
```

图 3-37 使用 AKShare 获取基金的历史同类排名百分比

在返回的数据中，"同类型排名-每日近 3 月收益排名百分比" 的值表示在同类型的基金中，当前基金近三月收益超越的百分比数，例如对于 2013-01-04 的数据而言，表示基金 202001 的近三月收益优于 40.87%的同类型基金。百分比数可以由 3.10.2 节中第 4 部分的同类排名走势计算得到，使用 1－(同类型排名/总排名)即可得到，读者可以自行验证。

6. 获取分红送配详情

使用 fund_open_fund_info_em(fund, indicator='分红送配详情')获取开放式基金的分红送配详情，得到如图 3-38 所示的结果。

	年份	权益登记日	除息日	每份分红	分红发放日
0	2022年	2022-01-18	2022-01-18	每份派现金0.0200元	2022-01-19
1	2021年	2021-01-15	2021-01-15	每份派现金0.0200元	2021-01-18
2	2020年	2020-01-16	2020-01-16	每份派现金0.0200元	2020-01-17
3	2019年	2019-01-17	2019-01-17	每份派现金0.0200元	2019-01-18
4	2018年	2018-01-16	2018-01-16	每份派现金0.0200元	2018-01-17
5	2017年	2017-01-18	2017-01-18	每份派现金0.0200元	2017-01-19
6	2016年	2016-01-19	2016-01-19	每份派现金0.0200元	2016-01-20
7	2015年	2015-01-19	2015-01-19	每份派现金0.0200元	2015-01-20
8	2011年	2011-01-19	2011-01-19	每份派现金0.0200元	2011-01-20
9	2010年	2010-03-17	2010-03-17	每份派现金0.0200元	2010-03-18
10	2008年	2008-04-25	2008-04-25	每份派现金0.0500元	2008-04-28
11	2007年	2007-04-26	2007-04-26	每份派现金0.1300元	2007-04-27
12	2007年	2007-01-29	2007-01-30	每份派现金1.3900元	2007-01-31
13	2006年	2006-02-23	2006-02-24	每份派现金0.0500元	2006-02-27
14	2004年	2004-12-17	2004-12-20	每份派现金0.0500元	2004-12-21
15	2004年	2004-04-05	2004-04-06	每份派现金0.0600元	2004-04-09
16	2003年	2003-12-22	2003-12-23	每份派现金0.0250元	2003-12-26
17	2002年	2002-09-19	2002-09-20	每份派现金0.0150元	2002-09-30
18	2002年	2002-04-19	2002-04-22	每份派现金0.0250元	2002-04-30

图 3-38　使用 AKShare 获取基金的历史分红送配详情

返回的结果一共分为 5 列，分别为年份、权益登记日、除息日、每份分红和分红发放日，其中最关键的信息是每份分红与分红发放日，对于返回结果中的每份分红是以文字的形式展现的，需要进一步地进行解析处理。

7. 获取拆分详情

使用 fund_open_fund_info_em(fund, indicator='拆分详情')获取开放式基金的拆分详情，由于 202001 没有历史的拆分数据，因此使用 000277 可以得到如图 3-39 所示的结果。

	年份	拆分折算日	拆分类型	拆分折算比例
0	2023年	2023-10-11	份额折算	1:1.0090
1	2023年	2023-08-03	份额折算	1:1.0090
2	2023年	2023-06-05	份额折算	1:1.0089
3	2023年	2023-04-06	份额折算	1:1.0089
4	2022年	2022-12-12	份额折算	1:0.9775
5	2022年	2022-11-03	份额折算	1:1.0081
6	2022年	2022-09-05	份额折算	1:1.0100
7	2022年	2022-07-05	份额折算	1:1.0081
8	2022年	2022-05-09	份额折算	1:1.0101
9	2022年	2022-03-03	份额折算	1:1.0101
10	2022年	2022-01-06	份额折算	1:1.0101
11	2021年	2021-11-03	份额折算	1:1.0101
12	2021年	2021-09-03	份额折算	1:1.0100
13	2021年	2021-07-05	份额折算	1:1.0101
14	2021年	2021-05-10	份额折算	1:1.0101
15	2021年	2021-03-03	份额折算	1:1.0101

图 3-39　使用 AKShare 获取基金的历史拆分详情

3.11 Tushare

Tushare 是一个免费提供各类数据助力行业和量化研究的大数据开放社区，其拥有股票、基金、期货、数字货币等市场行情数据，同时也包括公司财务、基金经理等基本面数据，相较于需要收费的 Wind、RQData 等服务，Tushare 是一个对于新手而言较为友好的量化数据获取方式，API 的调用使用积分制，其官网首页如图 3-40 所示。

图 3-40 Tushare 官网首页

首先需要在官网注册一个 Tushare 的账号，登录之后在个人主页能够查看接口 TOKEN，如图 3-41 所示。

图 3-41 获取 Tushare 的接口 TOKEN

获取 TOKEN 后，可以使用如下代码测试是否能够正常使用接口：

```
//ch3/test_tushare.py
import tushare as ts

#读者的 Tushare 接口 TOKEN
TOKEN = '**************************************************************'
#需要读取行情的标的代码
TS_CODE = '165509.SZ'

#使用 TOKEN 初始化 API
pro = ts.pro_api(TOKEN)
#读取标的的日线数据
fund_info = pro.fund_basic()
print(fund_info)
```

运行以上代码，可以得到如图 3-42 所示的结果，可以看到能够正常读取到基金的基础数据，其中包含的字段有基金代码、基金名称、基金公司、基金托管人、基金类型、成立日期。

	ts_code	name	management	custodian	fund_type	found_date	\
1	512850.SH	中信建投北京50ETF	中信建投基金	招商银行	股票型	20180927	
2	168601.SZ	汇安裕阳三年定期开放	汇安基金	中国光大银行	混合型	20180927	
3	512860.SH	华安中国A股ETF	华安基金	中国农业银行	股票型	20180927	
4	159960.SZ	恒生国企	平安大华基金	中国银行	股票型	20180921	
5	501062.SH	南方瑞合三年	南方基金	中国建设银行	混合型	20180906	
6	510600.SH	沪50ETF	申万菱信基金	中国工商银行	股票型	20180903	
7	501061.SH	金选300C	中金基金	中国建设银行	股票型	20180830	
8	501060.SH	金选300A	中金基金	中国建设银行	股票型	20180830	
9	166802.SZ	浙商300	浙商基金	华夏银行	股票型	20180820	

图 3-42 使用 Tushare 读取基金的基础数据

同样，使用 Tushare 也可以获取基金的净值信息，代码如下：

```
//ch3/test_tushare.py
#读取基金的净值数据
fund_val = pro.fund_nav(ts_code = TS_CODE)
print(fund_val)
```

运行代码可以得到如图 3-43 所示的结果，可以看到 Tushare 返回的结果中同时包含单位净值与累计净值数据，相较于 AKShare 已经将数据对齐返回。

	ts_code	ann_date	nav_date	unit_nav	accum_nav	accum_div	\
0	165509.SZ	20181019	20181018	1.104	1.587	None	
1	165509.SZ	20181018	20181017	1.110	1.587	None	
2	165509.SZ	20181017	20181016	1.110	1.587	None	
3	165509.SZ	20181016	20181015	1.110	1.587	None	
4	165509.SZ	20181013	20181012	1.110	1.587	None	
5	165509.SZ	20181012	20181011	1.110	1.587	None	
6	165509.SZ	20181011	20181010	1.110	1.587	None	
7	165509.SZ	20181010	20181009	1.110	1.587	None	
8	165509.SZ	20181009	20181008	1.109	1.586	None	
9	165509.SZ	20180929	20180928	1.109	1.586	None	
10	165509.SZ	20180928	20180927	1.109	1.586	None	

图 3-43 使用 Tushare 读取基金的净值数据

Tushare 的 API 功能众多,更多的用法参见 Tushare 数据接口说明。

3.12 PyPortfolioOpt

PyPortfolioOpt 是一个开源的投资组合优化 Python 库,它可以方便地完成有效前沿的求解、Black-Litterman 资产配置模型等,同时可以使用 PyPortfolioOpt 完成各种期望回报的计算。下面以 3.9 节中使用的 202001.csv 文件为例,介绍 PyPortfolioOpt 的使用。

使用 PyPortfolioOpt 计算基金复权净值的日收益率,可以使用如下代码实现:

```
//ch3/test_pyportfolioopt.py
import pandas as pd
from pypfopt import expected_returns

#读取 CSV 数据
data = pd.read_csv('202001.csv')
#从复权净值计算收益率
returns = expected_returns.returns_from_prices(data['adjust_val'])
print(returns)
```

运行代码的结果如图 3-44 所示。

```
1        0.000000
2       -0.000300
3        0.001600
4        0.000000
5       -0.002397
           ...
5326     0.010521
5327    -0.002522
5328    -0.001883
5329     0.001078
5330    -0.004308
Name: adjust_val, Length: 5330, dtype: float64
```

图 3-44 使用 PyPortfolioOpt 计算基金复权净值的收益率

也可以使用 PyPortfolioOpt 计算基于复权净值的年化收益率,代码如下:

```
//ch3/test_pyportfolioopt.py
#计算年化收益率
mu = expected_returns.mean_historical_return(data['cum_val'])
print(mu, (1 + returns).prod() ** (252 / returns.count()) - 1)
```

PyPortfolioOpt 的 mean_historical_return 方法首先将传入的净值转换为收益率序列,将收益率序列进行复利计算后进行年化转换,从而得到最终的结果,在如上代码的最后 print 函数中展示了手动计算的过程。mean_historical_return 函数有许多可选的入参,上面的代码只是展示了默认参数的计算方法,更多用法可以参考官方文档。

由于 PyPortfolioOpt 模型的使用需要较强的理论知识,因此更多的原理与使用方法将在第 6 章中介绍。

3.13 empyrical

empyrical是一个金融风险指标开源Python库，通过empyrical读者可以方便地计算常见的金融风险指标，例如最大回撤、夏普比率等。使用empyrical计算最大回撤的代码如下：

```
//ch3/test_empyrical.py
import empyrical
import pandas as pd
from pypfopt import expected_returns

#读取 CSV 数据
data = pd.read_csv('202001.csv')
#由净值计算得到收益率
returns = expected_returns.returns_from_prices(data['cum_val'])
#计算收益率的最大回撤
md = empyrical.max_drawdown(returns)
print(md)
```

结合3.12节中通过PyPortfolioOpt计算收益率序列，将该序列传入empyrical的max_drawdown方法可以得到序列中的最大回撤，输出值为−0.301 469 365 123 372 6，说明在传入的收益率序列值中发生的最大亏损约为30%。表3-1中列出了empyrical提供的主要金融风险指标。

表3-1 empyrical提供的主要金融风险指标

API	指标名称	API	指标名称
alpha	Alpha系数	max_drawdown	最大回撤
annual_return	年收益率	omega_ratio	Omega比率
annual_volatility	年波动率	sharpe_ratio	夏普比率
beta	Beta系数	sortino_ratio	索提诺比率
calmar_ratio	卡玛比率	stability_of_timeseries	序列稳定性
capture	捕获比率	tail_ratio	尾部比率
conditional_value_at_risk	条件风险价值	up_alpha_beta	上行的Alpha和Beta系数
down_alpha_beta	下行的Alpha和Beta系数	up_capture	上行捕获比率
down_capture	下行捕获比率	up_down_capture	上下行捕获比率比值
downside_risk	下行风险	value_at_risk	风险价值

表3-1中列出的指标在本节不进行详细解释，更多指标相关原理与使用可以参考4.5节。

3.14 Orange

Orange是一个基于Python的数据挖掘和机器学习平台，由于其不依赖过多的代码就能完成数据分析的数据流，所以可以使用Orange快速验证模型和想法。Orange的官网如

图 3-45 所示。

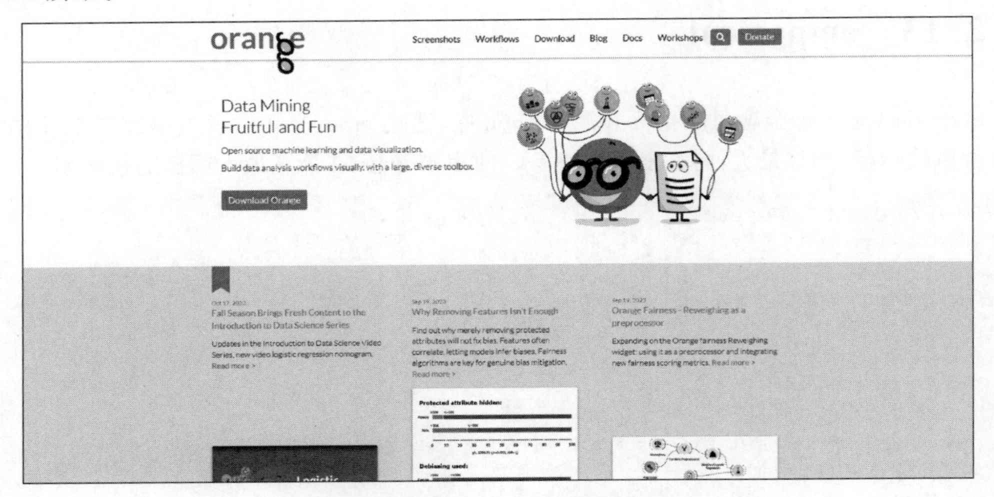

图 3-45 Orange 的官网首页

从 Orange 的官网介绍不难看出，其是一个方便的数据挖掘的可视化工具，安装 Orange 有多种方式，其下载页面如图 3-46 所示，可以通过直接下载安装包进行本地安装，也可以通过 conda、pip 或者源码安装。为了方便起见，建议读者直接下载安装包进行安装。

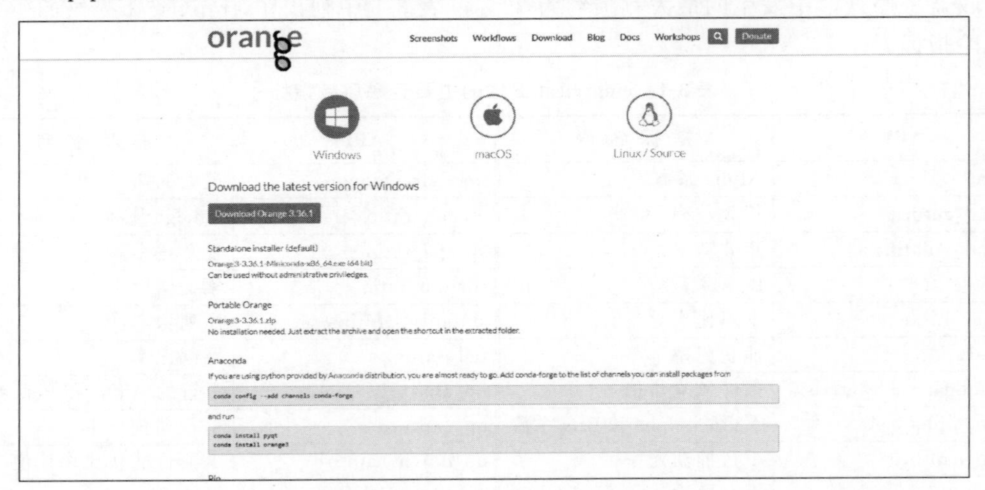

图 3-46 Orange 的下载页面

3.14.1 Orange 中的示例

安装完 Orange 后，启动后可以看到如图 3-47 所示的界面，可以通过单击 Help→Example Workflows 来查看 Orange 内置的部分工作流的示例，如图 3-47 所示，创建一个 Orange 中主成分分析(Principal Components Analysis，PCA)的工作流。

图 3-47　Orange 的主界面

对于工作流中的每个构件都可以双击打开、查看并调整其属性，在如图 3-48 所示的主成分分析工作流中，可以看到整个流的起始节点为 File 节点，说明数据输入是以文件的形式进行输入的，在示例中采用的是 brown-selected 数据集，其包含 186 个数据，其中每个数据由 79 个特征组成，数据总共可以分为 3 类。

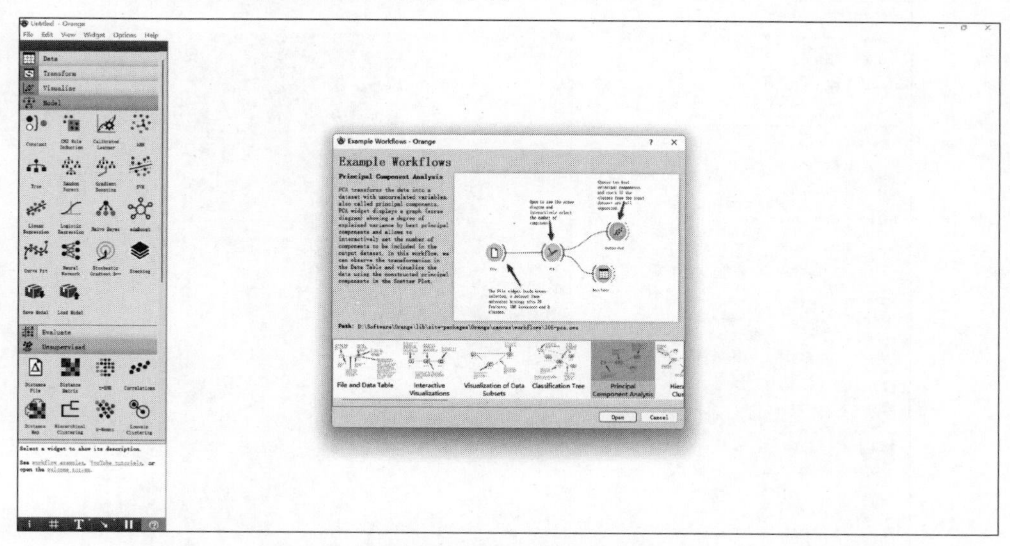

图 3-48　Orange 中的主成分分析示例

双击 File 节点，可以看到数据集的相关信息，例如各数据列的数据类型及其属性（特征、标签等），File 组件支持多种格式的数据，例如 CSV、Excel、H5 等数据，其也支持自动检测数据源格式，如图 3-49 所示。

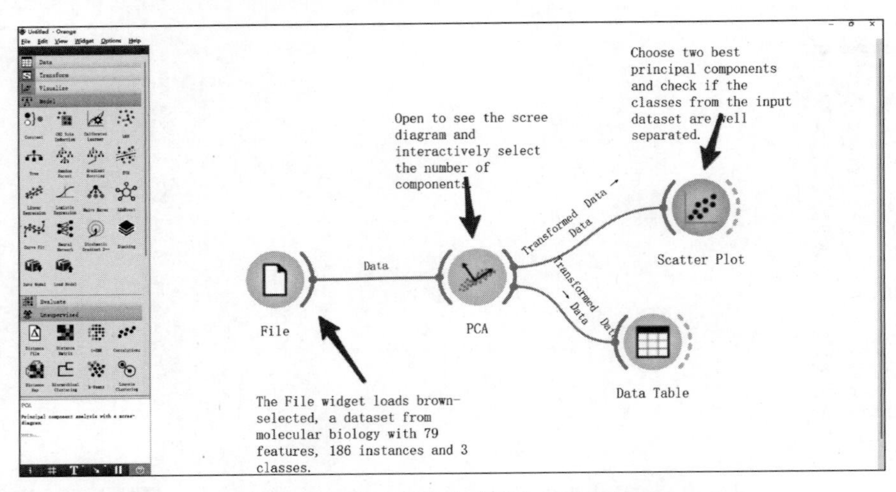

图 3-49 Orange 的主成分分析工作流图

类似地，双击 PCA 组件则能看到 PCA 的相关设置，例如降维后的维数等，每次为 PCA 进行不同的设置时，在勾选 Apply Automatically 选项之后都会自动生效。经过 PCA 降维处理后的数据流向了两个节点，分别是 Scatter Plot 和 Data Table，其中 Scatter Plot 会以散点图的形式绘制出降维后的数据，如图 3-50 所示，而 Data Table 则会以表格的形式展示降维后的数据，如图 3-51 所示。

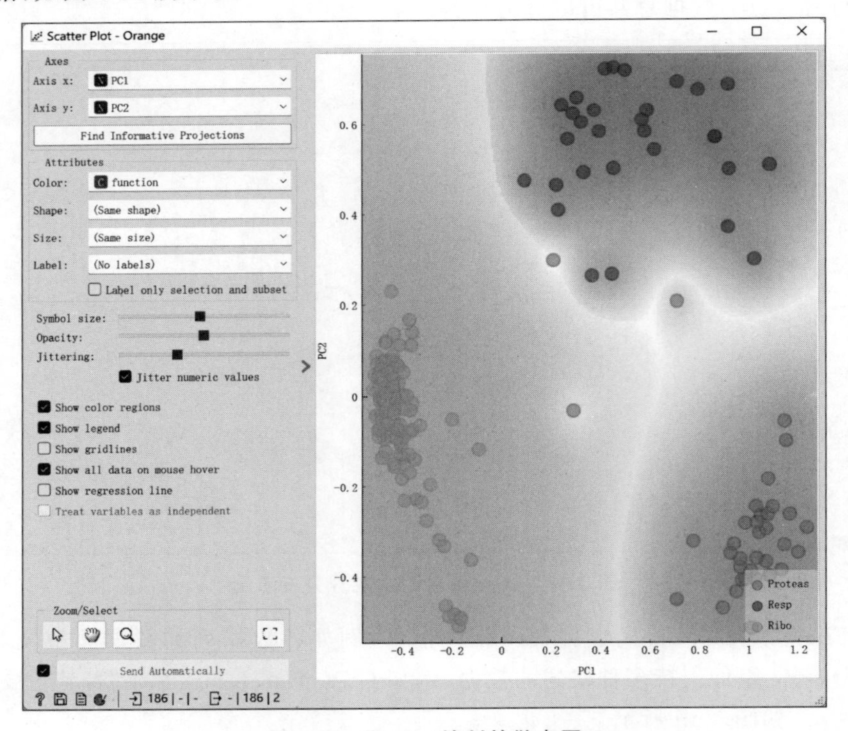

图 3-50 Orange 绘制的散点图

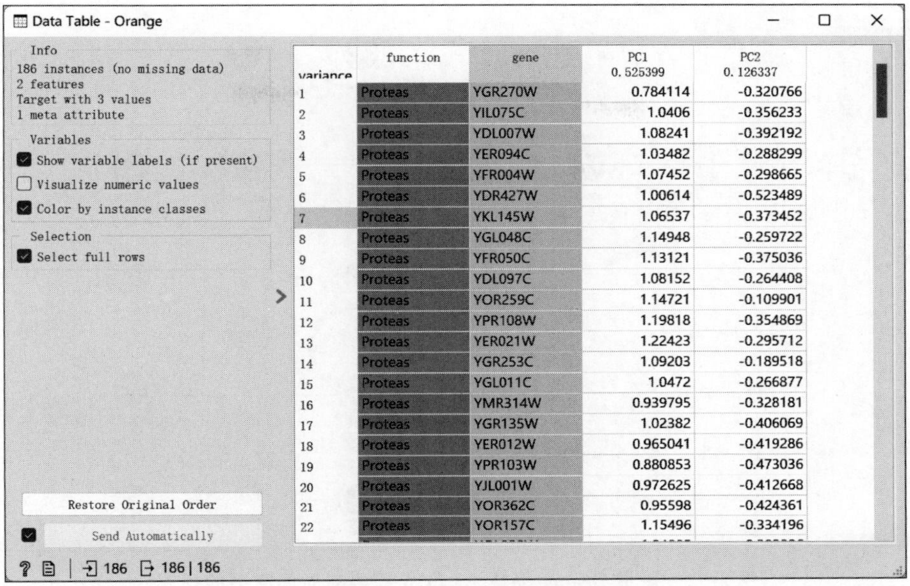

Data Table - Orange

Info
186 instances (no missing data)
2 features
Target with 3 values
1 meta attribute

Variables
☑ Show variable labels (if present)
☐ Visualize numeric values
☑ Color by instance classes

Selection
☑ Select full rows

Restore Original Order

☑ Send Automatically

186 186 | 186

variance	function	gene	PC1 0.525399	PC2 0.126337
1	Proteas	YGR270W	0.784114	-0.320766
2	Proteas	YIL075C	1.0406	-0.356233
3	Proteas	YDL007W	1.08241	-0.392192
4	Proteas	YER094C	1.03482	-0.288299
5	Proteas	YFR004W	1.07452	-0.298665
6	Proteas	YDR427W	1.00614	-0.523489
7	Proteas	YKL145W	1.06537	-0.373452
8	Proteas	YGL048C	1.14948	-0.259722
9	Proteas	YFR050C	1.13121	-0.375036
10	Proteas	YDL097C	1.08152	-0.264408
11	Proteas	YOR259C	1.14721	-0.109901
12	Proteas	YPR108W	1.19818	-0.354869
13	Proteas	YER021W	1.22423	-0.295712
14	Proteas	YGR253C	1.09203	-0.189518
15	Proteas	YGL011C	1.0472	-0.266877
16	Proteas	YMR314W	0.939795	-0.328181
17	Proteas	YGR135W	1.02382	-0.406069
18	Proteas	YER012W	0.965041	-0.419286
19	Proteas	YPR103W	0.880853	-0.473036
20	Proteas	YJL001W	0.972625	-0.412668
21	Proteas	YOR362C	0.95598	-0.424361
22	Proteas	YOR157C	1.15496	-0.334196

图 3-51 Orange 展示的表格数据

从图 3-50 不难看出，由于降维维数默认为 2，因此绘制散点图时的 x 轴和 y 轴分别对应着 PC1 和 PC2 这两个降维后的生成数据，从绘制的散点图来看，将原本包含 79 维的特征降到二维后，其在平面内也是可分的，因此降维效果十分显著。

使用 Data Table 展示数据则允许用户查看所有降维后的数据，相较于散点图的展示形式，使用表格能够展示更多数据的具体值。不难发现，Orange 可以将上一个节点处理的数据结果输入若干不同的下游节点，极大地方便了用户验证自己的思路。

3.14.2 创建自己的工作流

本节将说明如何使用 Orange 创建自己的工作流，如果目前想验证使用 ARIMA 模型对基金复权净值的时间序列预测是否有效，则应如何使用 Orange 进行快速验证呢？最终总体的工作流图如图 3-52 所示。

总体来看，工作流大致分为 4 部分：数据读取、数据预处理、模型预测、结果可视化，数据读取的组件使用的是 CSV File Import，读取的文件为 3.9 节中使用的 202001.csv，接着使用 Select Columns 组件从源数据中选取并指定数据分析中忽略的列、特征值列及目标值列。在进行时间序列分析之前，需要将输入数据通过 As Timeseries 组件将数据转换为时间序列的数据，至此已经可以获取时间序列数据。在此之后，如图 3-53 所示，延伸出了 7 条不同分支，其中每个分支都是对时间序列数据的一种分析尝试，例如查看时间序列数据的周期图、自相关图、格兰杰因果关系检验、原数据一阶差分的 ARIMA 模型预测结果等，详细的原理在此不进行说明。

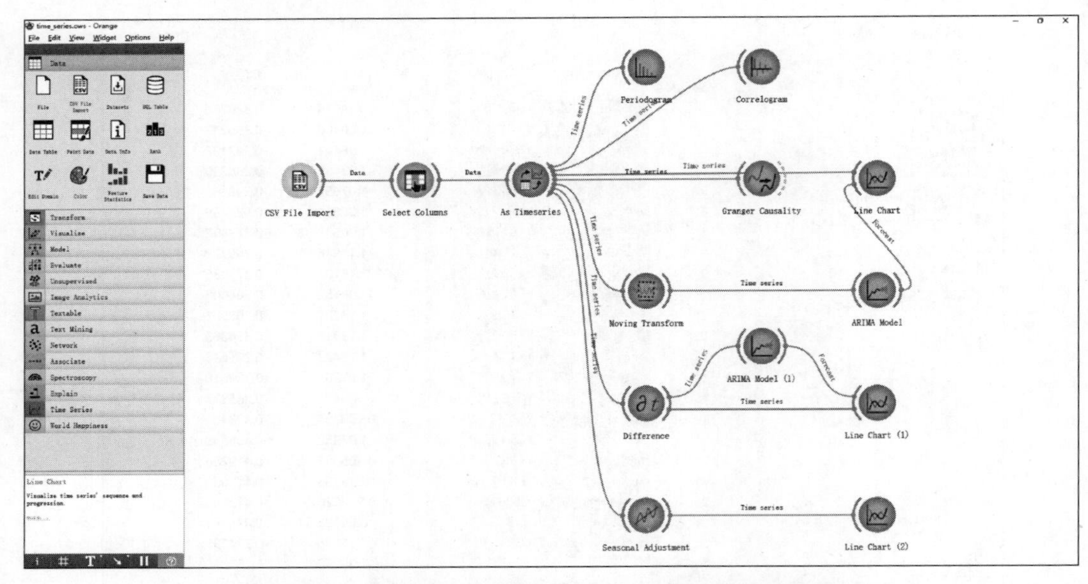

图 3-52　使用 Orange 完成 ARIMA 模型对时间序列的预测

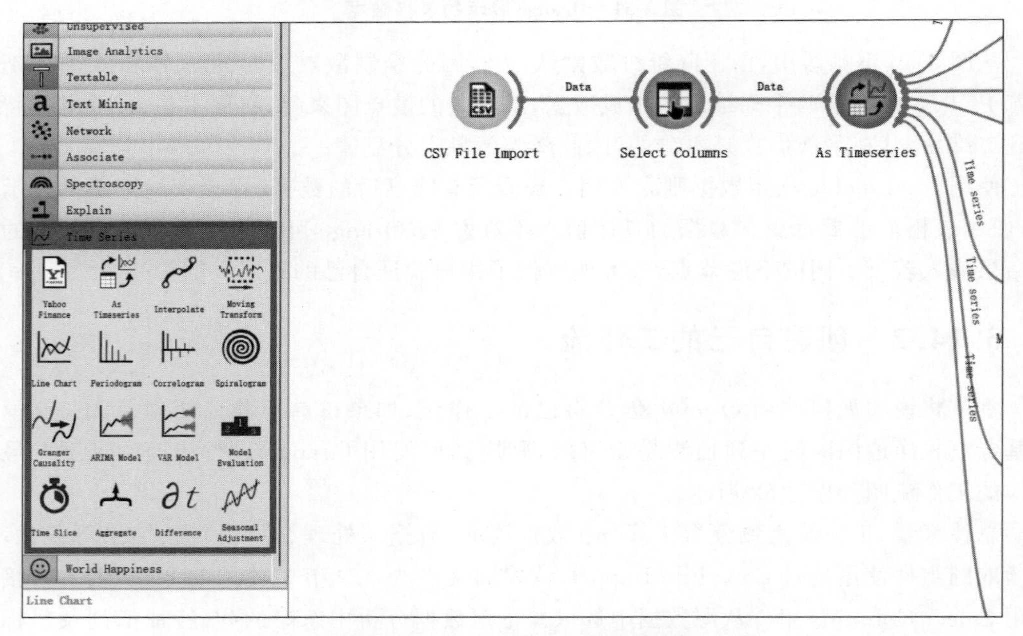

图 3-53　Orange 中时间序列相关组件

与时间序列数据处理相关的组件位于左侧的工具箱中，如图 3-53 所示，从图中可以看出其包含雅虎财经的数据源组件(Yahoo Finance)，以及可以对时间序列进行内插值的组件(Interpolate)等，在确定需要使用的组件后，可以直接单击组件或将组件拖入右侧的画布中，再使用箭头将不同的组件连接起来，从而得到完整的数据流图。

读者可以在安装 Orange 之后打开 ch3/time_series.ows 文件，自行尝试使用 Orange 进行测试。

3.15 Optunity

Optunity 是一个包含用于超参数调整的各种优化器的库。无论是监督还是非监督学习方法，超参数调优都是必须解决的问题。

超参数的优化问题的目标函数通常是非凸的、非光滑的且难以直接求解其极值点的。Optunity 则提供了一种数值优化的方法，以此进行优化问题的求解，Optunity 由 Python 编写，不过其也能很方便地集成于 R 或 MATLAB 中。

Optunity 需要待优化的函数返回一个数值类型的值，并支持最大化或最小化目标函数值，在指定了优化算法后能够从优化器中获得最终最优参数的结果及优化过程的中间结果，十分直观与方便。

本节以常用的粒子群(Particle Swarm)优化算法，简要说明 Optunity 的使用。以优化函数 $y=(\sin(x)+2)\times x^2$ 为例，可以先用 Matplotlib 绘制出该函数的图像，代码如下：

```
//ch3/test_optunity.py
import optunity
import numpy as np
import matplotlib.pyplot as plt


def func(x):
    """ 待优化的函数 """
    return (np.sin(x) + 2) * x ** 2

x_range = [-100, 100]
xs = list(range(*x_range))
ys = [func(i) for i in xs]

#绘制待优化函数的图像
plt.plot(xs, ys)
plt.show()
```

运行以上程序得到的函数图像如图 3-54 所示。

从函数图像不难发现，其最小值应该位于 $x=0$ 附近，接下来使用 Optunity 寻找极值：

```
//ch3/test_optunity.py
opt = optunity.minimize(
            func, num_evals=500, solver_name='particle swarm', x=x_range
    )
opt_params, details, suggestion = opt
print(opt_params)
print(details)
print(suggestion)
```

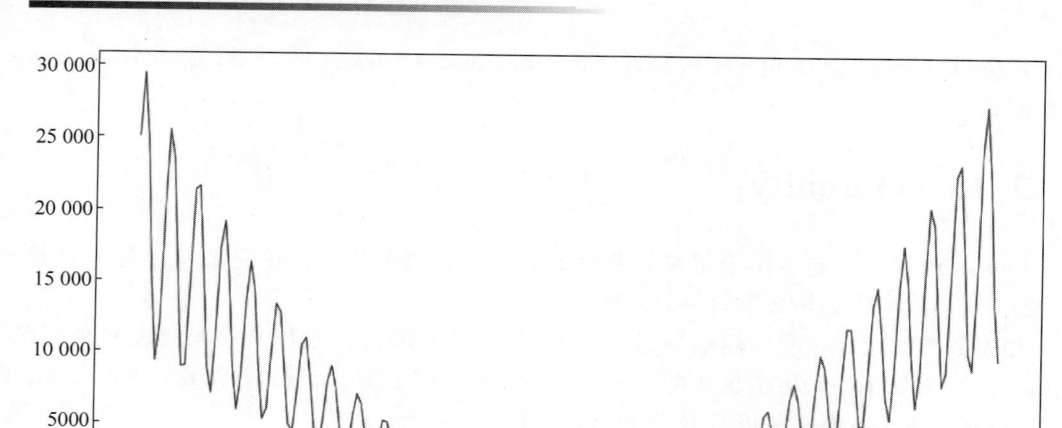

图 3-54 待优化函数图像

如上代码所示，由于搜寻的是目标函数的最小值，所以使用了 optunity. minimize 方法，类似地，在寻找最大值的时候可以使用 optunity. maximize 方法，其中 num_evals 表示优化过程中允许调用优化目标函数的最大次数，在指定了优化器方法 solver_name 后，需要传入优化目标函数的参数值的搜寻范围，如代码中将参数 x 的搜寻范围指定为[−100,100]。运行以上程序可以观察到其打印的 opt_params 结果为{'x'：−0.0025152026389108073}，是一个近似 $x=0$ 的结果。

得益于 Optunity 框架的灵活性，其只需用户传入一个可以返回数值类型的待优化目标函数，并指定该函数的输入参数的取值范围，因此在进行量化交易的回测时，可以编写函数返回收益率或回撤值作为待优化参数，对该函数进行最大值或最小值优化。

3.16 Optuna

类似于 3.15 节中的 Optunity，Optuna 也是一个参数优化工具，其支持自定义剪枝函数等，并且支持对于不同类型取值的初始化，例如枚举值、整型值、浮点型值等都有不同的参数值初始化取值方法。下面的代码说明了如何使用 Optuna 对数值型的函数进行优化：

```
//ch3/test_optuna.py
import optuna
import numpy as np

def func(x):
    """ 待优化的函数 """
    return (np.sin(x) + 2) * x ** 2

def objective(trial):
```

```
    x_range = trial.suggest_uniform('x', - 100, 100)
    return func(x_range)

study = optuna.create_study()
study.optimize(objective, n_trials = 500)
print(study.best_params)
```

代码中选用的待优化目标函数与3.15节中一样，在Optuna中，需要先定义一个学习任务study，在创建study时可以为其传入direction参数以表示优化方向（最小化minimize或最大化maximize），默认值为minimize。

创建学习任务后，再向该任务中添加优化目标objective，需要在目标中使用suggest相关的方法（如代码中的suggest_uniform则是以均匀分布生成随机数）为目标函数生成初始值，再将这些初始值传入目标函数，对得到的目标值进行评价，由于在上述代码中目标函数的评价值即为函数值，因此无须再进行额外的评价过程。

在调用optimize方法时，需要将n_trials指定为实验次数，完成优化后，打印study.best_params则是优化后的最优参数值。除此之外，还可以打印best_value、best_trial等，分别表示最优参数下的最优函数值及最优的一次实验相关信息等。

在进行量化回测方面的相关优化时，其通常只涉及对于数值的优化，因此Optuna与Optunity在使用成本上相似，读者可以根据自身习惯进行选取。

3.17　小结

本章介绍了常用于投研的Python库和工具，包括数据处理与可视化、Python编程辅助包、金融数据获取与分析的工具等几大类。读者可以根据自身情况学习与使用这些Python工具，为后面的章节打下基础。

第4章 量化系统设计

CHAPTER 4

本章将介绍如何从头设计一个公募基金的量化系统，并介绍使用 Python 代码实现的方式。

3min

4.1 整体架构

本书的分析对象主要是公募基金，因此本章将基于公募基金的要素与特点介绍量化系统的设计思路与实现方式。目前公募基金没有程序化交易接口，因此本章介绍的量化系统不包括程序化自动下单部分。本章将介绍的系统架构与组成模块如图 4-1 所示。

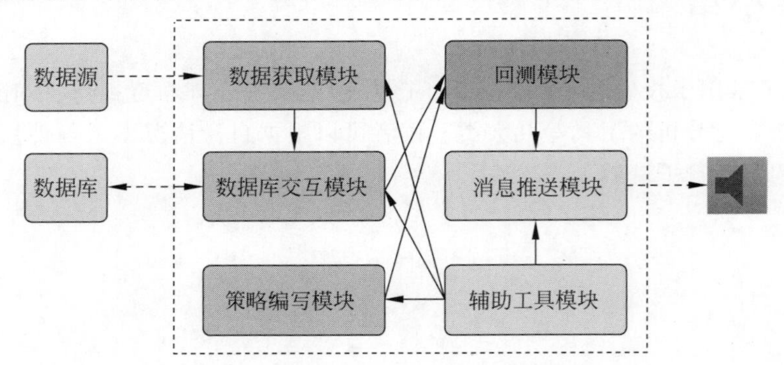

图 4-1 量化系统的整体架构

图 4-1 所示的虚线方框内为整体系统结构与数据流，通过数据获取模块从数据源获得数据，处理与格式化过后交给数据库交互模块存入数据库。策略编写模块较为独立，在特定的模式与框架之下编写交易策略。策略编写完成后将通过数据库交互模块获得的数据使用回测模块进行历史表现的回测，并且可以通过监测回测模块的交易记录，将其通知给消息推送模块，使用户通过邮件或即时消息通知途径获得基金买卖的操作信息，用户可以进一步人工复核买卖操作的合理性或者直接按照策略的信号进行买卖。辅助工具模块包含特定的一些辅助功能函数会被各模块调用。

4.2 数据获取模块

在1.3节中，本书已经介绍了基金的要素，因此数据获取模块需要从公开或非公开的信息中获取这些基金的要素。回顾1.3节中的内容可以知道，基金具有3种净值，分别为单位净值、累计净值和复权净值，而在第3章介绍基金数据获取的Python工具时分别介绍过AKshare和Tushare两个工具，读者可以自由选取其一或更适合自己的数据来源。由于使用AKShare的门槛相对来讲更低，本节的数据获取模块以AKShare的使用为例进行编码。

首先根据基金的要素设计基金数据类，对于每日基金要素的快照，至少需要以下几个字段：基金代码、数据日期、单位净值、复权净值，单位净值用于申购与赎回时作为价格进行计算，复权净值作为业绩表现的衡量。为了信息全面与计算方便，本文还添加了以下几个字段：单位净值增长率、累计净值、累计净值增长率、复权净值增长率、同类型排名、同类型总排名数、同类型排名百分比，其中各净值的增长率可以使用当日该净值与上一交易日该净值计算得出。为了减少计算负担，本文做了扁平化处理，具体的基金数据类的字段定义与其对应数据类型的代码如下：

```
//ch4/4.2/object.py
from dataclasses import dataclass
from datetime import datetime

@dataclass
class FundData:
    """
    基金数据
    """

    #代码
    symbol: str
    #数据日期
    datetime: datetime

    #单位净值
    unit_val: float
    #单位净值增长率
    unit_val_growth_rate: float
    #累计净值
    cum_val: float
    #累计净值增长率
    cum_val_growth_rate: float
    #复权净值
    adjust_val: float
    #复权净值增长率
```

```
    adjust_val_growth_rate: float
    #同类型排名 - 每日近三月排名
    same_type_rank: int
    #同类型总排名数 - 每日近三月排名
    total_rank: int
    #同类型排名 - 每日近三月收益排名百分比
    same_type_rank_ratio: float
```

4.2.1 获取基金的基础信息

数据获取模块的目的在于获取尽可能多的基金数据，使用 AKShare 的 fund_name_em 方法可以获得所有公募基金的基础数据，为了更加直观地显示，将获取的所有基金基础信息存入 JSON 文件。fund_name_em 接口返回的数据包括基金代码、基金拼音简称、基金中文简称、基金类型及基金的拼音，首先获取这些信息并存入内存中，代码如下：

```
//ch4/4.2/fund_info.py
class FundInfoCrawler:
    """基金基础信息获取类"""
    …

    def crawl_fund_info(self) -> dict[str, dict[str, str]]:
        """获取所有基金基本信息"""
        fund_infos = ak.fund_name_em()
        #返回的数据包括 5 列数据，分别进行重命名
        fund_infos.columns = ['code', 'abbr_pinyin', 'abbr_cn', 'type', 'pinyin']
        ret = {}

        for _, row in fund_infos.iterrows():
            _row_dict = row.to_dict()
            #以基金代码作为 key 存储数据
            _code = _row_dict['code']
            ret[_code] = _row_dict

        self.fund_info.update(ret)
        return ret
```

再将内存中的字典信息存入 JSON 文件，代码如下：

```
//ch4/4.2/fund_info.py
class FundInfoCrawler:
    """基金基础信息获取类"""

    def __init__(self) -> None:
        #内存中的基金基础信息
        self.fund_info = {}
        #存储所有基础信息的 JSON 文件路径
        self.fund_info_path = Path(FUND_INFO_JSON_PATH)
        #存储所有基金代码的文件路径
```

```
        self.all_fund_pool_path = Path(FUND_POOL_TXT_PATH)

    def save_fund_info(self, save_pool = True):
        """保存基金信息"""
        #首先检查内存中是否已经有了获取的基金基础信息，如果没有,则重新获取
        if not self.fund_info:
            self.crawl_fund_info()

        #保证存入 JSON 的文件夹存在
        if not self.fund_info_path.parent.exists():
            self.fund_info_path.parent.mkdir(parents = True, exist_ok = True)

        #存储数据
        with open(str(self.fund_info_path), 'w', encoding = 'utf8') as _f:
            json.dump(self.fund_info, _f, indent = 4, ensure_ascii = False)

        #维护一个基金池的代码文件，便于获取所有基金代码
        if save_pool:
            with open(str(self.all_fund_pool_path), 'w', encoding = 'utf8') as _f:
                _f.writelines('\n'.join(list(self.fund_info.keys())))
```

代码中的 FUND_INFO_JSON_PATH 和 FUND_POOL_TXT_PATH 是维护在辅助工具模块中的存储所有基础信息 JSON 路径与基金池文件路径的常量会在整个系统中进行复用。执行以上获取基金基础信息的代码后,可以得到如图 4-2 所示的结果。


```
{
    "000001": {
        "code": "000001",
        "abbr_pinyin": "HXCZHH",
        "abbr_cn": "华夏成长混合",
        "type": "混合型-灵活",
        "pinyin": "HUAXIACHENGZHANGHUNHE"
    },
    "000002": {
        "code": "000002",
        "abbr_pinyin": "HXCZHH",
        "abbr_cn": "华夏成长混合(后端)",
        "type": "混合型-灵活",
        "pinyin": "HUAXIACHENGZHANGHUNHE"
    },
    "000003": {
        "code": "000003",
        "abbr_pinyin": "ZHKZZZQA",
        "abbr_cn": "中海可转债债券A",
        "type": "债券型-可转债",
        "pinyin": "ZHONGHAIKEZHUANZHAIZHAIQUANA"
    },
```


图 4-2 获取的基金基础信息

执行代码,同时可以得到一个包含所有基金代码的文件。获得了所有基金基础信息后,其中最重要的信息为基金的代码与其对应的基金类型,读者从 1.2 节中介绍过的知识了解到不同类别的基金风险与收益的区别很大,因此对于基金进行分类是必要的。

首先遍历所有的基金基础信息,统计所有出现的基金类型,并将其依次赋予数字枚举编号,再次遍历所有的基金基础信息,将基金按照其类别进行分类存储。最终将基金类型与其对应的枚举值保存到 JSON 文件,并将所有基金及其对应的类别枚举值保存到 JSON 文件,代码如下:

```
//ch4/4.2/data_loader.py
def get_funds_type(to_save = False):
    """由基金信息生成基金分类枚举"""
    logger.info('Reading info from %s', FUND_INFO_JSON_PATH)
    #读取所有基金基础信息 JSON 文件
    with open(FUND_INFO_JSON_PATH, 'r', encoding = 'utf8') as _f:
```

```
        fund_info_dict: dict[str, dict[str, str]] = json.load(_f)

    #获取所有基金类型
    all_fund_type = list(set(x.get('type') for x in fund_info_dict.values()))
    #排序以防止 set 导致乱序
    all_fund_type.sort()

    logger.info('All fund type: %s', all_fund_type)

    #遍历生成基金类型与枚举整型值的对应
    type_num = 0
    type_num_mapping = {}
    for _t in all_fund_type:
        if _t.strip() == '':
            type_num_mapping[_t] = -1
        else:
            type_num_mapping[_t] = type_num
            type_num += 1

    fund_type_dict = {}
    fund_type_pool = defaultdict(list)

    #将每个基金代码分类到相应的枚举值字典下
    for _code, _info in fund_info_dict.items():
        _code_type = _info.get('type').strip()
        fund_type_dict[_code] = type_num_mapping[_code_type]
        fund_type_pool[type_num_mapping[_code_type]].append(_code)

    logger.info('Fund type dict: %s', fund_type_dict)

    if to_save:
        #将基金对应的类别枚举值保存到 JSON 文件
        logger.info('Saving fund type into %s', FUND_TYPE_JSON_PATH)
        with open(FUND_TYPE_JSON_PATH, 'w', encoding='utf8') as _f:
            json.dump(fund_type_dict, _f, indent=4)

        #将基金类型与对应的枚举值保存到 JSON 文件
        logger.info('Saving type info num mapping into %s', TYPE_NUM_JSON_PATH)
        with open(TYPE_NUM_JSON_PATH, 'w', encoding='utf8') as _f:
            json.dump(type_num_mapping, _f, indent=4, ensure_ascii=False)

        #将不同基金类别的代码保存到一个单独的 TXT 文件
        DIFF_TYPE_FUND_POOL_TXT_PATH.mkdir(parents=True, exist_ok=True)
        for _tp, _tp_pool in fund_type_pool.items():
            logger.info('Saving type[%s] fund pool', _tp)
            save_file_path = DIFF_TYPE_FUND_POOL_TXT_PATH / f'{_tp}.txt'
            with open(str(save_file_path), 'w', encoding='utf8') as _f:
                _f.writelines('\n'.join(_tp_pool))

    return fund_type_dict
```

上述代码位于辅助工具模块，当获取了所有基金的基础信息后，便可以解析得到基金及其对应的类别关系。运行以上代码可以得到如图 4-3 所示的类别映射结果。

```
{
    "FOF": 0,
    "QDII": 1,
    "Reits": 2,
    "债券型-中短债": 3,
    "债券型-可转债": 4,
    "债券型-混合债": 5,
    "债券型-长债": 6,
    "商品（不含QDII）": 7,
    "指数型-股票": 8,
    "混合-绝对收益": 9,
    "混合型-偏债": 10,
    "混合型-偏股": 11,
    "混合型-平衡": 12,
    "混合型-灵活": 13,
    "股票型": 14,
    "货币型": 15
}
```

图 4-3　基金类别及其对应枚举值关系

4.2.2　获取基金的行情信息

完成了所有基金的基础信息获取后，接下来使用 AKShare 提供的方法对每只基金获取行情数据。使用 AKShare 可以获取公募基金的单位净值、单位净值增长率、累计净值、累计净值增长率、同类基金排名、同类基金数量、同类基金排名百分比等数据，使用如下的方法即可：

```
//ch4/4.2/history_data.py
class FundDataCrawler:
    """基金数据获取类"""

    indicators_mapping = {
        #日期、单位净值、日增长率((当日单位净值 - 前一单位净值)/前一单位净值 * 100)
        '单位净值走势': ['datetime', 'unit_val', 'growth_rate'],
        #累计净值
        '累计净值走势': ['datetime', 'cum_val'],
        #累计收益率
        '累计收益率走势': ['datetime', 'cum_rate'],
        #同类型排名 - 每日近三月排名，总排名 - 每日近三月排名
        '同类排名走势': ['datetime', 'same_type_rank', 'total_rank'],
        #同类型排名 - 每日近三月收益排名百分比
        '同类排名百分比': ['datetime', 'same_type_rank_ratio'],
    }

    #排序列
    sorting_col = 'datetime'
    …
    def crawl_fund_indicator_data(self, code: str, indicator: str):
        """获取单只基金的指标信息"""
        try:
```

```
            logger.info('Start crawling %s for %s', indicator, code)
            #获取基金的特定指标值
            fd = ak.fund_open_fund_info_em(fund=code, indicator=indicator)
            #如果获取的数据为空，则不处理
            if fd.empty:
                logger.warning('%s for %s is empty!', indicator, code)
                return fd
            #修改数据的列名
            fd.columns = self.indicators_mapping.get(indicator)
            #按照日期进行排序
            fd.sort_values(by=self.sorting_col, inplace=True, ascending=True)
            return fd
        except Exception as err:
            logger.error('%s for %s has error: %s', indicator, code, str(err))
            return pd.DataFrame()
        finally:
            logger.info('Finish crawling %s for %s', indicator, code)
```

核心逻辑调用 AKShare 的 fund_open_fund_info_em 方法，传入需要获取数据的基金代码与指标名称（单位净值走势、累计净值走势、累计收益率走势、同类排名走势、同类排名百分比）即可。完成数据获取后，需要判断是否存在数据，若有数据，则修改数据的列名，以便于后续处理，并将数据按照日期进行排序。由于从网络获取数据可能会出现各种不可预知的问题，所以需要使用异常处理捕获全部异常，防止对后续基金的数据获取造成影响。

由于通过 AKShare 获取每个指标的数据都是一个单独的 DataFrame，所以需要将它们对齐，以便合成一个 DataFrame，使用 Pandas 的 merge 方法对这些 DataFrame 的日期列对齐并合成，最后将合成后的 DataFrame 按照日期排序即可，代码如下：

```
//ch4/4.2/history_data.py
class FundDataCrawler:
    """基金数据获取类"""

    …

    def crawl_fund_data(self, code: str):
        """获取单只基金的所有指标信息"""
        #合并数据的占位符
        _code_data = pd.DataFrame()
        for _ind in self.indicators_mapping:
            #获取每个指标的数据
            _fd = self.crawl_fund_indicator_data(code, _ind)
            #首次获取的数据作为第1个合并对象
            if _code_data.empty:
                _code_data = _fd
            elif not _fd.empty:
                _code_data = pd.merge(_code_data, _fd, on='datetime', how='outer')
        #以日期进行排序
        _code_data.sort_values(by=self.sorting_col, inplace=True, ascending=True)
        return _code_data
```

完成数据的对齐后，由于数据可能存在某个字段缺失的问题，所以需要对缺失值进行处理。例如获取到的单位净值序列为[None,None,1,1.1,1.2,1.1,1.3,None,None]，而获取到的基金业绩排名数据为[25,None,24,25,25,None,None,20,None]，可以观察到净值与排名数据的缺失值并不是按照日期对应的，因此需要处理这些缺失值，本节采用先前向再后向的填充方式，得到的单位净值序列为[**1**,**1**,1,1.1,1.2,1.1,1.3,**1.3**,**1.3**]，基金业绩排名数据为[25,**25**,24,25,25,**25**,**25**,20,**20**]。对于完全没有合法值的指标来讲，则使用默认的缺失值填充即可，默认缺失值如下：

```
//ch4/4.2/constant.py
#单位净值缺失使用 0 填充
MISSING_UNIT_VAL = 0
#累计净值缺失使用 0 填充
MISSING_CUM_VAL = 0
#复权净值缺失使用 0 填充
MISSING_ADJUST_VAL = 0
#日增长率缺失使用 -1 填充
MISSING_UNIT_VAL_GROWTH_RATE = -1
#累计增长率缺失使用 -1 填充
MISSING_CUM_VAL_GROWTH_RATE = -1
#复权增长率缺失使用 -1 填充
MISSING_ADJUST_VAL_GROWTH_RATE = -1
#同类型排名缺失使用 9999999999(一个超过所有基金数量的大数)填充
MISSING_SAME_TYPE_RANK = 9999999999
#总排名缺失使用 9999999999(一个超过所有基金数量的大数)填充
MISSING_TOTAL_RANK = 9999999999
#同类型排名百分比缺失使用 1.01 填充
MISSING_SAME_TYPE_RANK_RATIO = 1.01
```

完成数据缺失值的处理后，将处理好的数据通过数据库交互模块存入数据库即可，本节对该过程进行了优化，由于 IO 操作的耗时性，所以使用一个缓存队列存储已处理好的数据，另一个线程从该队列中不断地获取数据以完成数据库的写入，以下代码展示了从数据获取到将其处理并存入队列的过程：

```
//ch4/4.2/history_data.py
class FundDataCrwaler:
    """基金数据获取类"""
    …
    def __init__(self) -> None:
        #获取需要获取数据的基金代码
        self.valid_fund_codes = get_valid_pool_codes(
            FUND_POOL_TXT_PATH, FUND_INFO_JSON_PATH
        )
        #数据库操作实例
        self.database = MongoDB()
        #存储数据库的线程
        self.run_thread: Thread = Thread(target = self.save_fund_data_to_database)
        #1s 存储一次数据库
```

```
        self.save_interval = 1
        self.error_written_data = []
        self.start()

    …
    def crawl_all_fund_data(self):
        """获取所有基金的信息"""
        logger.info('Start crawling all fund data')
        # 获取每只基金的基础信息
        for _code in tqdm(self.valid_fund_codes):
            try:
                _code_data = self.crawl_fund_data(_code)
            except Exception:
                logger.error(
                    'crawl_fund_data of %s has error: %s', _code, traceback.format_exc()
                )
                continue

            if not _code_data.empty:
                # 填充缺失值
                _code_data.fillna(method='ffill', inplace=True)
                _code_data.fillna(method='backfill', inplace=True)

                fund_infos = []
                for _, _row in _code_data.iterrows():
                    _row_dict = _row.to_dict()
                    # 将日期中的时间修改为0点
                    _row_date = datetime.combine(_row_dict['datetime'], self.reset_time)

                    # 使用默认值对缺失值进行填充
                    unit_val = _row_dict.get('unit_val', MISSING_UNIT_VAL)
                    growth_rate = (
                        _row_dict.get('growth_rate', MISSING_UNIT_VAL_GROWTH_RATE * 100)
                        / 100
                    )
                    cum_val = _row_dict.get('cum_val', MISSING_CUM_VAL)
                    cum_rate = (
                        _row_dict.get('cum_rate', MISSING_CUM_VAL_GROWTH_RATE * 100)
                        / 100
                    )
                    same_type_rank = _row_dict.get(
                        'same_type_rank', MISSING_SAME_TYPE_RANK
                    )
                    total_rank = _row_dict.get('total_rank', MISSING_TOTAL_RANK)
                    same_type_rank_ratio = (
                        _row_dict.get(
                            'same_type_rank_ratio', MISSING_SAME_TYPE_RANK_RATIO * 100
                        )
                        / 100
```

```
                )

                #构造基金数据类实例
                _fund_info = FundData(
                    symbol = _code,
                    datetime = _row_date,
                    unit_val = unit_val,
                    unit_val_growth_rate = growth_rate,
                    #由于源数据中没有复权净值及增长率，因此使用累计净值与增长率代替
                    adjust_val = cum_val,
                    adjust_val_growth_rate = cum_rate,
                    cum_val = cum_val,
                    cum_val_growth_rate = cum_rate,
                    same_type_rank = same_type_rank,
                    total_rank = total_rank,
                    same_type_rank_ratio = same_type_rank_ratio,
                )
                fund_infos.append(_fund_info)
            self.queue.put(fund_infos)

        logger.info('Finish crawling all fund data')
```

同时启动另一个线程完成从队列中获取数据并存入数据库的动作，由于数据量过大，因此可能造成存入数据阻塞的问题，在存储数据时需要加上异常处理，并缓存这一部分无法存入数据库的数据，在下一次重试，代码如下：

```
//ch4/4.2/history_data.py
class FundDataCrawler:
    """基金数据获取类"""
    …
    def __write_data(self, data):
        #将数据存入数据库
        ret = self.database.save(data)
        if not ret:
            logger.error('Error when writing %s items', len(data))
            self.error_written_data.extend(data)
            logger.error(
                'error_written_data has %s items', len(self.error_written_data)
            )

    def save_fund_data_to_database(self):
        """将基金数据保存到数据库"""
        logger.info('Start saving fund data to database')
        while True:
            sleep(self.save_interval)
            try:
                #首先尝试写入存储失败的数据
                if self.error_written_data:
                    err_data = deepcopy(self.error_written_data)
```

```
                logger.info('Saving error written data of %s items', len(err_data))
                self.error_written_data.clear()
                self.__write_data(err_data)
            #从队列中获取数据
            data = self.queue.get(timeout=1)
            logger.info('Saving %d items into database', len(data))
            self.__write_data(data)
        except Empty:
```

本节介绍了借助 AKShare 完成基金数据的获取方法，可以较为容易地获取基金数据，然而数据存在缺失等问题，并且需要进行清洗与预处理。若有更加可靠或使用方式更加方便的数据源，则更加建议从该数据源获取数据。

5min

4.3 数据库交互模块

从图 4-1 可以看出，数据库交互模块的职能是完成与数据库之间的操作，对于本章的系统来讲需要完成基金数据的存储与读取。可以构建一个虚基类说明数据库交互类的功能，设计基金的数据类 FundData，存储的方法接收 FundData 列表作为参数并将其存入数据库；对于读取数据的方法，则需要指定读取基金的代码、需要读取的日期的开始与结束时间，代码如下：

```
//ch4/4.3/__init__.py
from abc import ABC, abstractmethod
from datetime import datetime

from utils.object import FundData


class Database(ABC):
    '''
    数据库交互类的虚基类
    '''

    #数据中各字段的名称
    symbol_key = 'symbol'
    datetime_key = 'datetime'
    unit_val_key = 'unit_val'
    unit_val_growth_rate_key = 'unit_val_growth_rate'
    adjust_val_key = 'adjust_val'
    adjust_val_growth_rate_key = 'adjust_val_growth_rate'
    cum_val_key = 'cum_val'
    cum_val_growth_rate_key = 'cum_val_growth_rate'
    same_type_rank_key = 'same_type_rank'
    total_rank_key = 'total_rank'
    same_type_rank_ratio_key = 'same_type_rank_ratio'
```

```
    @abstractmethod
    def save(self, funds: list[FundData]) -> bool:
        '''
        将基金数据保存至数据库
        '''

    @abstractmethod
    def load(self, symbol: str, start: datetime, end: datetime) -> list[FundData]:
        '''
        从数据库中读取特定基金在特定时间内的数据
        '''
```

本节选用的数据库为MongoDB，MongoDB将数据存储在类似JSON的文档中，文档中的数据结构有可能不同，不必像MySQL等关系数据库那样每行数据的字段必须一致，更加灵活。由于目前基金的要素由启发式得来，并不像交易所品种规范，可能存在字段增减的情况，所以十分适合使用MongoDB存储数据。

从效率上来讲，数据量在百万级到千万级的数据库中，MongoDB的数据插入与读取效率与MySQL相当。目前所有公募基金的净值数据量在2200万条左右，因此使用MongoDB的效率是可以接受的。由于MongoDB使用了类JSON的BSON存储数据，所以使用客户端能够十分直观地察看数据库中的数据，读者可以使用官方提供的可视化客户端MongoDB Compass或其他第三方客户端查看数据库中的数据。

在Python中，使用pymongo模块完成MongoDB的连接与操作，本节认为对于一个基金而言，其每日的净值是确定的，因此将基金的代码和日期设为索引，可以加速数据的查找，如下代码显示了连接MongoDB的过程：

```
//ch4/4.3/Mongodb.py
class MongoDB(Database):
    """MongoDB数据库交互接口"""

    def __init__(self) -> None:
        #从配置文件读取数据库连接配置
        self.database: str = config_loader("database", "mongo", "database")
        self.host: str = config_loader("database", "mongo", "host")
        self.port: int = config_loader("database", "mongo", "port")
        self.username: str = config_loader("database", "mongo", "username")
        self.password: str = config_loader("database", "mongo", "password")

        #创建客户端
        self.client: MongoClient = MongoClient(
            host=self.host,
            port=self.port,
            username=self.username,
            password=self.password,
        )
        #初始化数据库
```

```
        self.db = self.client[self.database]

        #初始化基金数据表
        self.fund_collection: Collection = self.db[
            config_loader("database", "mongo", "collection")
        ]
        #以基金代码和时间创建唯一索引
        self.fund_collection.create_index(
            [
                (self.symbol_key, ASCENDING),
                (self.datetime_key, ASCENDING),
            ],
            unique = True,
        )
```

保存的函数接收基金数据的列表作为参数，在存入 MongoDB 之前将实例转换为字典，并使用 bulk_write 方法提高写入数据的效率，返回的布尔值表示数据是否插入成功：

```
//ch4/4.3/Mongodb.py
def save(self, funds: list[FundData]) -> bool:
    """保存基金数据"""
    try:
        requests: list[ReplaceOne] = []

        for _fund in funds:
            #将 FundData 解析为字典
            d: dict = {
                self.symbol_key: _fund.symbol,
                self.datetime_key: _fund.datetime,
                self.unit_val_key: _fund.unit_val,
                self.unit_val_growth_rate_key: _fund.unit_val_growth_rate,
                self.adjust_val_key: _fund.adjust_val,
                self.adjust_val_growth_rate_key: _fund.adjust_val_growth_rate,
                self.cum_val_key: _fund.cum_val,
                self.cum_val_growth_rate_key: _fund.cum_val_growth_rate,
                self.same_type_rank_key: _fund.same_type_rank,
                self.total_rank_key: _fund.total_rank,
                self.same_type_rank_ratio_key: _fund.same_type_rank_ratio,
            }

            #数据库更新条件
            filter_condition: dict = {
                self.symbol_key: _fund.symbol,
                self.datetime_key: _fund.datetime,
            }
            requests.append(ReplaceOne(filter_condition, d, upsert = True))

        #批量写入数据
        self.fund_collection.bulk_write(requests, ordered = False)
```

```
        return True
    except Exception:
        return False
```

数据读取的方法接收筛选条件，需要指定读取基金数据的代码及起止日期。由于读取的数据可能存在空值，所以需要将数值数据转换为 None 并返回，将读取到的字典数据转换为基金数据类实例的列表并返回：

```
//ch4/4.3/Mongodb.py
def load(self, symbol: str, start: datetime, end: datetime) -> list[FundData]:
    """读取基金数据"""

    def handle_none_value(data: dict[str, Union[int, float, str]]):
        """处理缺失数据，将值转换为 None"""
        _unit_val = data.get(self.unit_val_key)
        if _unit_val == MISSING_UNIT_VAL:
            data[self.unit_val_key] = None

        _growth_rate = data.get(self.unit_val_growth_rate_key)
        if _growth_rate == MISSING_UNIT_VAL_GROWTH_RATE:
            data[self.unit_val_growth_rate_key] = None

        _adjust_val = data.get(self.adjust_val_key)
        if _adjust_val == MISSING_ADJUST_VAL:
            data[self.adjust_val_key] = None

        _adjust_rate = data.get(self.adjust_val_growth_rate_key)
        if _adjust_rate == MISSING_ADJUST_VAL_GROWTH_RATE:
            data[self.adjust_val_growth_rate_key] = None

        _cum_val = data.get(self.cum_val_key)
        if _cum_val == MISSING_CUM_VAL:
            data[self.cum_val_key] = None

        _cum_rate = data.get(self.cum_val_growth_rate_key)
        if _cum_rate == MISSING_CUM_VAL_GROWTH_RATE:
            data[self.cum_val_growth_rate_key] = None

        _same_type_rank = data.get(self.same_type_rank_key)
        if _same_type_rank == MISSING_SAME_TYPE_RANK:
            data[self.same_type_rank_key] = None

        _total_rank = data.get(self.total_rank_key)
        if _total_rank == MISSING_TOTAL_RANK:
            data[self.total_rank_key] = None

        _same_type_rank_ratio = data.get(self.same_type_rank_ratio_key)
        if _same_type_rank_ratio == MISSING_SAME_TYPE_RANK_RATIO:
            data[self.same_type_rank_ratio_key] = None
```

```
        return data

    #数据库筛选条件
    filter_condition: dict = {
        self.symbol_key: symbol,
        self.datetime_key: {"$gte": start, "$lte": end},
    }

    cursor: Cursor = self.fund_collection.find(filter_condition)

    funds: list[FundData] = []

    #将数据转换为 FundData 进行返回
    for _fd in cursor:
        #去除数据中的 id
        _fd.pop("_id")
        #处理缺失值
        _fd = handle_none_value(_fd)
        #构造 FundData
        fund = FundData(**_fd)
        funds.append(fund)

    return funds
```

12min

4.4 策略编写模块

一个交易策略由数据的加载、获取、处理与交易信号的产生组成，除了核心独特的数据处理逻辑，数据的加载与获取和交易下单方法可以设计为所有策略的公用部分，如图 4-4 所示。

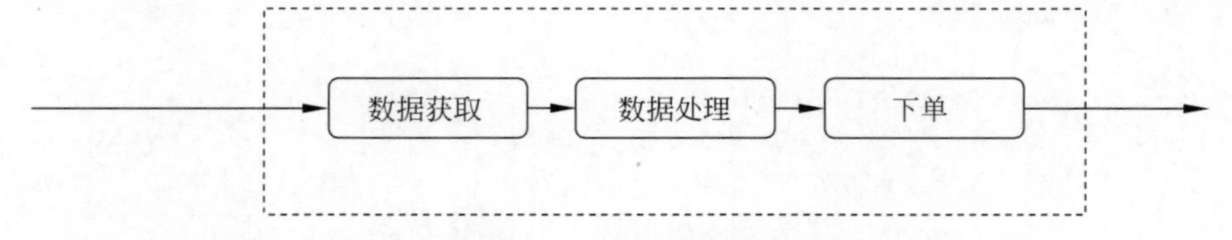

图 4-4　交易策略的数据流

交易策略在启动时可能需要预读取一部分历史数据以完成内部变量的初始化，在完成初始化后才真正启动策略执行，在收到新的行情数据时执行内存中的数据更新与逻辑处理等操作，在数据完成分析后，使用下单函数进行基金的买卖。由于基金的买卖并不是实时成交的，所以需要将下单与成交分开对待。

策略中的事件以回调函数的形式定义，在引擎初始化完毕时调用策略的 on_init 方法，在开始策略时调用策略的 on_start 方法，在收到行情时调用 on_fund_data 方法，在收到下单回报时调用 on_order 方法，在收到成交回报时调用 on_trade 方法，在策略停止时调用

on_stop 方法，交易策略的生命周期如图 4-5 所示。

在策略的 on_init 函数中，进行一些初始化相关的工作，例如从数据库加载历史数据，完成字段初始化等；在 on_start 函数中通常可以记录策略执行的信息，例如策略运行时间等；策略最重要的回调函数是 on_fund_data，该函数接收最新的基金数据列表快照，在函数中进行最新数据与历史数据分析等，并在该函数中完成下单；当市场接收到下单信号后会回调通知策略的 on_order 函数，在该函数中可以查看已下单的信息，并可以做相应的记录；目前如果单的状态发生变化并产生成交时，则会调用策略的 on_trade 方法，可以查看具体的成交信息；当策略停止时调用 on_stop 方法，在该方法中可以完成数据的持久化或策略的其他收尾工作。

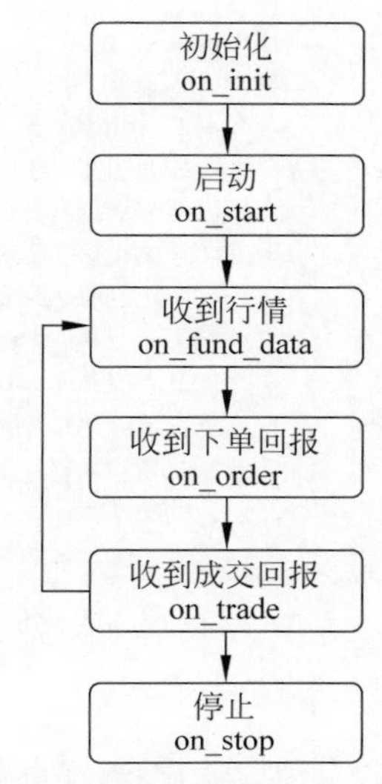

图 4-5　交易策略的生命周期

本节通过编写一个基类的代码，用于完成交易策略的公用功能，例如记录历史下单信息、记录历史成交信息、记录持仓的均价等。在基类代码中指定回看数据的时间长度、记录持仓信息的字典等，初始化代码如下：

```
//ch4/4.4/base.py
class PortfolioStrategy(ABC):
    """
    多标的交易策略模板
    """

    #回看的时间长度
    look_back_size = ANNUAL_DAYS

    #持仓信息
    pos_symbol_info = defaultdict(dict)

    #持仓的均价
    price_key = 'val'
    #持仓的量
    volume_key = 'volume'
    #持仓金额
    amount_key = 'amount'

    def __init__(self) -> None:
        """构造函数"""
        #策略是否初始化完成
        self.inited = False
        #策略是否可以进行交易
        self.ready = False
        #记录基金的历史数据
```

```
        self.__history_data: defaultdict[str, list["FundData"]] = defaultdict(list)
        #日志句柄
        self.logger = get_logger(self.__class__.__name__)
        #当前数据的日期
        self.data_datetime = None
        #历史交易记录
        self.trade_records = defaultdict(list)
        #成交信息推送机器人
        self.trade_robot = init_trade_robot()
        #基金类型映射
        self.__funds_type = get_funds_type()
        #回测引擎
        self.engine: "Engine" = None
```

定义获取基金类型、获取剩余可用资金、持仓资产、所有历史数据的基金代码、持仓的基金代码，方法如下：

```
//ch4/4.4/base.py
def get_fund_type(self, code):
    """获取基金类型"""
    return self.__funds_type.get(code)

@property
def available_capital(self):
    """可用资金"""
    return self.engine.available_capital

@property
def pos_amount(self):
    """持仓资产"""
    return self.engine.pos_amount

@property
def history_data_symbols(self):
    """含有历史数据的标的代码集合"""
    return set(self.__history_data.keys())

@property
def pos_symbols(self):
    """持仓标的代码"""
    return set(self.pos_symbol_info.keys())
```

当策略接收大量基金的长时间行情数据时，为了简便需要一种方法迅速获取某个时间或时段的数据，代码涉及历史数据的存储与切片等操作，代码如下：

```
//ch4/4.4/base.py
def symbol_history_data(self, symbol):
    """标的的历史数据"""
    return self.__history_data.get(symbol, [])
```

```
    @property
    def history_data(self):
        """所有标的的历史数据"""
        return self.__history_data

    def symbol_latest_history_data(self, symbol: str):
        """标的最新的历史数据"""
        return self.symbol_look_back_history_data(symbol, 0)

    def symbol_look_back_history_data(self, symbol: str, look_back: int):
        """标的历史某个回看的历史数据, look_back 用于表示回看数, 0 表示最新的, 1 表示回看一
个"""
        symbol_cum_vals = self.symbol_history_data(symbol)
        look_back_index = -(look_back + 1)
        if abs(look_back_index) > len(symbol_cum_vals):
            return None
        return symbol_cum_vals[look_back_index]
```

如上代码中的通用方法为 symbol_look_back_history_data，用于获取历史某个时间点的数据，其中 look_back 表示回看数据的天数，当回看 0 天时则获取最新的数据。通过 symbol_look_back_history_data 获得的数据类型为 FundData，其中包括各种净值、收益率及排名等信息，有时策略需要对净值的序列进行数值分析，而非对整个 FundData 分析，需要将 FundData 列表中的相应字段解出来，这个操作也可以由基类实现，便于子类获取相应数据。以复权净值为例，代码如下：

```
    //ch4/4.4/base.py
    def symbol_history_adjust_vals(self, symbol):
        """标的的历史复权净值"""
        hist_data = self.symbol_history_data(symbol)
        return list(_hd.adjust_val for _hd in hist_data)

    @property
    def history_adjust_vals(self):
        """所有标的的历史复权净值"""
        hist_adjust_vals = defaultdict(list)
        for _symbol, _f_data_list in self.history_data.items():
            for _f_data in _f_data_list:
                hist_adjust_vals[_symbol].append(_f_data.adjust_val)
        return hist_adjust_vals

    def symbol_latest_adjust_val(self, symbol):
        """标的最新的复权净值"""
        return self.symbol_look_back_adjust_val(symbol, 0)

    def symbol_look_back_adjust_val(self, symbol, look_back: int):
        """标的历史某个回看的复权净值, look_back 用于表示回看数, 0 表示最新的, 1 表示回看一
个"""
```

```
    symbol_adjust_vals = self.symbol_history_adjust_vals(symbol)
    look_back_index = -(look_back + 1)
    if abs(look_back_index) > len(symbol_adjust_vals):
        return None
    return symbol_adjust_vals[look_back_index]
```

如上的历史复权净值获取代码结构与获取历史数据的结构类似，除了对所有历史数据解了一次包以外没有其他区别。对历史数据中的每个字段都可以编写类似的函数。

由于数据源的数据可能无法对齐，在某一交易日可能存在数据缺失的问题或在节假日存在数据的问题，从而造成不同时间点上的数据不连续，所以在收到新的基金行情数据时需要对数据进行处理，使其连续。例如在 T 日收到 A 基金与 B 基金的行情数据，但是在 T+1 日仅收到了 A 基金的行情，那么此时应该将 B 基金最近的数据在 T+1 日时复制一次，以保证同一基金的数据连续性，这样对 A 基金和 B 基金在回溯某一时间段内的数据时能够保证它们的数据是对齐的，如下代码在 on_fund_data 中展示了该逻辑：

```
//ch4/4.4/base.py
def on_fund_data(self, fund_data: Dict[str, "FundData"]) -> None:
    """收到基金数据的回调"""
    #检查是否之前有行情,但是当前无行情的情形出现
    #这种情形会造成不同标的之间的行情时间对不上
    fund_data_symbols = set(fund_data.keys())

    #查看存在历史行情,但不存在当前行情的标的代码
    diff_set = self.history_data_symbols - fund_data_symbols
    self.data_datetime = list(fund_data.values())[0].datetime
    if diff_set:
        fund_data_datetime = self.data_datetime
        self.logger.warning(
            'Data of %s missing on %s', diff_set, fund_data_datetime
        )
        for _symbol in diff_set:
            #复制一份历史最新数据作为当前数据
            _latest_sym_hist_data = deepcopy(
                self.symbol_latest_history_data(_symbol)
            )
            _latest_sym_hist_data.datetime = fund_data_datetime
            fund_data[_symbol] = _latest_sym_hist_data

    fund_data_symbols = set(fund_data.keys())
    #二次检查, 如果还有数据无法对齐的情况,则报错
    diff_set = self.history_data_symbols - fund_data_symbols
    if diff_set:
        raise RuntimeError(f'Data of {diff_set} missing')
    …
```

当完成数据的对齐后，将最新的基金数据更新至历史数据中。在每次收到新的基金数据时会判断是否需要修改下单状态与产生成交，因此在方法中可以对当前类中的持仓是否

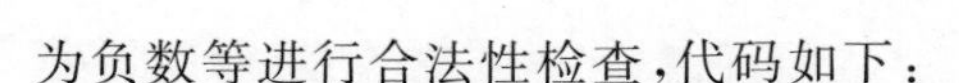

为负数等进行合法性检查，代码如下：

```
//ch4/4.4/base.py
def on_fund_data(self, fund_data: Dict[str, "FundData"]) -> None:
    """收到基金数据的回调"""
    …

    #将收到的最新基金数据存入对应的历史数据列表中
    for _symbol, _data in fund_data.items():
        _symbol_history_data = self.__history_data[_symbol]
        _symbol_history_data.append(_data)

        #如果当前基金的历史数据超出了回看数据的长度，则抛弃最旧的数据
        if len(_symbol_history_data) > self.look_back_size:
            _symbol_history_data.pop(0)

        self.__history_data[_symbol] = _symbol_history_data

    #检查持仓不应为负
    for _symbol, _symbol_pos_info in self.pos_symbol_info.items():
        _symbol_pos = _symbol_pos_info.get(self.amount_key)
        if _symbol_pos < 0:
            raise RuntimeError(f'{_symbol} has wrong pos: {_symbol_pos}')
```

基金是以金额申购、份额赎回的，在基类定义策略公用的申购赎回方法时需要使用不同的参数，这一点与交易所的品种不同。如下代码定义了申购基金的方法，其中完成了一些辅助性消息的维护：

```
//ch4/4.4/base.py
def buy(self, symbol: str, amount: float) -> List[str]:
    """
    以金额申购基金
    """
    #获取最新的复权净值
    adjust_val = self.symbol_latest_adjust_val(symbol)
    #申购信息
    buy_message = f'- datetime: {self.data_datetime}, action: Buy, code: {symbol}, money:
{amount}, today_adjustval :{adjust_val}'
    self.logger.info('Buy: %s', buy_message)
    #将申购信息存入历史交易记录
    self.trade_records[self.data_datetime].append(buy_message)
    #调用引擎的下单方法
    return self.engine.send_order(symbol, Direction.BUY, amount = amount)
```

类似地，赎回基金的方法的代码如下：

```
//ch4/4.4/base.py
def sell(self, symbol: str, volume: float) -> List[str]:
    """
    以份额卖出基金
```

```
    """
    #获取最新的复权净值
    adjust_val = self.symbol_latest_adjust_val(symbol)
    #赎回信息
    sell_message = f'- datetime: {self.data_datetime}, action: Sell, code: {symbol}, volume:
{volume}, today_adjustval:{adjust_val}'
    self.logger.info('Sell: %s', sell_message)
    #将赎回信息存入历史交易记录
    self.trade_records[self.data_datetime].append(sell_message)
    #调用引擎的下单方法
    return self.engine.send_order(symbol, Direction.SELL, volume = volume)
```

从上面基金的申购与赎回的代码可以发现，它们最终都调用了引擎的下单方法 send_order，具体的 send_order 实现方式将在 4.5 节中介绍。

当收到成交数据时，需要修改所维护的持仓信息，涉及重新计算持仓基金的份额、金额与均价等信息，以下通过一个示例说明其计算规则，如表 4-1 所示，此表展示了某基金的历史净值数据。

表 4-1　A 基金的复权净值数据

日　　期	复权净值/元	日　　期	复权净值/元
2023-09-01	5.742 160	2023-09-07	5.787 272
2023-09-04	5.787 272	2023-09-08	5.858 163
2023-09-05	5.767 938	2023-09-11	5.806 606
2023-09-06	5.832 384	2023-09-12	5.793 717

如表 4-1 中的数据所示，2023 年 9 月 1 日是周五，A 基金的复权净值为 5.742 160 元，策略收到该值后认为此时应该买入 A 基金。需要注意的是，基金的净值信息是每日盘后计算得出的，因此当策略可以收到 2023 年 9 月 1 日的净值时的日期应该为下一个交易日，即 2023 年 9 月 4 日，策略在 9 月 4 日的盘中(意味着当前不知道 9 月 4 日的净值信息)申购了 1000 元的 A 基金，在收到 9 月 4 日的净值(意味着当前是 9 月 5 日)后，以 9 月 4 日的净值确认申购份额，为 1000/5.787 272＝172.79 份(为了简化计算，未考虑手续费)，此时策略会收到成交信息，为“以 5.787 272 元的净值申购 A 基金 172.79 份”，此时策略中维护的持仓信息为{"价格"：5.787 272，"份额"：172.79 ，"金额"：1000}，而到 9 月 6 日收到了 9 月 5 日的净值为 5.767 938 元时策略认为应该继续申购，则又申购 1000 元，此时新的成交信息为“以 5.767 938 元的净值申购 A 基金 1000/5.767 938＝173.37 份”，此时需要更新策略中的持仓信息，申购的总金额为 1000＋1000＝2000 元，而持有的总份额为 172.79＋173.37＝346.16 份，计算持仓均价为 2000/356.16＝5.777 675 元，于是将策略中持仓的信息更新为{"价格"：5.777 675，"份额"：346.16 ，"金额"：2000}。持有到 9 月 8 日，策略认为该赎回一部分基金，于是以份额进行赎回挂单，先赎回 46.16 份，在 9 月 11 日得到的成交信息为“以 5.858 163 元的净值赎回 A 基金 46.16 份”，得到的赎回金额为 46.16×5.858 163＝270.41 元，赎回不会影响持仓的均价，只影响持仓的份额，因此策略中更新后的持仓信息为{"价格"：

5.777 675,"份额":300.00 ,"金额":1733.30},同理到9月11日,策略认为需要将持仓全部赎回,则在9月12日收到的成交信息为"以5.806 606元的净值赎回A基金300.00份",得到的赎回金额为5.806 606×300=1741.98元,持仓被全部清空,此时持仓为{}。在收到成交数据时维护策略中的持仓信息的代码如下:

```
//ch4/4.4/base.py
def on_trade(self, trade: "TradeData") -> None:
    """收到成交数据的回调"""
    self.logger.info(trade)

    symbol = trade.symbol

    #成交量
    trade_volume = trade.volume
    #成交价格
    trade_price = trade.val
    #成交金额 = 成交量 * 成交价格
    trade_amount = trade_volume * trade_price

    #成交方向
    direction = trade.direction

    #获取基金的持仓信息
    symbol_info = self.pos_symbol_info.get(symbol, {})
    old_volume = symbol_info.get(self.volume_key, 0)
    old_price = symbol_info.get(self.price_key, 0)
    old_amount = symbol_info.get(self.amount_key, 0)

    if direction == Direction.BUY:
        #如果当前成交的方向为申购
        #成交量需要累加
        new_volume = old_volume + trade_volume
        #金额需要累加
        new_amount = trade_amount + old_amount
    elif direction == Direction.SELL:
        #如果当前成交的方向为赎回
        #成交量需要减去赎回的量
        new_volume = old_volume - trade_volume
        #金额是当前持仓量与持仓均价的乘积
        new_amount = new_volume * old_price
    else:
        raise RuntimeError(f'Invalid trade data: {trade}')

    if new_volume > 0:
        #如果有持仓,则更新最新的持仓数据字段
        self.pos_symbol_info[symbol] = {
            #新均价 = 新金额/新持仓量
            self.price_key: new_amount / new_volume,
```

```
            self.volume_key: new_volume,
            self.amount_key: new_amount,
        }
    elif new_volume == 0:
        # 如果没有持仓,则不维护该基金
        self.pos_symbol_info.pop(symbol)
    else:
        # 如果新持仓小于 0,则说明计算过程有问题
        raise RuntimeError(
            f'Invalid new volume: {new_volume} {new_amount} {symbol}'
        )
```

在上述的示例中,总共用于申购的金额为 2000 元,赎回得到的总金额为 270.41+1741.98=2012.39 元,从中获利 12.39 元,获利或亏损信息在代码中也可以进行维护,读者可以自行添加逻辑。

在策略中,还存在进行消息通知的公用方法,如果需要通过机器人发送最新的交易操作信息,则可以在策略的 on_stop 函数中实现从历史的交易记录中获取最新一次的交易记录并完成发送操作,代码如下:

```
//ch4/4.4/base.py
class PortfolioStrategy(ABC):
    …
    def on_stop(self) -> None:
        """策略停止的回调"""
        self.send_latest_data()
    …
    def send_datetime_data(self, data_datetime):
        """发送特定日期的交易记录"""
        data = self.trade_records.get(data_datetime)
        if data:
            self.send_data(data)

    def send_latest_data(self):
        """发送最近一次的交易记录"""
        if self.trade_records:
            latest_trade_datetime = sorted(self.trade_records.keys())[-1]
            self.send_datetime_data(latest_trade_datetime)

    def send_data(self, data: list[str]):
        """使用交易机器人发送消息"""
        if data:
            if not isinstance(data, list):
                data = [
                    data,
                ]
            message_str = '\n'.join(data)
            self.trade_robot.ding(message_str)
    …
```

当实现真正的交易策略时，需要继承该基类 PortfolioStrategy，并在自身的回调函数中首先调用父类的相应回调函数以完成数据的维护。一个好的基类设计可以极大地方便与简化具体交易策略的实现，本书鼓励读者根据自身的需求完成 PortfolioStrategy 的进一步设计与实现。

4.5 回测模块

编写完成一个交易策略后，需要经过回测才能确定其在历史数据上的表现，因此需要编写策略回测所使用的框架。一个完整的回测过程主要包括历史数据的加载、历史数据的回放、下单请求的处理、挂单的成交、回测指标的计算等部分，回测模块与策略模块的交互情况如图 4-6 所示。

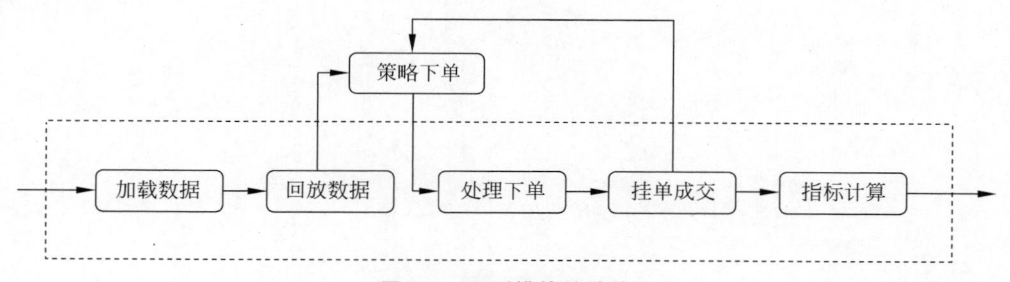

图 4-6 回测模块的功能

回测模块是整个系统中的重点部分，其需要处理策略的订单并评价策略的表现，是将策略与其他部分连接的中间模块，回测的过程需要指定待回测的策略、策略操作的基金池、回测的起止日期、每只基金的手续费率、资金量、无风险利率等参数，这些参数在构造实例的时候进行指定，代码如下：

```
//ch4/4.5/backtesting.py
class Engine:
    """
    组合策略回测引擎
    """

    batch_days = ANNUAL_DAYS * 2

    def __init__(
        self,
        strategy_cls: "PortfolioStrategy",
        symbols: list[str],
        start: datetime,
        rates: dict[str, float],
        capital: int = 1_000_000,
        end: datetime = None,
        risk_free: float = FIXED_DEPOSIT_5Y,
```

```
) -> None:
    """构造函数"""
    #投资组合中的标的代码
    self.symbols: list[str] = symbols
    #回测的起始与终止时间
    self.start: datetime = start
    self.end: datetime = end

    #标的的手续费
    self.rates: dict[str, float] = rates

    #回测的初始资金
    self.init_capital: float = capital
    #回测过程中的可用资金
    self.available_capital: float = capital
    #持仓+现金
    self.balance = self.available_capital
    #无风险利率
    self.risk_free: float = risk_free

    #待回测的策略
    self.strategy: "PortfolioStrategy" = strategy_cls()
    #将回测引擎注入策略,便于策略调用引擎的方法
    self.strategy.engine = self

    #当天的基金数据
    self.now_fund_data: dict[str, "FundData"] = {}
    #当天日期
    self.now_datetime: datetime = None

    #预读数据的天数
    self.prefetch_days: int = 0
    #历史数据
    self.history_data: dict[tuple[datetime, str], "FundData"] = {}
    #历史数据包含的日期集合
    self.data_dates: set[datetime] = set()

    #下单数量
    self.order_count: int = 0
    #活动状态的单
    self.active_orders: dict[str, Union["BuyOrderData", "SellOrderData"]] = {}

    #成交数
    self.trade_count: int = 0

    #记录持仓信息
    self.positions: defaultdict[str, float] = defaultdict(float)
    #回测结果
    self.results: defaultdict[str, list] = defaultdict(list)
```

```
        #手续费总额
        self.total_commission: float = 0
        #每日结果的 DataFrame
        self.results_df = DataFrame()

        #数据库操作接口
        self.database_operator = MongoDB()
```

参数中的无风险利率在评价策略性能的时候至关重要，如果策略回测得到的年化收益率与无风险利率没有明显区别，则这个策略是没有应用价值的。在上面代码所示的构造函数中，除了记录参数列表中的值，还记录了一些回测过程中的变量，例如下单与成交数量的记录、回测结果的记录等。

下面将按功能分别介绍回测模块的组成部分。

4.5.1 加载历史数据

3min

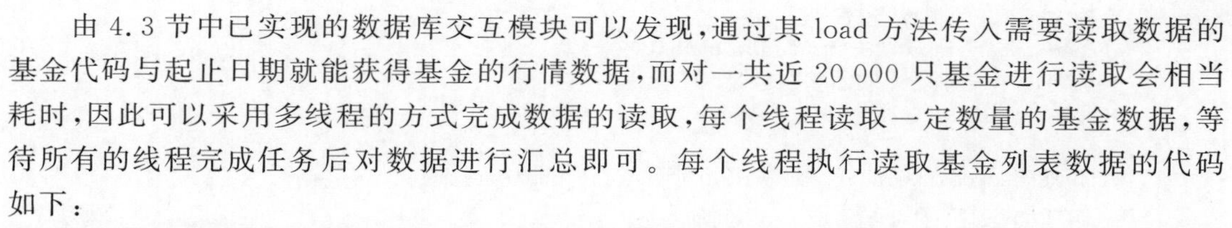

由4.3节中已实现的数据库交互模块可以发现，通过其load方法传入需要读取数据的基金代码与起止日期就能获得基金的行情数据，而对一共近20 000只基金进行读取会相当耗时，因此可以采用多线程的方式完成数据的读取，每个线程读取一定数量的基金数据，等待所有的线程完成任务后对数据进行汇总即可。每个线程执行读取基金列表数据的代码如下：

```
//ch4/4.5/backtesting.py
def __load_data(self, start, end, symbol_list: list[str]):
    """多线程读取数据"""
    data_dates = set()
    history_data = {}
    for symbol in symbol_list:
        data: list["FundData"] = self.database_operator.load(symbol, start, end)

        for _datum in data:
            data_dates.add(_datum.datetime)
            history_data[(_datum.datetime, symbol)] = _datum

        data_count = len(data)
        self.strategy.logger.info(f"基金{symbol}从{start}到{end}的历史数据读取, 共{data_
count}条")
    return data_dates, history_data
```

在读取数据的函数中主要记录了以下两个变量，基金列表中的所有数据日期集合与对应的基金行情数据，每个基金的数据使用数据库接口的load方法读取，记录历史数据的history_data字典使用数据的日期与基金代码作为索引，这个设计与数据库中的索引设计一致，通过指定的日期和基金代码能够唯一确定一条数据，这种设计方式对于获取某一天的所有基金数据较为麻烦，若想实现这种功能，读者则可以考虑使用双层字典进行历史数据的存储。

使用线程池完成所有基金数据读取的函数的实现代码如下：

```
//ch4/4.5/backtesting.py
def load_data(self, start = None, end = None) -> None:
    """读取历史数据"""
    if start is None:
        start = self.start
    if end is None:
        end = self.end
    if end is None:
        self.end = datetime.now()

    self.strategy.logger.info("读取%s到%s的历史数据", start, end)

    #清除上次的历史数据
    self.history_data.clear()
    self.data_dates.clear()

    #确定读取数据的线程数
    thread_num = min(128, len(self.symbols))
    #确定每个线程要读取的基金数量
    step = math.ceil(len(self.symbols) / thread_num)

    with ThreadPoolExecutor(max_workers = thread_num) as pool:
        thread_list = []
        for i in range(0, len(self.symbols), step):
            #为所有的基金代码切片并分配给线程读取
            _thread = pool.submit(
                self.__load_data, start, end, self.symbols[i : i + step]
            )
            thread_list.append(_thread)

        #等待所有线程读取完毕数据
        for _task in as_completed(thread_list):
            _symbol_list_dates, _symbol_list_history_data = _task.result()
            #将每个线程的数据收集到大的集合和字典中
            self.data_dates.update(_symbol_list_dates)
            self.history_data.update(_symbol_list_history_data)

    self.strategy.logger.info("所有历史数据读取完成")
    gc.collect()
```

代码中首先清除了上一次读取在内存中的历史数据，接下来计算了用于读取数据的线程数量：当读取的基金数量小于128只时，为每只基金都分配一个线程进行读取，否则将基金数量均分至128个线程进行读取，对于目前全市场的公募基金数据来讲一共近20000只基金，此时每个线程会读取ceil(20000/128)=157只基金的数据，读者可以根据自身编程环境的配置修改线程数量。

4.5.2 回放历史数据

8min

使用4.5.1节中的方法可以读取到所有基金的特定起止日期的数据，回放历史数据则是将读取到内存中的数据逐条按照日期顺序推送到策略进行处理。当数据量较小或内存较大时，可以采用一次性将数据库中所有的数据读取至内存中的方式，而作为一种更加通用的方式，可以按时间线分批将数据读取至内存中。回顾4.4节中曾提到的策略生命周期，一个策略可能需要预读取部分数据来完成字段的初始化，使用部分历史数据完成初始化后才使用剩余的数据执行策略，因此整体回放数据可以分为两部分，首先回放策略初始化需要的部分数据，接下来再分批回放剩余的数据。

在引擎中，定义了一个名为prefetch_data的方法，表示从数据库中预取数据，这个过程发生在策略初始化(on_init)之后、启动(on_start)之前。回放初始化数据时，先对load_data方法读取的日期集合进行排序，再按照日期回放数据，代码如下：

```
//ch4/4.5/backtesting.py
def run_backtesting(self) -> None:
    """开始回测"""
    gc.disable()
    self.strategy.on_init()

    # ============================= 预取数据部分 =============================
    prefetch_start = self.start
    prefetch_end = prefetch_start + timedelta(days = self.prefetch_days)
    #预读取回测起始日期后预读取天数的数据
    self.load_data(prefetch_start, prefetch_end)

    #为读出的数据按日期进行排序
    data_dates: list[datetime] = list(self.data_dates)
    data_dates.sort()

    #按照日期顺序回放初始化使用的数据
    for _fund_datetime in data_dates:
        self.new_fund_data(_fund_datetime)
    # ======================================================================
    #修改策略的初始化标志
    self.strategy.inited = True
    self.strategy.logger.info("完成数据预取与策略初始化")

    #修改策略的开始标志
    self.strategy.on_start()
    self.strategy.ready = True
    self.strategy.logger.info("回放历史数据")
    …
```

当完成数据的预读取后，如上面代码所示，将策略的inited标志(在4.4节的策略基类PortfolioStrategy中定义)置为True，表示策略初始化完成，接着调用策略的on_start方法，并将策略的 ready 标志置为 True，表示策略可以进行交易。

完成策略初始化后，回放剩余的数据同样以类似的实现方式，使用循环依次回放每个 batch 的数据，代码如下：

```
//ch4/4.5/backtesting.py
def run_backtesting(self) -> None:
    """开始回测"""
    …
    #按照 batch 继续回放剩余的数据
    playback_batch_start = prefetch_end + timedelta(days=1)
    #回放的第 1 个 batch 结束日期
    playback_batch_end = min(
        self.end, playback_batch_start + timedelta(days=self.batch_days)
    )

    while playback_batch_end <= self.end:
        self.load_data(playback_batch_start, playback_batch_end)
        data_dates: list[datetime] = list(self.data_dates)
        data_dates.sort()

        for _fund_datetime in data_dates:
            self.new_fund_data(_fund_datetime)

        #更新下一个 batch 的起止日期
        playback_batch_start = playback_batch_end + timedelta(days=1)
        playback_batch_end = min(
            self.end, playback_batch_start + timedelta(days=self.batch_days)
        )

        if playback_batch_start > self.end:
            break

        #节省内存开销，每处理完一个 batch 都释放内存
        gc.collect()

    #回放完毕，执行策略停止的回调函数
    self.strategy.on_stop()
    self.strategy.logger.info("历史数据回放结束")
    gc.collect()
```

完成所有的数据回放后，调用策略的停止回调函数 on_stop 完成收尾工作。在回放历史数据时，代码使用了垃圾回收模块 gc 的 collect 方法定期回收无用内存，为下一个 batch 的数据操作释放内存。在回放初始化与剩余历史数据时都通过循环调用了一个核心的功能函数 new_fund_data，该函数完成了数据的整理并调用了策略收到新数据时的回调函数 on_fund_data，代码如下：

```
//ch4/4.5/backtesting.py
def new_fund_data(self, target_datetime: datetime) -> None:
```

```
"""回放数据构造及推送"""
self.now_datetime = target_datetime

#记录当天的基金行情
funds_data: dict[str, "FundData"] = {}
for symbol in self.symbols:
    fund_datum: Optional["FundData"] = self.history_data.get(
        (target_datetime, symbol), None
    )

    if fund_datum:
        #如果当日有该基金的数据
        #记录最新的数据并存入将传入策略回调的字典
        self.now_fund_data[symbol] = fund_datum
        funds_data[symbol] = fund_datum
    elif symbol in self.now_fund_data:
        #如果当天该基金没有数据(因为数据缺失或其他原因)
        #则将最近一次的数据存入策略回调的字典
        old_data: "FundData" = self.now_fund_data[symbol]

        #仅修改旧数据的日期，其他字段值保持不变
        fund_datum: "FundData" = FundData(
            symbol=old_data.symbol,
            datetime=target_datetime,
            unit_val=old_data.unit_val,
            unit_val_growth_rate=old_data.unit_val_growth_rate,
            adjust_val=old_data.adjust_val,
            adjust_val_growth_rate=old_data.adjust_val_growth_rate,
            cum_val=old_data.cum_val,
            cum_val_growth_rate=old_data.cum_val_growth_rate,
            same_type_rank=old_data.same_type_rank,
            total_rank=old_data.total_rank,
            same_type_rank_ratio=old_data.same_type_rank_ratio,
        )
        self.now_fund_data[symbol] = fund_datum

#处理未成交的挂单
self.handle_active_orders()
#调用策略收到新数据的回调函数
self.strategy.on_fund_data(funds_data)

#记录回测所需信息
#记录当前日期
self.results["date"].append(self.now_datetime)
#计算当前的资产=可用资金+基金持仓资产
balance = self.available_capital + self.pos_amount
#记录当前日期对应的资产
self.results["balance"].append(balance)
```

函数通过接收具体的日期作为参数，对池内的基金行情数据进行整理：若当日有该基金行情，则直接记录，否则沿用最新的行情信息至今天。同时每到新的一天会处理未成交的挂单信息并记录最终回测结果所需要的数据。

在上面处理每日基金行情数据的最后会记录当天的持有资产情况，资产包括可用的资金和基金持仓资产两部分，持仓的资产使用当前持仓的份额乘以最近的基金净值即可，代码如下：

```
//ch4/4.5/backtesting.py
@property
def pos_amount(self):
    """持仓资产"""
    amount = 0
    for symbol, volume in self.positions.items():
        #持仓中每只基金的资产 = 持有份额 * 当天净值
        fund_datum: "FundData" = self.now_fund_data[symbol]
        amount += volume * fund_datum.adjust_val
    return amount
```

5min

4.5.3 处理策略下单

从策略层面下单时，如 4.4 节中代码所示，最终调用的方法为引擎中的 send_order 方法。由于基金是以金额申购、份额赎回的，所以需要为申购和赎回设计不同的下单数据类，其中申购的数据类用于记录下单时的申购金额、赎回的数据类用于记录下单时的份额。除此之外，一个订单还需要订单号、下单标的、时间及订单状态等信息，因此可以设计基金订单的基类如下：

```
//ch4/4.5/object.py
@dataclass
class OrderData:
    """
    基金订单的基类
    """

    #订单编号
    id: str
    #基金代码
    symbol: str
    #下单日期
    datetime: datetime
    #订单状态
    status: Status
```

由于基金的申购与赎回不存在撮合成交的过程，订单都会在下一个交易日得到确认，所以订单状态只有两种：已提交与已成交，订单状态 Status 枚举设计如下：

```
//ch4/4.5/object.py
class Status(Enum):
    """
    订单状态
    """

    #订单已提交
    SUBMITTED = "Submitted"
    #订单已成交
    TRADED = "Traded"
```

基金的申购与赎回订单数据类继承自订单基类，并分别维护申购的金额与赎回的份额即可，代码如下：

```
//ch4/4.5/object.py
@dataclass
class BuyOrderData(OrderData):
    """
    基金申购的数据类
    """

    #申购金额
    amount: float
    #订单方向
    direction: Direction = Direction.BUY


@dataclass
class SellOrderData(OrderData):
    """
    基金赎回的数据类
    """

    #赎回份额
    volume: float
    #订单方向
    direction: Direction = Direction.SELL
```

由于策略进行申购与赎回调用的是引擎的同一种方法，所以引擎的 send_order 需要同时接收金额与份额作为参数：当下单方向为申购时，取参数中的金额构造申购订单实例，而当下单方向为赎回时，取参数中的份额构造赎回订单实例即可。生成的订单会在下一个交易日(收到下一个新的行情时)处理，先将下单存入引擎的活动订单字典中，在收到新的行情数据时处理，代码如下：

```
//ch4/4.5/backtesting.py
def send_order(
    self,
    symbol: str,
```

```
    direction: "Direction",
    amount: float = None,
    volume: float = None,
) -> list[str]:
    """挂单"""
    #记录下单数量的同时也产生不同的订单号
    self.order_count += 1

    if direction == Direction.BUY and amount is not None:
        #如果方向为买并且金额字段不为空,则生成一个买单的实例
        order = BuyOrderData(
            id=str(self.order_count),
            symbol=symbol,
            datetime=self.now_datetime,
            status=Status.SUBMITTED,
            amount=amount,
        )
    elif direction == Direction.SELL and volume is not None:
        #如果方向为卖并且份额字段不为空,则生成一个卖单的实例
        order = SellOrderData(
            id=str(self.order_count),
            symbol=symbol,
            datetime=self.now_datetime,
            status=Status.SUBMITTED,
            volume=volume,
        )
    else:
        raise RuntimeError(f"Unknown order direction: {direction}")

    #将下单放入待处理订单字典中
    self.active_orders[order.id] = order
    #返回下单的单号
    return order.id
```

如上代码所示的引擎下单函数主要完成了 3 个功能：首先将策略的下单信息转换为标准化的申购或赎回数据实例(下单状态为已提交),再将其放入待处理的下单中,最终返回下单的单号。通常来讲,在量化系统中记录订单号可以用于撤单,对于基金下单的撤单只能在当天收盘之前完成,而数据的最小周期为天,因此本系统不考虑撤单的问题,认为下单即在下一个交易日成交。

5min

4.5.4 处理挂单成交

当引擎中存在处于活动状态的订单时,收到下一个交易日的行情数据时需要处理上一交易日的下单,以最新行情中的净值信息为计算准则,因此对于申购单来讲,具体的申购份额由下单信息中的申购金额除以最新净值得到份额,并将订单状态由已提交修改为已成交,在订单成交之后调用策略的 on_trade 回调函数即可。

由于申购与赎回数据字段的差异，在计算手续费、金额与份额的时候需要区分对待，为了简化计算，引擎认为所有的基金都采取前端收费的方式（目前基金主流的收费方式），如果是买入订单，其申购金额为 M，手续费率为 r，最新净值数据为 v，则通过式(4-1)可以计算得到申购手续费 commission、申购份额 share：

$$\begin{aligned} \text{commission} &= M - \frac{M}{1+r} \\ \text{share} &= \frac{M - \text{commission}}{v} \end{aligned} \tag{4-1}$$

从剩余可用资金中扣除手续费用及申购份额所占用的费用，并将相应的持仓信息加上所申购的基金份额，同时维护整个回测过程中支出的手续费总额。大多数的交易策略不会关心在交易过程中产生的手续费，除非一些特定的策略会对手续费支出额进行限制，对于这部分需要考虑手续费的策略而言，应该将手续费的支出维护在策略而非引擎中。在引擎里维护手续费支出，可以在回测结束后更好地展示手续费的支出情况。如下代码展示了在基金申购中计算基金的份额及对金额和手续费等字段进行维护的逻辑：

```
//ch4/4.5/backtesting.py
def handle_active_orders(self) -> None:
    """处理活动状态的挂单"""
    for order in list(self.active_orders.values()):
        fund_datum: "FundData" = self.now_fund_data[order.symbol]

        is_buy_order = order.direction == Direction.BUY
        is_sell_order = order.direction == Direction.SELL

        if not is_buy_order and not is_sell_order:
            raise RuntimeError(f"Invalid order: {order}")

        #推送委托成交状态更新
        order.status = Status.TRADED
        self.strategy.on_order(order)

        if order.id in self.active_orders:
            self.active_orders.pop(order.id)

        #推送成交信息
        self.trade_count += 1

        trade_val = fund_datum.adjust_val
        if is_buy_order:
            #基金买入以第 2 天净值计算
            #手续费在申购的金额中直接扣除
            total_money = order.amount
            buy_money = total_money / (1 + self.rates.get(order.symbol))
            service_charge = total_money - buy_money
```

```
            trade_volume = buy_money / trade_val
            #剩余可用资金扣除手续费和买入的费用
            self.available_capital -= total_money
            #持仓信息加上持仓量
            self.positions[order.symbol] += trade_volume
            #累计手续费
            self.total_commission += service_charge
        else:
            …
```

类似地,在基金赎回的过程中则是先使用赎回的基金份额乘以最新净值得到应当赎回的总金额,再从赎回的总金额中按照手续费率计算应出的手续费,最后从总金额中减去手续费,从而得到赎回到投资者手中的金额,计算过程如式(4-2)所示。

$$
\begin{aligned}
&\text{total\_amount} = \text{share} \times v \\
&\text{commission} = \text{total\_amount} \times r \\
&\text{amount} = \text{total\_amount} - \text{commission}
\end{aligned}
\tag{4-2}
$$

完成赎回后,需要维护持仓的份额信息与总手续费信息,如下代码展示了基金赎回过程中相应字段的计算与维护:

```
//ch4/4.5/backtesting.py
def handle_active_orders(self) -> None:
    """处理活动状态的挂单"""
    for order in list(self.active_orders.values()):
        …
        if is_buy_order:
            …
        else:
            #基金卖出以第 2 天净值计算
            #手续费在赎回的金额中直接扣除
            trade_volume = order.volume

            total_money = trade_val * trade_volume
            service_charge = total_money * self.rates.get(order.symbol)
            sell_money = total_money - service_charge
            #剩余可用资金加上赎回的金额,不加手续费
            self.available_capital += sell_money
            #持仓信息减去持仓量
            self.positions[order.symbol] -= trade_volume
            #累计手续费
            self.total_commission += service_charge
    …
```

无论是基金的申购还是赎回订单,对于成交信息都是以净值进行计价维护的,在成交信息中不会记录任何与金额相关的信息,因此对于订单而言,最终生成的成交信息都是统一标准的数据类实例,可以设计如下所示的成交信息数据类:

```
//ch4/4.5/object.py
@dataclass
class TradeData:
    """
    基金成交订单的基类
    """

    #成交编号
    id: str
    #成交对应的订单编号
    order_id: str
    #基金代码
    symbol: str
    #成交日期
    datetime: datetime
    #成交方向
    direction: Direction
    #成交的净值
    val: float
    #成交的份额
    volume: float
```

在每笔成交后都应该去检查目前的资金是否为合法。在量化系统的设计中,需要在交易过程中持续监控资金是否合法,如果只对回测结束后的资金进行合法性检查,则在回测过程中可能存在由于市场波动而造成资金由负转正的情形,回测结束的资金同样会呈现合法的结果。

成交次数过多造成计算过多的加减法会带来精度问题,因此可以用一个小的负数作为资金合法性的判据。当可用资金合法时,调用策略的 on_trade 回调函数,整体代码逻辑如下:

```
//ch4/4.5/backtesting.py
def handle_active_orders(self) -> None:
    """处理活动状态的挂单"""
    for order in list(self.active_orders.values()):
      …
        if is_buy_order:
            …
        else:
            …
        trade: "TradeData" = TradeData(
            id = str(self.trade_count),
            order_id = order.id,
            symbol = order.symbol,
            datetime = self.now_datetime,
            direction = order.direction,
            val = trade_val,
            volume = trade_volume,
```

```
        )

        #过多加减法带来的精度问题
        if self.available_capital < -1e-6:
            raise RuntimeError(
                f"Available capital is less than 0: {self.available_capital}"
            )

        self.strategy.on_trade(trade)
```

4min

4.5.5 计算回测指标

当回测结束后，可以通过分析回测过程中的资产曲线变化衡量策略的表现。本节将介绍常用的回测评价指标，首先介绍许多回测指标需要使用的参数——无风险利率。

1. 无风险利率

无风险利率并不算指标，但是其作为一个外部参数用于计算其他回测评价指标。无风险利率是指将资金投资于没有任何风险的投资对象所能获得的收益率，通常来讲在美国等资本市场成熟的国家一般参照10～30年期国债收益率作为无风险利率，而由于中国的债券市场不够活跃，选取长期国债利率作为无风险利率会有失偏颇，可以选取中国人民银行三个月的整存整取利率作为无风险利率。

无风险利率的选取没有固定的标准，每个市场参与者都应该根据自身对于风险的判断自行选择，本书认为每个投资者都应该根据自身可以接触到的无风险投资对象中利率的最高值作为无风险利率，同时需要考虑到投资年限等因素。例如，笔者目前能接触到的无风险投资对象包括3个月、6个月、1年、2年、3年和5年的整存整取的银行定期存款，其利率分别为1.8%、2.0%、2.1%、2.4%、2.7%及2.7%，从利率高低角度来看应选取2.7%作为无风险利率，然而在1年之后笔者有大额支出的打算，因此2.7%是一个在支出之前无法获得的收益率，此时应该选取1年期整存整取的定期存款作为无风险利率，即2.1%。

无风险利率通常以年收益率的形式展现，例如上文中所提到的利率都是年利率，在投资基金时，如果采用复利再投资的方式(复权净值)，则基金是以日复利计算收益率的，因此在比较基金日收益率和无风险年利率时需要将基金的日利率复利到年或将年利率转换为日复利，转换关系如式(4-3)所示。

$$\text{daily\_rate} = (1 + \text{annual\_rate})^{\frac{1}{\text{day\_count}}} - 1 \tag{4-3}$$

式中的day_count表示一年中交易日的数量(日复利的次数)，自然年天数通常为365，一共365/7=52.14周，在52周中一共有52×5=260天工作日，减去法定节假日11天后为249天，减去调休的天数，一年的日复利次数在240次左右，因此可以将day_count的值设定为240。以年利率2.1%为例，使用式(4-3)可以计算得出日复利利率为0.008 66%，即如果每天可以从基金获得0.008 66%的收益，则复利得到的年收益率为2.1%。

无风险利率的选取是计算其他评价指标的基础，在某些基金选取的策略中也会影响选取的结果，建议读者根据自身的具体情况选取合适的无风险利率。

2. 市场暴露时间

使用市场暴露时间可以衡量交易策略下单或持有基金的程度，当策略下单越频繁或持有基金的时间越长时，市场暴露时间通常越大。由于市场的波动性，当资产发生波动时则说明投资者暴露于市场之中，反之则认为投资者未持有任何基金份额，计算可以使用式(4-4)所示的逻辑：

$$\begin{aligned} &\text{balance\_diff} = \text{diff}(\text{balance}) \\ &\text{time\_in\_market} = \frac{\text{countif}(\text{balance\_diff} \neq 0)}{\text{len}(\text{balance\_diff})} \end{aligned} \tag{4-4}$$

式(4-4)中 diff、countif 和 len 函数分别表示一阶差分、条件计数器与长度获取函数。市场暴露时间通常可以反映策略对资金的利用效率。

3. 累计收益率

累计收益率的计算是对于一段时间而言的，其计算十分简单，使用时间段内的收益/亏损除以期初资产即可，如式(4-5)所示。

$$\text{cumulative\_return} = \frac{\text{end\_balance} - \text{start\_balance}}{\text{start\_balance}} \tag{4-5}$$

累计收益率衡量了在某段时间内策略的盈利能力，由于时间段长度和收益率是两个不同的变量，对于不同时间段的累计收益率是没有可比性的，需要一个归一化的方式将其变换至统一尺度以便比较。

4. 复合年均增长率

复合年均增长率是将某段时间内的累计收益率转换为按照年复利的收益率，计算方式与式(4-3)计算日复利收益率类似，如式(4-6)所示。

$$\text{CAGR} = (1 + \text{cumulative\_return})^{\frac{1}{\text{year\_num}}} - 1 \tag{4-6}$$

式中 year_num 表示时间段以年为单位的数目，例如一个策略在 10 年间获得了 100% 的收益，则复合年均增长率 $\text{CAGR} = (1+1)^{0.1} - 1 = 7.18\%$。复合年均增长率相当于将计算累计收益率的时间段长度固定，计算一年内的收益率，这样可以方便地比较不同策略的表现。

5. 夏普比率

收益率只能为评价策略提供一个单一的视角，即从绝对收益的角度评价，而忽略了投资中另一个至关重要的角度，即风险。风险以标准差进行衡量，当收益率的波动较大时，说明资产面临的风险较大。夏普比率同时考虑了收益和风险的评价，其使用相较于无风险利率的超额收益率除以标准差，表示在承受一个单位的风险时可以获得的超额收益，计算如式(4-7)所示。

$$\text{sharp\_ratio} = \frac{\text{expected\_return} - \text{risk\_free\_rate}}{\text{std}(\text{returns})} \tag{4-7}$$

式中 expected_return 表示投资的期望年化收益率，使用收益率序列的均值进行表示，而分母则表示收益率序列的年化标准差。不难看出，当期望收益率小于或等于无风险利率时，夏普比率是一个小于或等于 0 的数，此时说明每承受一单位的风险就会发生亏损，这个策略是不值得研究的，那么夏普比率为多少时说明这个策略是一个表现较好的策略呢？下面将以图像的形式直观地进行展示。

首先需要由资产序列转换为收益率序列，使用资产序列的一阶差分除以对应时间区间前端的资产即可，代码如下：

```
def calc_return(balance: np.ndarray):
    """由资产计算收益率序列"""
    return balance[1:] / balance[:-1] - 1
```

根据式(4-7)可以快速写出计算夏普比率的代码：

```
def sharp_ratio(returns: np.ndarray, rf: float = 0.0000866):
    """计算夏普比率"""
    return (np.mean(returns) - rf) / np.std(returns) * np.sqrt(240)
```

在上述计算夏普比率的代码中，由于接收的收益率序列参数为日收益率序列，无风险利率为日利率，因此在计算夏普比率时需要将其转换为年化数值。可以通过以下函数生成不同增长方式的资产，分别为线性增长、指数增长与对数增长，代表了资产增长的不同速度，在生成资产序列时加入随机数进行扰动，代码如下：

```
//ch4/4.5/sharpe.py
def generate_balance(length: int = 240, growth: str = "linear"):
    """生成资产序列"""
    start = 100
    vol = 10
    #资产随机扰动项
    vol_item = np.random.randn(length) * vol
    if growth == "linear":
        return np.linspace(start, start + length, length) + vol_item
    if growth == "exponential":
        return (
            np.power(1.03, np.linspace(np.log(start) / np.log(1.03), length, length))
            + vol_item
        )
    if growth == "logarithmic":
        return np.asarray([np.log(x + 1) + start for x in range(length)]) + vol_item
```

分别生成 3 种增长方式的资产曲线并绘图，如图 4-7 所示。

将资产序列转换为收益率序列可以得到如图 4-8 所示的结果。

通过对 3 种不同增长方式的收益率序列进行计算夏普比率，可以分别得到 1.615 864 754 112 892 3(线性增长)、3.163 668 779 106 165 7(指数增长)与 1.108 469 636 678 818(对数增长)。由于随机数的影响，读者得到的夏普比率值可能与本书所示数据不相同。

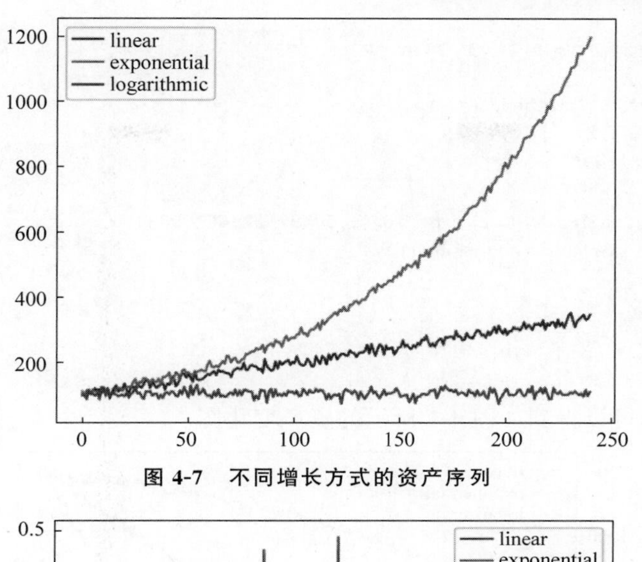

图 4-7　不同增长方式的资产序列

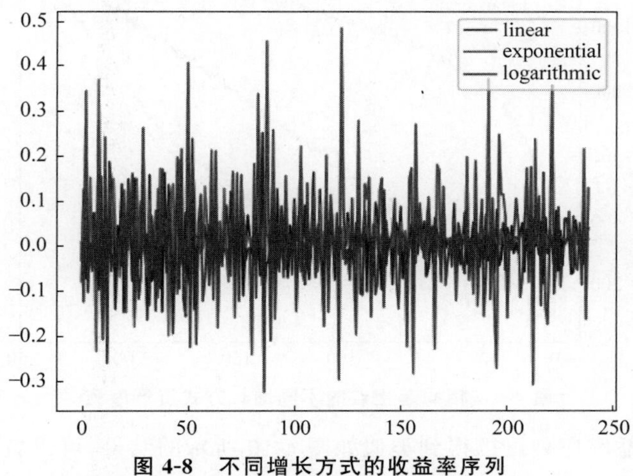

图 4-8　不同增长方式的收益率序列

从结果可以观察到，当资产以指数增长时，其夏普比率最大，为一个大于 3 的数，而当资产以线性增长时，其夏普比率为 1.6 左右，当资产以对数增长时，其夏普比率最小。在实际交易中，让资产持续增长是一件很难的事情（对于某些胜率很高的高频策略除外），因此对于实际使用的交易策略而言，只要夏普比率长期稳定在 1.5 以上就可以认为是一个可以接受的交易策略。

如果将资产序列的起始与终点固定再生成不同增长形式的资产序列，以指数增长方式的资产终点作为另外两种增长方式资产的终点，则可以使用下面的代码实现：

```
def generate_balance_same_end(length: int = 240, growth: str = "linear"):
    """生成资产序列"""
    …
    same_end = np.power(1.03, length)
    …
    if growth == "linear":
```

```
        return np.linspace(start, same_end, length) + vol_item
    …
    if growth == "logarithmic":
        return (
            np.asarray(
                [
                    np.log(x + 1) / np.log(1.0049766216616973) + start
                    for x in range(length)
                ]
            )
            + vol_item
        )
```

运行以上代码可以得到如图 4-9 所示的资产变化图。

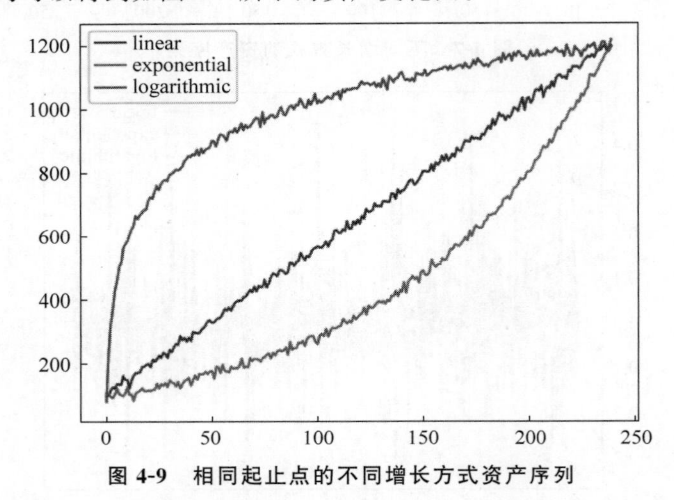

图 4-9　相同起止点的不同增长方式资产序列

计算相应的收益率序列可以得到类似如图 4-10 所示的结果，可以看到对数增长由于最开始的斜率较大，其最初的收益率值很大，所以随着时间的推移其收益率逐渐减小。

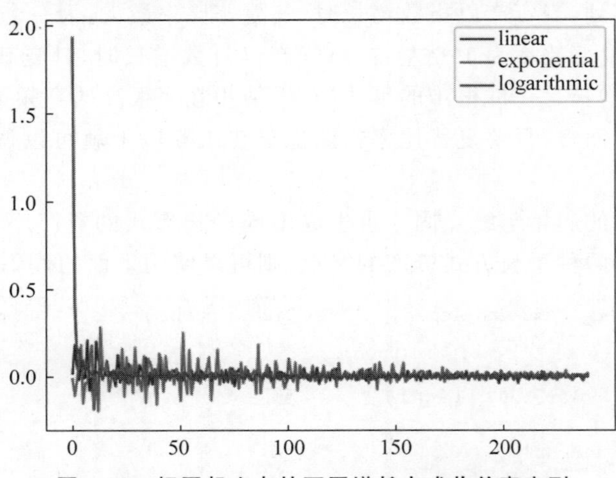

图 4-10　相同起止点的不同增长方式收益率序列

计算得到的夏普比率分别为 4.616 250 731 850 322 5(线性增长)、2.981 173 929 060 038 3(指数增长)和 1.859 009 270 066 585 2(对数增长),由于以指数增长的终点作为统一终点,其值较大,所以三者计算得出的夏普比率值都较大,而在这种情况下线性增长能够获得最大的夏普比率,其次是指数增长与对数增长。

使用夏普比率能够同时衡量回报与风险,夏普比率小的资产序列终止值不一定小于夏普比率大的资产序列的终止值,但是其波动性通常来讲会大于夏普比率大的序列。对于越长的回测时间来讲,由于市场本身结构的变化或策略的失效,很难获得与短期回测相当的夏普比率。通常来讲,一个每月都能盈利的策略的夏普比率会大于 2,而每天盈利策略的夏普比率则会大于 3;如果需要在统计上以 95%的置信度认为策略的真实夏普比率大于 0,则在回测时需要至少使用 681 日的数据并且回测的夏普比率大于 1;如果数据不足并且想要在统计上认为策略的真实夏普比率大于 0,则需要更大的回测夏普比率得以确认,例如只有 174 日的数据时并且回测夏普比率大于 2 的时候则可以认为真实夏普比率大于 0;如果需要在统计上认为策略的真实夏普比率大于 1,则需要在至少 2739 日数据上获得至少 1.5 的回测夏普比率。通常而言,夏普比率小于 1 的策略不具有研究性,因为在承受一单位的风险时获取的收益不足一单位。

6. 概率夏普比率

上文提到的夏普比率通过回测得到,其不是策略的真实夏普比率(事实上无法获取策略真实的夏普比率)。当收益率序列符合正态分布时,夏普比率的估计标准差如式(4-8)所示。

$$\hat{\sigma}(\widehat{\mathrm{SR}}) = \sqrt{\frac{1}{n-1}\left(1+\frac{1}{2}\,\widehat{\mathrm{SR}}^2\right)} \tag{4-8}$$

式中 $\widehat{\mathrm{SR}}$ 表示回测过程得到的夏普比率,n 表示回测用到的数据量,然而收益率序列通常不符合正态分布的假设,其具有“尖峰肥尾”的特性,意味着收益率更加集中于某一特定值并且极端情况相对于正态分布发生的概率更大,如图 4-11 所示是某策略在 2013 到 2023 年间回测过程中获得的收益率分布情况:

从图 4-11 所示的结果来看,收益率序列并不符合正态分布,其某一收益率的频数值较大(尖峰),进一步可以使用 KS 检验与 W 检验来验证收益率分布与正态分布存在显著差异,两种检验方式的原假设都是“样本数据的分布与正态分布无显著差异”,通常来讲当检验 p 值小于 0.05 时可以拒绝原假设,在 Python 中使用下面的代码进行假设检验:

```
//ch4/4.5/test_returns.py
from scipy.stats import kstest

import numpy as np

#使用 KS 检验
mean = np.mean(data)
std = np.std(data)
result = kstest(data, cdf = "norm", args = (mean, std))
```

```
print(result)

from scipy.stats import shapiro

#使用 W 检验
result = shapiro(data)
print(result)
```

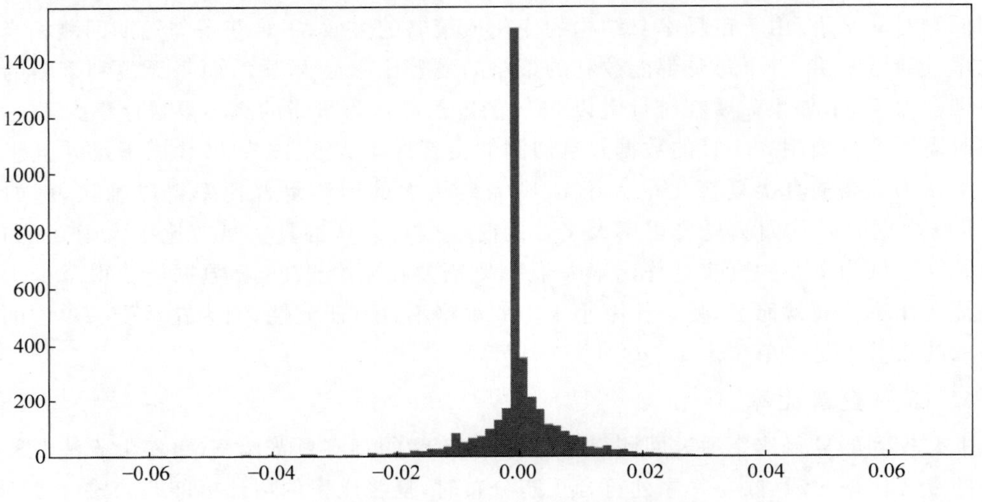

图 4-11 回测收益率分布直方图

运行得到的 KS 检验与 W 检验的 p 值分别为 1.625817104409935e-146 和 0，因此可以拒绝原假设“样本数据的分布与正态分布无显著差异”，即认为收益率序列不符合正态分布。当序列不符合正态分布时，计算得到的夏普比率标准差为

$$\hat{\sigma}(\widehat{\mathrm{SR}})=\sqrt{\frac{1}{n-1}\left(1+\frac{1}{2}\widehat{\mathrm{SR}}^2-\gamma_3\widehat{\mathrm{SR}}+\frac{\gamma_4-3}{4}\widehat{\mathrm{SR}^2}\right)} \tag{4-9}$$

式(4-9)中的 γ_3 和 γ_4 分别表示分布的偏度和峰度，正态分布的偏度与峰度分别为 0 和 3，此时(4-9)退化为式(4-8)，因此回测夏普比率 $\widehat{\mathrm{SR}}$ 与真实夏普比率 SR 差异的分布的均值为 0，方差为 $\hat{\sigma}(\widehat{\mathrm{SR}})^2$ 的正态分布，即

$$(\widehat{\mathrm{SR}}-\mathrm{SR})\sim N\left(0,\frac{1}{n-1}\left(1+\frac{1}{2}\widehat{\mathrm{SR}}^2-\gamma_3\widehat{\mathrm{SR}}+\frac{\gamma_4-3}{4}\widehat{\mathrm{SR}^2}\right)\right) \tag{4-10}$$

根据式(4-10)表示的差异分布，概率夏普比率衡量的是回测夏普比率 $\widehat{\mathrm{SR}}$ 高于目标夏普比率 SR^* 的概率，即

$$\mathrm{PSR}(\mathrm{SR}^*)=\Phi\left(\frac{\widehat{\mathrm{SR}}-\mathrm{SR}^*}{\hat{\sigma}(\widehat{\mathrm{SR}})}\right)=\Phi\left(\frac{(\widehat{\mathrm{SR}}-\mathrm{SR}^*)\sqrt{n-1}}{\sqrt{1+\frac{1}{2}\widehat{\mathrm{SR}}^2-\gamma_3\widehat{\mathrm{SR}}+\frac{\gamma_4-3}{4}\widehat{\mathrm{SR}^2}}}\right) \tag{4-11}$$

其中Φ表示标准正态分布的累计分布函数，其概率值标志着真实夏普比率高于基准夏普比率值SR^*的概率。从式(4-11)可以看出，当回测夏普比率$\widehat{\mathrm{SR}}$越大或样本数n越大时得到的概率夏普比率越大，这个结论是符合直觉的：当基准夏普比率SR^*不变时，而回测夏普比率$\widehat{\mathrm{SR}}$超过SR^*越多，则结果越可信；当样本数越多时（回测时间越长），在保证$\widehat{\mathrm{SR}}$不变时，结果也越可信。

夏普比率的计算考虑了一阶矩与二阶矩，而三阶矩和四阶矩会影响回测夏普比率对真实夏普比率的推断置信度，因此概率夏普比率充分了考虑三阶矩和四阶矩对置信度的影响，对收益率的分布假设进行了修正。

7. 准确夏普比率

在上文的第5部分计算代码中，将日收益率波动率转换为年收益率波动率时使用了如下关系：

$$\sigma_{\text{year}} = \sigma_{\text{day}} \sqrt{D} \tag{4-12}$$

式(4-12)中D表示一年中的天数，对于随机变量而言式(4-12)的转换关系是正确的，然而在分析时间序列时还需考虑序列中的自相关关系，一个更加准确的波动率转换关系如式(4-13)所示。

$$\sigma_{\text{year}} = \sigma_{\text{day}} \sqrt{D + 2\sum_{i=1}^{D}(D-i)\rho_i} \tag{4-13}$$

式(4-13)中的ρ_i表示序列的i阶自相关系数，此时计算得到的夏普比率称为准确夏普比率，如式(4-14)所示。

$$\text{smart\_sharpe\_ratio} = \frac{\mu_{\text{year}} - rf}{\sigma_{\text{day}} \sqrt{D + 2\sum_{i=1}^{D}(D-i)\rho_i}} \tag{4-14}$$

式(4-14)中，μ_{year}表示年化期望收益率，一个更加通用的表达方式如式(4-15)所示。

$$\text{smart\_sharpe\_ratio} = \frac{\text{expected\_return} - \text{risk\_free\_rate}}{\text{volatility} \times \text{autocorrelation\_penalty}} \tag{4-15}$$

准确夏普比率通过对收益率序列的标准差进行修正，计算得到一个更加准确的回测夏普比率。如果收益率序列存在自相关性，则准确夏普比率在修正因子的作用下会变小，因此对于回撤较大的收益率序列，使用准确夏普比率能够更加真实地反映出策略的表现。

8. 索提诺比率

在夏普比率的计算中，分母取的是收益率序列整体的标准差，意味着盈利与亏损的部分都计入标准差（风险）的计算中，而在索提诺比率计算思想中，认为只有亏损（收益率低于无风险收益率）的部分才可称为风险，盈利部分不应计入风险度量，在原收益率序列中以0代替盈利收益率，并计算标准差，从而得到“下行风险”σ_{down}，计算方式如下：

$$\text{sortino\_ratio} = \frac{\mu - rf}{\sigma_{\text{down}}} \tag{4-16}$$

相比于夏普比率，索提诺比率更加注重下行风险的衡量，对于回撤更加关注的投资者应使用索提诺比率衡量策略表现。与准确夏普比率类似，可以通过同样的方式计算准确索提诺比率。

9. 调整索提诺比率

索提诺比率与夏普比率有相同的分子，但索提诺比率的分母由于仅考虑了下行风险，从而导致其值通常会高于夏普比率，这导致索提诺比率无法直接与夏普比率进行比较。当需要同时考虑上行风险与下行风险时，将索提诺比率除以 $\sqrt{2}$ 会得到与夏普比率相等的值，因此将该结果称作调整索提诺比率，即

$$\text{adjust\_sortino\_ratio}=\frac{\text{sortino\_ratio}}{\sqrt{2}} \tag{4-17}$$

调整索提诺比率在索提诺比率的基础上使用常数进行缩放，得到与夏普比率统一的对比维度，可以使用夏普比率的相关的判别准则对调整索提诺比率进行评估。

10. Omega 比率

Omega 比率在索提诺比率的基础上，进一步考虑了收益率序列分布的所有高阶矩信息，其定义如下：

$$\Omega(r)=\frac{\int_{r}^{\infty}(1-F(x))\mathrm{d}x}{\int_{-\infty}^{r}F(x)\mathrm{d}x} \tag{4-18}$$

式(4-18)的分子部分为上偏距，分母部分为下偏距，r 为基准收益率。$\Omega(r)$值随 r 值的增加而递减，当收益率均值等于 r 时，Omega 比率值等于 1。Omega 比率的值越高则说明策略的表现越好。

11. 信息比率

与夏普比率类似，信息比率也是一种经风险调整的评价指标，与夏普比率不同的是信息比率采用的基准收益率同样是序列，它衡量的是策略相对于基准获得超额收益的能力，如式(4-19)所示。

$$\text{information\_ratio}=\frac{\text{returns}-\text{benchmark}}{\text{tracking\_error}} \tag{4-19}$$

式(4-19)中的 returns 和 benchmark 都是序列，而 tracking_error 表示收益率序列与基准序列之差序列的标准差。当信息比率较大时，说明策略相对于基准能获取更高的收益。夏普比率可以认为是信息比率的一种特殊情形：将信息比率中的基准替换为单个数值时，信息比率会退化为夏普比率。

12. 最大回撤

最大回撤是指在一段时间内最大的亏损幅度，由每日的资产与当日之前的最大资产计算得出，如式(4-20)所示。

$$\text{max\_drawdown} = \max\left(1 - \frac{\text{balance}_j}{\max(\text{balance}_i, i \leqslant j)}, j \leqslant \text{last\_date}\right) \tag{4-20}$$

当资产一直在增加时，根据式(4-20)可以看出最大回撤为0。最大回撤表明的是回测周期内资产发生的最大亏损率，通常而言最大回撤应越小越好，而回撤大小通常与投资品种的选择强相关，例如货币型基金的回撤小于股票型基金，但不能就此说明货币型基金优于股票型基金，回撤的大小从某种程度而言与风险/收益的大小是可类比的，投资者应根据个人偏好选取合适的最大回撤。

与回撤相关的另一个重要指标是最大回撤持续时间，指的是资产由高点亏损到资产重新回到该高点的时间，在资产变换曲线中，最大回撤与最大回撤持续时间从两个不同的坐标轴上进行衡量，最大回撤以资产为研究目标，研究资产下跌的最大比例，而最大回撤持续时间从时间轴衡量，衡量回测期间的亏损持续最长时间。因为两者衡量的维度不同，所以发生最大回撤的时间段与最大回撤持续时间不一定是同一段时间。

13. 卡玛比率

卡玛比率由年化收益率与最大回撤的比值计算得来，如式(4-21)所示。

$$\text{calmar\_ratio} = \frac{\text{annual\_return\_rate}}{\text{max\_drawdown}} \tag{4-21}$$

卡玛比率类似夏普比率、索提诺比率等，同样是一种回报风险衡量指标，不过其侧重点是对极端值的考虑(相比于以标准差衡量的风险)，对于关注极端情况发生的投资者，卡玛比率是一个需要关注的评价指标。

14. 盈亏比

使用盈亏比可以衡量历史收益率序列中盈利部分与亏损部分的比值，通过计算收益率序列中大于0(盈利)部分的均值 average_win 与序列中小于0部分的均值 average_loss 的绝对值并计算比值得到，如式(4-22)所示。

$$\text{payoff\_ratio} = \frac{\text{avg}(\text{returns} > 0)}{\text{avg}(\text{returns} < 0)} \tag{4-22}$$

盈亏比衡量了策略期望获利与期望亏损的关系，当盈亏比大于1时，可以认为策略的潜在盈利能力更强。

15. 盈利因子

盈利因子的计算与盈亏比类似，区别在于将盈亏比中的均值部分更换为求和，如式(4-23)所示。

$$\text{profit\_factor} = \frac{\text{sum}(\text{returns} > 0)}{\text{sum}(\text{returns} < 0)} \tag{4-23}$$

16. 凯利公式

在投资中，收益与亏损的大小与资金使用率是息息相关的，使用的资金量越大则潜在的获利与亏损也会相应越大。凯利公式根据历史的胜率与盈亏比等信息得到每次最佳的资金使用率，如式(4-24)所示。

$$f^* = \frac{bp-q}{b} = p - \frac{1-p}{b} = \frac{(b+1)p-1}{b} \tag{4-24}$$

式(4-24)中，b 为盈亏比，p 为胜率($0 \leqslant p \leqslant 1$)，$q$ 为负率($1-p$)，计算得到的 f^* 为最佳资金使用率。从公式中可以看出：当 b 增加时，即策略盈利更多时，f^* 值也增加，说明此时应该使用更多资金投资，而当胜率 p 增加时，也应该投入更多资金；当 $b \to \infty$，$f^* = p$。凯利公式通过将仓位控制量化，用于获取最大收益与控制亏损。

通常在策略运行的过程中加入凯利公式进行仓位管理，而对于回测结果计算 f^* 也可以对下一次实际投资的资金比例进行指导。

17. 破产风险

破产风险衡量的是财产清零的概率，下面以一个具体例子说明破产风险的计算。假设起始资金为 100 元，策略每次的期望收益率或亏损率相同(可通过止盈止损实现)，例如都为 100 元，并且策略的胜率为 80%，则资产在第 1 次交易中破产的概率为 20%(第 1 次交易就直接亏损本金 100 元)；如果策略在第 1 次交易中实现了盈利(资产为 200 元)，则需要两次连续亏损才会破产，发生的概率为 $0.8 \times 0.2 \times 0.2 = 0.032$，则在两次交易内破产的概率为 $0.2 + 0.032 = 0.232$；类似地，在第 5 次交易破产有两种情形：[win, win, lose, lose, lose]和[win, lose, win, lose, lose]，其概率都为 $0.8^2 \times 0.2^3 = 0.005\,12$，则在 5 次交易内破产的概率为 $0.232 + 0.005\,12 = 0.237\,12$，以此类推可以得到在 N 次交易内破产的概率，当 $N \to \infty$ 时，概率值则为破产风险。使用下面的公式可以计算出破产风险：

$$\text{risk\_of\_ruin} = \left(\frac{1-(\text{win\_rate}-\text{lose\_rate})}{1+(\text{win\_rate}-\text{lose\_rate})}\right)^{\text{invest\_ratio}} \tag{4-25}$$

式(4-25)中 win_rate、lose_rate 和 invest_ratio 分别表示策略的胜率、负率与投资比例，以上述数值为例，可以计算得到破产风险 $= \left(\frac{1-(0.8-0.2)}{1+(0.8-0.2)}\right)^1 = 0.25$，说明本策略有 25% 的概率破产，而如果仅投资 50% 的资产(invest_ratio = 0.5)，则可以得到破产风险为 0.0625，说明减小投资资产也可以减小破产的概率，这个结论是符合直觉的。

破产风险的计算还有一个优化版本，其考虑了平均盈利与亏损率，如式(4-26)所示。

$$\begin{aligned}
&\text{average_win_rate} = \frac{\text{average_win}}{\text{initial_balance}} \\
&\text{average_lose_rate} = \frac{\text{average_lose}}{\text{initial_balance}} \\
&A = \sqrt{\text{win_rate} \times \text{average_win_rate}^2 - \text{lose_rate} \times \text{average_lose_rate}^2} \\
&Z = \text{win_rate} \times \text{average_win_rate} - \text{lose_rate} \times \text{average_lose_rate} \\
&P = 0.5 \times \frac{1+Z}{A} \\
&\text{risk_of_ruin} = \left(\frac{1-P}{P}\right)^{\frac{\text{max_risk}}{A}}
\end{aligned} \tag{4-26}$$

式(4-26)中 average_win 和 average_lose 表示平均盈利与亏损的金额,initial_balance 表示期初资产,win_rate 与 lose_rate 表示策略的胜率与负率,max_risk 表示策略回测过程出现的最大回撤。

18. 风险价值

风险价值表示以某个概率获得的最大损失,通过收益率序列的分布函数得到,其定义如式(4-27)所示。

$$P(\Delta r < -\mathrm{VaR}) = 1 - \alpha \tag{4-27}$$

式(4-27)中 α 表示显著性水平,表示在置信度 $1-\alpha$ 下投资损失 VaR 的概率。

19. 条件风险价值

条件风险价值指在某个给定 VaR 值的条件下,该投资组合的平均损失值。

20. 尾部比率

尾部比率的计算有收益分布的 95 分位数/5 分位数得到,对于收益率分布而言,95 分位数与 5 分位数分别代表历史表现的极端收益率与极端亏损率,尾部比率通常来讲越大越好,它衡量了从极端亏损中恢复的能力,假如尾部比率等于 0.2,则说明极端收益是极端亏损的 $\frac{1}{5}$,此时很难从极端亏损中恢复。

21. 溃疡指数

溃疡指数用于衡量价格下跌的深度和持续时间上的下行风险,当价格下跌幅度越大或回撤延续的时间越长时,溃疡指数的值越大,其计算如式(4-28)所示。

$$\text{ulcer\_index} = \sqrt{\frac{\text{sum}(\text{drawdown\_series}^2)}{n-1}} \tag{4-28}$$

式(4-28)中 drawdown_series 表示由收益率序列计算得到的回撤序列,将其每个元素计算平方并求和,最终求取均值的平方根即可得到溃疡指数。

以上介绍了大量的策略回测评价指标,其中包括风险收益评价指标与风险指标等,读者应该根据自身的风险承受能力选取相应的指标值进行评价,以上风险指标大多数可以使用收益率序列计算得来,而收益率序列可以由资产序列简单计算而来,t 日的收益率 r_t 可以使用 t 日与 $t-1$ 日的资产值计算,即

$$r_t = \frac{b_t - b_{t-1}}{b_{t-1}} \tag{4-29}$$

除了式(4-29)所示的收益率计算逻辑,还有一种指数收益率的计算方法:

$$r_t = \ln\left(\frac{b_t}{b_{t-1}}\right) \tag{4-30}$$

值得庆幸的是,众多的回测评价指标不需要自己进行代码实现,QuantStats 包已经实现了这些评价指标,指标的计算源代码位于 QuantStats 的 stats 模块下,例如下面的代码展示了 QuantStats 计算 Omega 比率的逻辑:

```
//ch4/4.5/stats.py
def omega(returns, rf = 0.0, required_return = 0.0, periods = 252):
    """
    Determines the Omega ratio of a strategy.
    See https://en.wikipedia.org/wiki/Omega_ratio for more details.
    """
    if len(returns) < 2:
        return _np.nan

    if required_return <= -1:
        return _np.nan

    returns = _utils._prepare_returns(returns, rf, periods)

    if periods == 1:
        return_threshold = required_return
    else:
        return_threshold = (1 + required_return) ** (1.0 / periods) - 1

    returns_less_thresh = returns - return_threshold
    numer = returns_less_thresh[returns_less_thresh > 0.0].sum().values[0]
    denom = -1.0 * returns_less_thresh[returns_less_thresh < 0.0].sum().values[0]

    if denom > 0.0:
        return numer / denom

    return _np.nan
```

总体而言，QuantStats 计算的 Omega 比率和上文中介绍的 Omega 比率的计算逻辑大体一致，它们都使用上偏距除以下偏距得到，不同的是 QuantStats 进行了一些准备性的计算工作，读者对于各种指标的计算逻辑可以参考 QuantStats 的代码。

绝大多数的指标计算使用资产序列/收益率序列即可，而 QuantStats 计算完成指标后可以生成 HTML 报表，便于后续查看，使用下面的方法即可：

```
//ch4/4.5/backtesting.py
…
qs_html_path = str(self.backtest_result_folder / "quantstats.html")
qs.reports.html(
    df["balance"],
    output = qs_html_path,
    rf = self.risk_free,
    periods_per_year = ANNUAL_DAYS,
)
…
```

使用 QuantStats 下 reports 模块的 html 方法，传入收益率序列、保存 HTML 文件的路径、无风险利率（默认为 0）、年化的天数（默认为 252 天）即可生成回测的 HTML 报告。上文提到一年的交易日天数约为 240 天而非 QuantStats 中默认的 252 天，本书更加推荐使用

240天作为年化天数，这样对于策略的评价更加趋于保守，不易过高评价策略表现。

由于策略在回测的过程中记录了资产变化序列，因此很容易编写指标计算的代码，如下所示的代码完成了资产序列转收益率序列的逻辑并计算了部分简单的统计量：

```
//ch4/4.5/backtesting.py
def calculate_statistics(self) -> dict[str, float]:
    """计算回测统计指标"""
    self.strategy.logger.info("开始计算回测统计指标")

    self.results_df: DataFrame = DataFrame.from_dict(self.results).set_index("date")
    self.results_df.index = DatetimeIndex(self.results_df.index)
    df: DataFrame = self.results_df

    #计算回测统计指标
    #回测天数
    total_days: int = len(df)
    #盈利天数
    profit_days: int = len(df[df["balance"].diff().fillna(0) > 0])
    #亏损天数
    loss_days: int = len(df[df["balance"].diff().fillna(0) < 0])
    #期末资产
    end_balance: float = df["balance"][-1]
    #总盈亏
    total_net_pnl: float = end_balance - self.init_capital
    #总手续费
    total_commission: float = self.total_commission
    #日均手续费
    daily_commission: float = total_commission / total_days
    #最大回撤
    max_drawdown: float = qs.stats.max_drawdown(df["balance"])

    #计算收益率序列
    df["return"] = df["balance"].pct_change()

    self.strategy.logger.info(f"盈利天数: {profit_days}")
    self.strategy.logger.info(f"亏损天数: {loss_days}")

    self.strategy.logger.info(f"起始资金: {self.init_capital:,.2f}")
    self.strategy.logger.info(f"结束资金: {end_balance:,.2f}")
    self.strategy.logger.info(f"总盈亏: {total_net_pnl:,.2f}")

    self.strategy.logger.info(f"总手续费: {self.total_commission:,.2f}")
    self.strategy.logger.info(f"日均手续费: {daily_commission:,.2f}")

    self.strategy.logger.info(f"最大回撤: {max_drawdown:,.2f}")

    statistics: dict = {
        "total_days": total_days,
        "profit_days": profit_days,
```

```
            "loss_days": loss_days,
            "capital": self.init_capital,
            "end_balance": end_balance,
            "max_drawdown": max_drawdown,
            "total_net_pnl": total_net_pnl,
            "total_commission": total_commission,
            "daily_commission": daily_commission,
        }

        self.strategy.logger.info("回测统计指标计算完成")
        return statistics
```

本节介绍的回测模块用于完成单次全量数据的回测过程，而在评价策略表现的时候，应该将数据划分为训练集与验证集，通过对日期轴的划分与结合本章的回测代码，读者可以十分容易地实现策略的回测与验证。

常见的时间序列回测方法包括 Walk Forward、K-fold Cross Validation、Expanding Walk Forward 等，本书不介绍相关知识，读者可以自行查找资料并在本节代码的基础上实现相应逻辑。

4min

4.6 消息推送模块

对于产生交易信号的交易策略来讲，需要一个途径将交易信号传递给外部用户，这也是开发消息推送模块的目的。通常来讲，消息推送可以分为实时消息推送与非实时消息推送两种，实时消息包括通过即时通信软件发送消息，例如 QQ、微信、钉钉等，而非实时消息推送通常指使用发送邮件的形式进行推送。在 Python 中，使用 smtplib 模块可以完成邮件的发送，读者可以自行学习这个包的使用方法，本节介绍通过 Webhook 的方式发送即时钉钉消息。

每个钉钉的机器人都有各自的 Webhook 地址，因此在设计机器人的基类时需要在构造函数中维护该地址，除此之外还需要一种方法来发送信息，因此设计 send 方法接收待发送的消息作为参数并在其中使用网络请求库 requests 发送该消息，代码如下：

```
//ch4/4.6/base.py
import json
import time
import hmac
import hashlib
import base64
import urllib.parse
import requests

from utils.log import dingding_logger as logger
```

```
def calc_sign(timestamp: str, secret: str) -> str:
    """计算签名方法"""
    secret_enc = secret.encode("utf-8")
    string_to_sign = f"{timestamp}\n{secret}"
    string_to_sign_enc = string_to_sign.encode("utf-8")
    hmac_code = hmac.new(
        secret_enc, string_to_sign_enc, digestmod=hashlib.sha256
    ).digest()
    sign = urllib.parse.quote_plus(base64.b64encode(hmac_code))
    return sign


class RobotBase:
    """钉钉机器人基类"""

    HEADERS = {"content-type": "application/json"}

    def __init__(self, hook_url: str, secret: str):
        """使用 Webhook 地址初始化"""
        self.hook_url = hook_url
        self.secret = secret

    @property
    def total_hook_url(self):
        """完整包含加密信息的 URL"""
        timestamp = str(round(time.time() * 1000))
        return f"{self.hook_url}&timestamp={timestamp}&sign={calc_sign(timestamp, self.
secret)}"

    def send(self, message: dict[str, str]) -> None:
        """同步发送消息方法"""
        resp = requests.post(
            url=self.total_hook_url,
            data=json.dumps(message),
            headers=self.HEADERS,
            timeout=1800,
        )
        resp_body = json.loads(resp.text)
        error_code = resp_body.get("errorcode")
        error_msg = resp_body.get("errmsg")

        # 如果发送信息失败,则写错误日志
        if error_code != 0:
            logger.error(error_msg)
```

设计完机器人基类后，每个机器人还应具有各自独特的参数，例如在策略中使用的交易机器人，在策略回测优化时不需要推送消息，而当策略优化完成开始推送交易信号时，则需要激活机器人，因此交易机器人需要一个参数来说明是否被激活，只有当策略处于激活状态时，才调用 send 方法推送消息，否则不推送，交易机器人的代码如下：

```
//ch4/4.6/trade_robot.py
from datetime import datetime
from utils.log import dingding_logger as logger
from informant.base import RobotBase


class TradeRobot(RobotBase):
    """交易机器人"""

    def __init__(self, hook_url: str, secret: str, activated: bool):
        super().__init__(hook_url, secret)
        self.activated = activated

    def ding(self, message: str) -> None:
        """同步发送消息方法"""
        if self.activated:
            message = {"title": f"{datetime.now()}", "text": message}
            send_message = {"msgtype": "markdown", "markdown": _message}
            logger.info("TradeRobot sent message: %s", send_message)
            super().send(send_message)
```

由于每个机器人推送的消息格式可能不相同，因此需要在各自推送之前格式化对应的消息，除了交易机器人，读者可能还有监控策略运行或者了解行情的需求，在机器人基类的基础上扩展即可，与交易机器人的写法类似。

为了便于使用，无须每次创建机器人的时候传入参数，可以通过配置文件的方式配置机器人的 Webhook 与激活状态及发送密钥等信息，一种配置文件的写法如下：

```
//ch4/4.6/config.yaml
…
informant:
   email:
      sender: 0
      password: 0
   dingding:
      trade_robot:
         web_hook: https://oapi.dingtalk.com/robot/send?access_token=xx
         secret: 0
         activated: true
```

在消息推送模块的__init__.py 文件中定义创建机器人的方法，用于返回机器人的实例，任何需要使用机器人的模块都可直接调用该方法，代码如下：

```
//ch4/4.6/__init__.py
from typing import TYPE_CHECKING
from informant.trade_robot import TradeRobot
from utils import config_loader

if TYPE_CHECKING:
```

```
    from informant.base import RobotBase


def init_robot(section: str, robot_cls: "RobotBase") -> "RobotBase":
    """读取配置文件并初始化机器人实例"""
    # 读取消息通知的配置
    config = config_loader("informant")
    # 读取机器人的配置
    robot_config = config.get("dingding", {}).get(section, {})
    # 读取 Webhook 地址
    web_hook = robot_config.get("web_hook")
    # 读取 secret
    secret = robot_config.get("secret")
    # 读取机器人的激活状态
    activated = robot_config.get("activated")
    robot = robot_cls(
        web_hook,
        secret,
        activated,
    )
    return robot


def init_trade_robot() -> "TradeRobot":
    """初始化交易机器人的实例"""
    return init_robot("trade_robot", TradeRobot)
```

钉钉消息的推送可以通过 Python API 或 Webhook 两种方式实现，相较而言 Webhook 的使用更加灵活，读者也可以自行尝试使用 API，更多钉钉机器人的使用方式可以参考其官方文档。

当交易机器人用于实盘信号推送时，在 on_stop 函数中推送最近一次的交易记录即可，代码实现方式已在 4.4 节中说明。

4.7 辅助工具模块

5min

在 4.2～4.6 节的内容中，已经介绍了基金量化系统的主体部分，本节将介绍辅助工具模块，该模块主要提供其他模块的公用方法或数据预处理等功能。辅助工具模块一共分为配置文件解析、常量、基金数据处理与日志子模块，下面将逐一介绍子模块提供的功能及代码实现。

本节介绍的系统中使用 YAML 文件作为配置文件，在 Python 中使用 PyYAML 模块进行解析。YAML 文件使用多层级键-值对的形式表示配置，使用 PyYAML 读取的配置文件在内存中以嵌套字典的形式表示，因此对于某个配置项的获取可以通过指定连续的字典键得到，使用 config_loader 方法实现以上逻辑，代码如下：

```
//ch4/4.7/__init__.py
import yaml
from .constant import CONFIG_PATH

#全局缓存
cache = {}


def config_loader(*key_list):
    """YAML 配置项获取函数"""

    def read_config():
        #先从缓存中获取已读取过的配置
        cached_config = cache.get("config")
        if cached_config:
            return cached_config
        #如果无缓存,则从文件中获取
        with open(CONFIG_PATH, "r", encoding="utf8") as f:
            config = yaml.load(f, Loader=yaml.FullLoader)
        cache["config"] = config
        return config

    config_content = read_config()

    content = None
    #以配置项名称的列表从 YAML 配置解析的字典中循环获取配置项
    for _k in key_list:
        content = config_content.get(_k)
        config_content = content
    return content
```

在读取配置文件的基础上,加入一个全局缓存可以减少读取文件造成的 IO 损耗。

在常量定义文件中,定义了数据缺失时的默认值、年交易日数、文件路径、无风险利率、手续费率等,代码如下:

```
//ch4/4.7/constant.py
from pathlib import Path

# ======================= 基金数据缺失的默认值 =========================
#如果缺失单位净值,则使用 0 填充
MISSING_UNIT_VAL = 0
…
MISSING_SAME_TYPE_RANK_RATIO = 1.01
# ============================== 时间相关常量 ==========================
#一年交易日数
ANNUAL_DAYS = 240
# ============================== 文件路径常量 ==========================
#项目根目录
ROOT_PATH = Path(__file__).parents[1]
```

```
# 配置文件路径
CONFIG_PATH = ROOT_PATH / 'config.yaml'
…
# 回测结果路径
BACKTEST_RESULT_PATH = ROOT_PATH / 'results'
# ================================ 利率常量 ================================
# 大型银行五年定期存款利率
FIXED_DEPOSIT_5Y = 0.0275
# ================================ 其他费率 ================================
# 手续费
SERVICE_CHARGE = 0.01
# ================================ 日志相关 ================================
# 日志文件夹路径
LOGS_PATH = ROOT_PATH / 'logs'
```

读者如果还有其他需要在系统中使用的全局常量，则应该在常量模块中维护。

在上文数据获取模块中以文件的形式存储了不少数据，未将其存入数据库，主要基于如下考量：①便于查看数据的情况；②便于修改数据内容，而使用文件存储也面临没有标准的数据读取方法等问题，因此在辅助工具模块中开发了文件内容处理相关方法，包括使用数据读取方法打开基金池代码文件并返回基金代码的集合、读取所有基金代码并返回集合及将两者取交集得到研究对象的合法基金代码的方法等，代码如下：

```
//ch4/4.7/data_loader.py
…
def get_fund_pool_codes(path) -> set[str]:
    """获取基金池内代码"""
    logger.info('Getting fund pool codes from %s', path)
    pool_codes = set()
    if Path(path).exists():
        with open(path, 'r', encoding='utf8') as _f:
            pool_codes = set(_f.read().splitlines())
    return pool_codes


def get_all_fund_codes(path) -> set[str]:
    """获取所有基金代码"""
    logger.info('Getting all fund codes from %s', path)
    all_fund_codes = set()
    if Path(path).exists():
        with open(str(path), 'r', encoding='utf8') as _f:
            fund_info: dict[str, dict[str, str]] = json.load(_f)
        all_fund_codes = set(fund_info.keys())
    return all_fund_codes


def get_valid_pool_codes(pool_path, all_info_path) -> set[str]:
    """获取合法的代码"""
    pool_codes = get_fund_pool_codes(pool_path)
```

```
    all_codes = get_all_fund_codes(all_info_path)
    not_valid_codes = pool_codes - all_codes
    if not_valid_codes:
        logger.warning('Codes: [ %s] in pool are not valid', pool_codes - all_codes)
return pool_codes & all_codes
…
```

日志模块的设计比较简单，支持使用名称按需分配日志句柄，并且使用一个全局的缓存字典保存已创建过的句柄。首先从缓存中尝试获取日志句柄，如果无法获取，则新建一个写入文件与控制台的句柄，代码整体是 logging 模块的应用，熟悉该模块的读者能够较快地理解如下代码：

```
//ch4/4.7/log.py
import logging
import sys
import os

from utils.constant import LOGS_PATH

Formatter = logging.Formatter(
    fmt = "%(name)s - %(asctime)s - %(filename)s - line: %(lineno)d - %(levelname)s -
%(funcName)s: %(message)s"
)

Loggers = {}


def get_logger(name: str, file_output: bool = True, console_output: bool = True):
    """获取日志句柄"""
    if name in Loggers:
        return Loggers.get(name)

    if not os.path.exists(LOGS_PATH):
        os.makedirs(LOGS_PATH)

    logger = logging.Logger(name = name, level = logging.DEBUG)

    if file_output:
        #文件日志处理器
        file_handler = logging.FileHandler(
            filename = os.path.join(LOGS_PATH, f"{name}.log"), mode = "a", encoding = "utf8"
        )
        file_handler.setFormatter(Formatter)
        logger.addHandler(file_handler)

    if console_output:
        #控制台日志处理器
        stream_handler = logging.StreamHandler(sys.stdout)
```

```
        stream_handler.setFormatter(Formatter)
        logger.addHandler(stream_handler)

    Loggers[name] = logger
    return logger


# ==============================================================
# * 爬虫相关 logger
crawlers_history_data_logger = get_logger("crawlers.history_data")
# ==============================================================
# * 文件读取相关 logger
data_loader_logger = get_logger("utils.data_loader")
# ==============================================================
# * 机器人相关 logger
dingding_logger = get_logger("utils.dingding_talk")
# ==============================================================
# * 其他 logger
general_logger = get_logger("general_log")
# ==============================================================
```

4.8 小结

本章介绍了从零设计与实现量化系统的方法,从它的架构到每部分的具体实现进行了详细介绍,系统包含数据获取与处理、数据库交互、策略编写及回测等模块。由于本书的研究对象为基金,所以本系统不包含实盘交易模块,对于其他支持程序化交易的品种,读者可以模仿回测引擎的写法开发实盘交易模块。

本书后面几章的内容将在本章介绍的量化系统的基础上进行策略代码开发与应用。

第5章 基金交易策略

CHAPTER 5

完成量化系统搭建后，在4.4节中介绍的策略基类PortfolioStrategy的基础上扩展策略子类实现具体策略逻辑即可。本章将以基础的单基金策略为例讲解策略编写的方法、执行过程与回测结果评估，由浅入深地讲解更为复杂策略的编写与执行。

6min

5.1 买入并持有策略

下面以最简单的策略讲解子类的编写方法，策略逻辑十分简单，即"买入并持有"：在收到基金行情的第1天即全仓买入该基金，并持有到最后一天。

由于此策略不需要对行情进行任何判断，所以在策略的初始化回调和启动回调中无须执行任何逻辑。对于策略执行的初步想法为在收到基金数据时获取该基金代码并判断当前仓位，如果当前有持仓，则不进行操作，否则满仓买入。在策略基类中，已经对持仓信息和可用资金进行了维护，因此容易根据基类中的pos_symbols和available_capital变量判断当前持仓和可用资金的情况，在收到基金数据回调函数中使用buy方法完成基金的买入即可，完整的策略代码如下：

```
//ch5/5.1/buy_and_hold_strategy.py
from typing import Dict

# pylint: disable = import - error
from strategies.base import PortfolioStrategy
from utils.object import FundData


class BuyAndHoldStrategy(PortfolioStrategy):
    """买入并持有策略"""

    author = "ouyangpengcheng"

    def on_init(self) -> None:
        """策略初始化回调"""
```

```
    def on_start(self) -> None:
        """策略启动回调"""

    def on_stop(self) -> None:
        """策略停止回调"""
        self.send_latest_data()

    def on_fund_data(self, fund_data: Dict[str, FundData]) -> None:
        """收到基金数据回调"""
        super().on_fund_data(fund_data)
        symbol = list(fund_data.keys())[0]

        if not self.pos_symbols:
            #如果没有持仓就买入
            if self.available_capital > 0:
                #全仓买入
                amount = self.available_capital
                self.buy(symbol, amount)
```

基于第 4 章回测引擎的使用方法，不难理解如下所示的策略回测代码：

```
//ch5/5.1/main_cmd.py
from datetime import datetime
from engine.backtesting import Engine
from strategies import BuyAndHoldStrategy

from utils.constant import FUND_INFO_JSON_PATH, FUND_POOL_TXT_PATH, SERVICE_CHARGE
from utils.data_loader import get_valid_pool_codes

#资金总量
CAPITAL = 10000
#策略研究的基金对象代码
symbols = ["000001"]
#基金申购赎回的手续费率
rates = {"000001": SERVICE_CHARGE}

#初始化回测引擎
engine = Engine(
    strategy_cls = BuyAndHoldStrategy,
    symbols = symbols,
    start = datetime(2001, 1, 1),
    end = datetime(2023, 8, 31),
    rates = rates,
    capital = CAPITAL,
)

#1. 运行回测
engine.run_backtesting()
#2. 计算回测指标
```

```
engine.calculate_statistics()
#3. 保存并展示 QuantStats 的回测结果
engine.save_result()
```

执行如上所示的回测代码，可以得到如图 5-1 所示的回测收益结果。

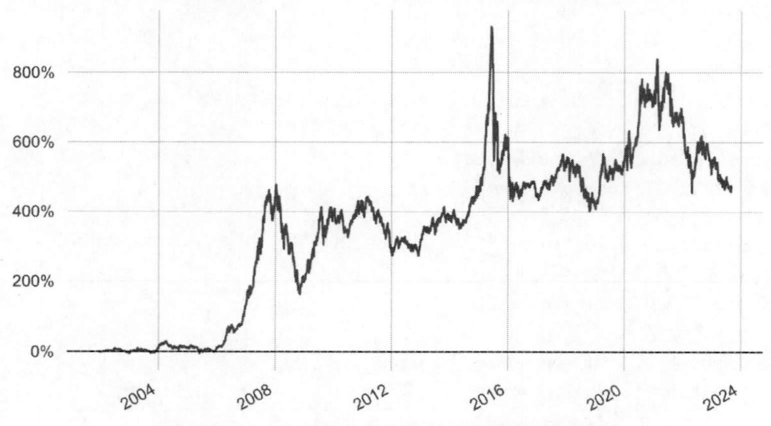

图 5-1 "买入并持有"策略的回测收益结果

从图 5-1 中可以看出，在回测的过程中，累计收益率最高达到 800%多，在回测结束时回落到 400%多，年化收益率在 5.7%左右，夏普比率为 0.37。回测结果中还会展示年终收益率(EOY Returns)，表示每年获得的收益率，如图 5-2 所示。

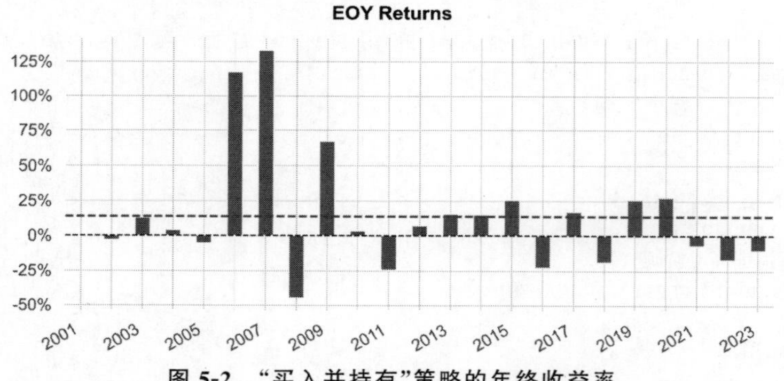

图 5-2 "买入并持有"策略的年终收益率

从图 5-2 中可以看到，策略在 2006—2007 年的收益表现很好，基本实现了资产的翻倍，而在接下来的 2008 年收益率约为－50%，由于年终收益率表示每年年终相较于年初资产的收益率，2008 年获得的－50%收益率相当于回吐了 2007 年的全年收益。在累计收益率曲线上同样可以观察到回撤的情况，QuantStats 会绘制回测过程中最严重的 5 次回撤时间段，如图 5-3 所示。

从图 5-3 中的回撤情况可以看出回撤的深度与广度：从纵轴资产曲线的下降情况可以看出回撤的深度，而从横轴时间跨度能够看出本次回撤的持续性。QuantStats 会以月作为时间单位展示每个月的收益情况热力图，如图 5-4 所示。

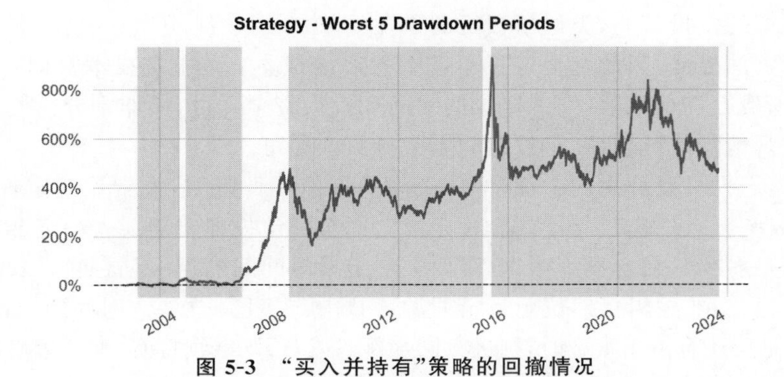

图 5-3 “买入并持有”策略的回撤情况

Strategy - Monthly Returns (%)

2001	0.00	0.00	0.00	0.00	0.00	0.00	0.00	0.00	0.00	0.00	0.00	-0.99
2002	0.20	1.10	0.99	2.25	-1.82	7.13	-2.61	0.48	-2.86	-2.94	-1.41	-3.18
2003	6.88	0.40	0.89	0.68	2.23	-4.49	1.34	-3.25	-3.56	1.74	2.03	8.27
2004	8.12	4.38	2.83	-6.08	-1.69	-5.65	1.67	-1.74	4.93	-2.07	0.96	-0.83
2005	-2.07	3.93	-4.46	1.83	-9.87	2.10	0.98	2.04	0.53	-3.03	-2.70	6.32
2006	7.20	1.56	4.98	17.30	17.00	2.08	-5.83	1.81	6.52	0.99	14.89	14.73
2007	11.58	3.69	5.38	22.66	12.27	0.50	15.56	15.85	3.87	0.81	-12.75	13.03
2008	-6.22	0.62	-11.74	-0.35	-3.04	-11.14	1.97	-10.93	-5.96	-18.81	8.51	2.72
2009	7.00	0.99	13.74	6.82	3.63	10.60	12.90	-20.60	6.92	8.01	7.28	0.14

图 5-4 “买入并持有”策略的月收益率热力图

从月收益率热力图能够以更精细的角度观察收益情况，从图 5-4 同样可以看出，在2006—2007 年间一个月可以获得 10%以上甚至 20%的收益，而 2008 年在大部分月份出现了亏损。

本节从最简单的“买入并持有”策略入手完成策略编写基础方法的讲解，实际的策略并不会使用如此简单的逻辑，读者应通过本节讲解的策略编写方法理解策略的运行过程与策略的执行方法。

5.2 定投策略

定投即定期投资，定投策略在基金投资中十分常用，而定期投资可以根据投资份额、投资金额分为不同的策略，众多投资者从资料中了解到定投是一种“懒人理财法”，然而这种方法究竟能够带来多少收益，使用何种具体的策略可以获取多少收益，很多资料都缺乏量化的说明，本节通过编写定投策略的代码为读者呈现直观的定投策略评价。

在生活中很多读者参与过基金的定投，国家建立的养老保险基金实际上就是定投的一种应用，每个月从个人工资中拿出一部分存入养老保险基金，在退休时支取养老金。相当于一个以月为频率的定投策略,类似于银行的零存整取。

基金的投资门槛低,因此基金定投不需要太高的成本;由于定投本身固定了投资的时机,投资者无须费心进行择时,到了定投的时间点投入资金即可,操作十分简便,同时定期投资也避免了主观情绪的影响,在定投时间点坚持买入即可。

通常来讲,定投可以分为同金额、同份额与同价值 3 种策略,最常见的定投方法是同金额定投,大多数基金软件也仅支持同金额定投。同金额定投即定期买入一定金额的基金,无论当前的净值是多少。在定投策略中,需要关心定投时间间隔(买入周期),因此策略中需要指定该变量的值,主要逻辑仍然位于行情回调函数中:当上一次买入时间到今日的时长大于时间间隔并且手头还有可用资金时,则进行同金额买入,否则继续持有,整体策略逻辑如下:

```
//ch5/5.2/automatic_invest_strategy_same_amount.py
class AutomaticInvestStrategy(PortfolioStrategy):
    """定投策略"""

    author = "ouyangpengcheng"

    #持有周期
    holding_period = 120
    #定投金额
    automatic_invest_amount = 250

    parameters = ["holding_period"]

    def __init__(self) -> None:
        """构造函数"""
        super().__init__()
        #持有日期
        self.holding_days = 0
    …
    def on_fund_data(self, fund_data: Dict[str, FundData]) -> None:
        """收到行情回调"""
        super().on_fund_data(fund_data)
        symbol = list(fund_data.keys())[0]

        #从最近一次买入到今日如果大于持有时长,则需要买入
        if self.holding_days >= self.holding_period:
            if self.available_capital > 0:
                #买入定投的金额
                amount = min(
                    self.available_capital,
                    self.automatic_invest_amount
                )
                self.buy(symbol, amount)
                #如果有买入行为,则重置持仓时长
                self.holding_days = 0

        self.holding_days += 1
```

策略中每半年(120天)买入一次基金,以同金额定投基金000001为例,得到回测的结果如图5-5所示。

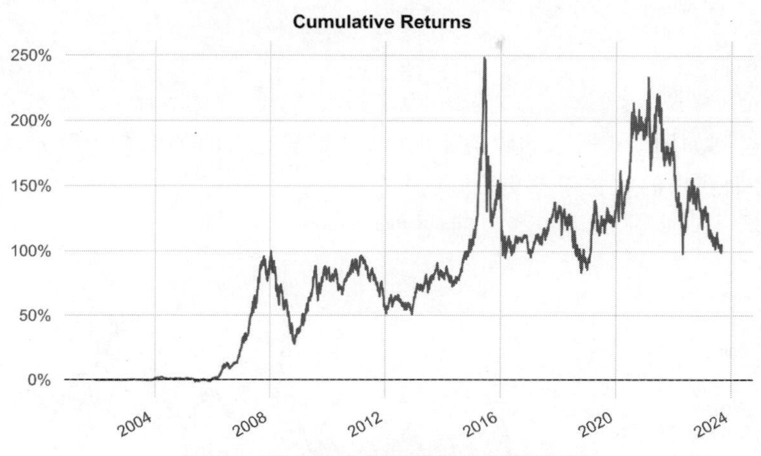

图5-5 同金额定投策略的收益率曲线

相比于图5-1所示的"买入并持有"的收益率曲线,图5-5所示的收益率曲线走势类似,但是收益率更低,这是因为定投每次买入金额较低,在投资的过程中获取的收益也较低。

从图5-5可以看出该基金在大多数时间呈上涨趋势,而在上涨中不断买入会导致成本不断变高,也会造成最终收益较低,由此可以改进原来的定投策略:在最新净值低于持仓成本的时候才买入,用于降低持仓成本。

策略基类维护了持仓信息,包括每个持仓标的平均价格与份额等信息,因此很容易判断最新净值与持仓均价的关系,只需在买入之前增加一次判断逻辑,代码如下:

```
//ch5/5.2/automatic_invest_strategy_same_amount_adj1.py
…
def on_fund_data(self, fund_data: Dict[str, FundData]) -> None:
    """收到行情回调"""
    super().on_fund_data(fund_data)
    symbol = list(fund_data.keys())[0]

    #从最近一次买入到今日如果大于持有时长,则需要买入
    if self.holding_days >= self.holding_period:
        if self.available_capital > 0:
            #最新的净值
            latest_av = self.symbol_latest_adjust_val(symbol)
            #持仓均价
            pos_price = self.pos_symbol_info[symbol].get(self.price_key)
            if pos_price is None or latest_av < pos_price:
                #只有当前净值小于持仓价格才买入
                #买入定投的金额
                amount = min(
                        self.available_capital,
                        self.automatic_invest_amount
```

```
        )
            self.buy(symbol, amount)
            #如果有买入行为,则重置持仓时长
            self.holding_days = 0

    self.holding_days += 1
```

运行策略得到如图 5-6 所示的收益率曲线,结果与上文的预想有所差异,同样收益率曲线走势类似,然而获得的收益率却更低。

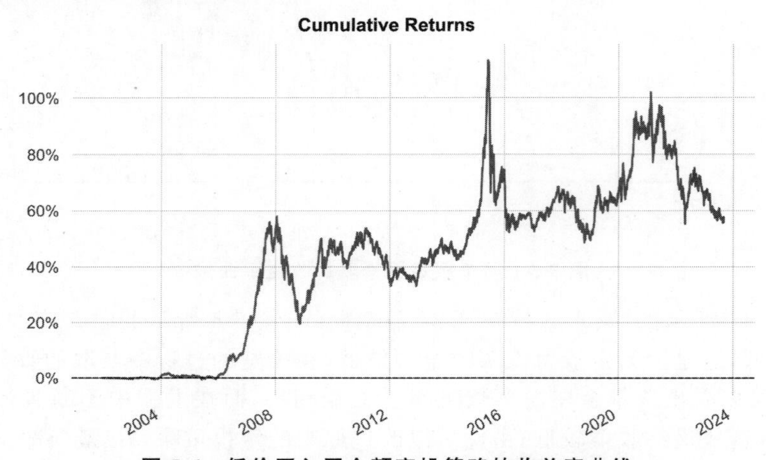

图 5-6 低价买入同金额定投策略的收益率曲线

通过对回测中的买入记录分析可以知道,在 2006—2007 年由于净值增长较快,而之前买入的持仓均价较低,所以在 2007 年之后净值没有小于持仓成本的时间,在 2007 年之后没有继续买入基金。相当于在回测过程中只在 2007 年以前执行每半年的同金额买入操作,在 2007 年以后则一直持有到回测结束,这样进一步减小了资金使用率,也导致了收益降低。

在净值小于持仓均价的情况下进行买入的策略保持了每半年买入一次的逻辑,实际上“净值小于持仓均价”这一条件充当了买入的过滤器,可以保证持仓均价不会升高(至少不会升高过快,因为对于买入的净值预测不一定准确),因此可以减小买入的时间间隔,本书采取了极端值,即减小买入时间间隔为 1,可以得到如图 5-7 所示的收益率曲线。

相较于图 5-6,图 5-7 所示的收益率曲线走势类似,然而通过观察纵轴可以发现,其大幅提升了收益率,验证了上文提出的想法。

对于买入时机的过滤相当于提高了买入带来的收益率,而通过观察图 5-7 可以发现在回测过程中常常获得高额收益后由于没有卖出,所以遭受了重大的回撤,可以继续在卖出的时机进行改进,如当前净值超过持仓净值一定比例后卖出基金,如下代码展示了基金的卖出逻辑:

```
//ch5/5.2/automatic_invest_strategy_same_amount_adj3.py
class AutomaticInvestStrategy(PortfolioStrategy):
    """定投策略"""
```

```
    author = "ouyangpengcheng"
    …
    def clear_pos(self):
        """清仓"""
        for _symbol in self.pos_symbol_info:
            self.sell(
                _symbol, abs(self.pos_symbol_info.get(_symbol, {}).get(self.volume_key))
            )

    def on_fund_data(self, fund_data: Dict[str, FundData]) -> None:
        """收到行情回调"""
        super().on_fund_data(fund_data)
        symbol = list(fund_data.keys())[0]

        #从最近一次买入到今日如果大于持有时长,则需要买入
        if self.holding_days >= self.holding_period:
            if self.available_capital > 0:
                #最新的净值
                latest_av = self.symbol_latest_adjust_val(symbol)
                #持仓均价
                pos_price = self.pos_symbol_info[symbol].get(self.price_key)
                if pos_price is None or latest_av < pos_price:
                    #只有当前净值小于持仓价格才买入
                    #买入定投的金额
                    amount = min(self.available_capital, self.automatic_invest_amount)
                    self.buy(symbol, amount)
                    #如果有买入行为,则重置持仓时长
                    self.holding_days = 0
                elif pos_price is not None and latest_av >= pos_price * 10:
                    #如果产生了一定盈利,则全部卖出
                    self.clear_pos()
                    self.holding_days = 0

        self.holding_days += 1
```

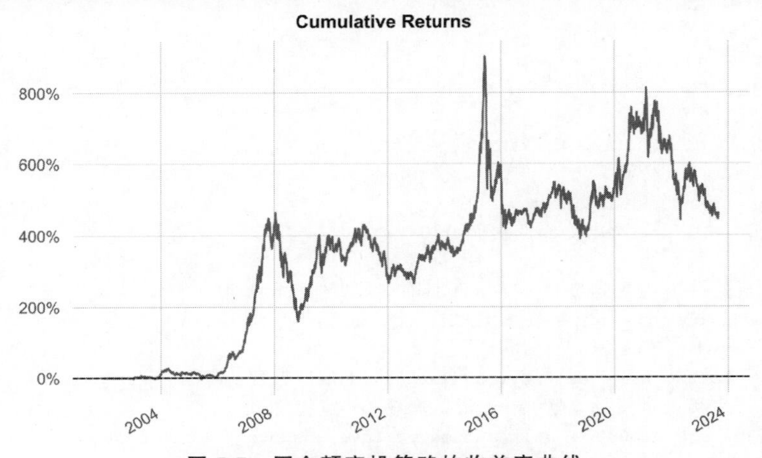

图 5-7 同金额定投策略的收益率曲线

加入卖出逻辑后，运行回测可以得到如图 5-8 所示的收益率曲线，从图中可以看出相比之前的收益率曲线波动更小，说明加入的基金卖出逻辑生效，然而回测周期内获得的收益降低了，因此基金的收益率阈值需要仔细研究并确定合适的取值。

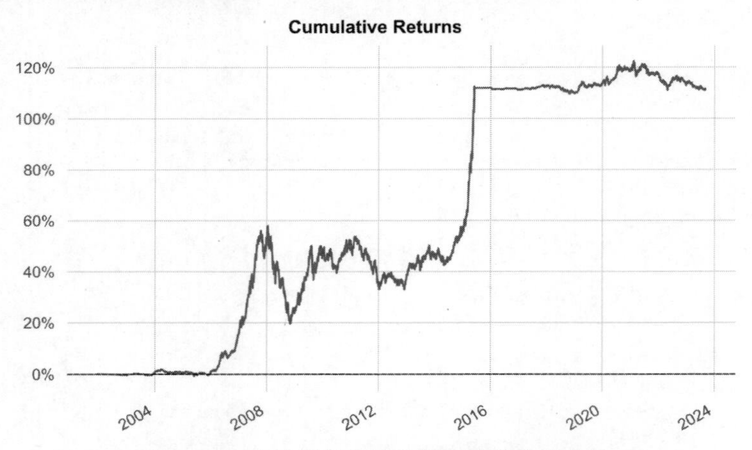

图 5-8 加入卖出逻辑的定投策略收益率曲线

除了同金额定投策略以外，还有同份额定投策略，即每隔一定时间买入相同份额的基金，但是基金的申购最终是以金额进行计算的，无法直接以确定的份额进行认购，因此以前一天的净值乘以定投份额得到申购的金额，总体来讲在标准的同金额定投策略的代码的基础上进行较小改动即可得到同份额定投策略，代码如下：

```
//ch5/5.2/automatic_invest_strategy_same_share.py
class AutomaticInvestStrategy(PortfolioStrategy):
    """定投策略"""

    author = "ouyangpengcheng"

    #持有周期
    holding_period = 120
    #定投份额
    automatic_invest_share = 50
    …
    def on_fund_data(self, fund_data: Dict[str, FundData]) -> None:
        """收到行情回调"""
        super().on_fund_data(fund_data)
        symbol = list(fund_data.keys())[0]

        #从最近一次买入到今日如果大于持有时长,则需要买入
        if self.holding_days >= self.holding_period:
            if self.available_capital > 0:
                latest_av = self.symbol_latest_adjust_val(symbol)
                #买入定投的金额 = 最近的净值 * 定投份额
                share_amount = self.automatic_invest_share * latest_av
                amount = min(self.available_capital, share_amount)
```

```
            self.buy(symbol, amount)
            #如果有买入行为,则重置持仓时长
            self.holding_days = 0

        self.holding_days += 1
```

回测后可以得到如图 5-9 所示的结果，对比图 5-5 所示的同金额定投收益率，图 5-9 所示的收益更低，因为同份额定投在净值低时投入的金额低，而在净值高时投入的金额高，是一种会快速提高持仓成本的做法，因此相较于同金额定投策略，它的表现会更差。

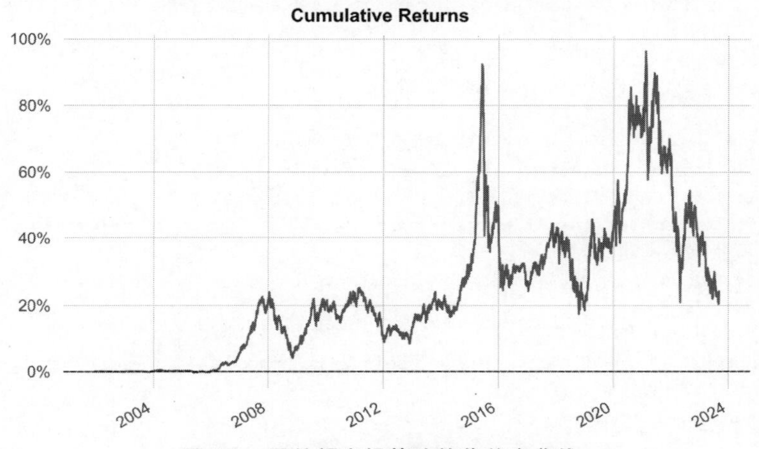

图 5-9 同份额定投策略的收益率曲线

一个更加合理的投资策略应该是：在净值较低时买入更多，用于降低持仓成本，而在净值较高时应轻仓买入甚至获利减仓，这个思想正好与同份额定投策略相反，恰恰也对应了另一种定投策略：同价值定投策略。

同金额定投策略与同份额定投策略的研究对象都是每次买入的金额或者份额，而同价值定投策略的研究对象是每次购买完成后手中基金的价值。例如首次申购 100 元的基金，由于市场的波动造成持仓的价值减少到 50 元，那么在第 2 次则应该申购 150 元的基金，这样才能保证持仓价值为 200 元，而由于市场波动造成持仓价值增加到 280 元，则第 3 次申购的金额为 20 元，保证持仓的价值为 300 元。从以上描述可以知道同价值定投策略是一种在行情上涨时轻仓买入而在下跌时加仓买入的策略，带有天然的择时能力。

同价值定投策略需要计算持仓价值，使用持仓的份额乘以前一天的净值(准确来讲应该乘以当天的净值，但是其无法在盘中获得)得到，再计算实际持仓价值与今日应达到的持仓价值之差，即本次应买入的金额。由于买入间隔时间较长造成净值增长较多，所以造成实际持仓价值已经超过应达到的持仓价值，此时以阶梯的形式继续累加直到应达到的持仓价值刚好超过实际持仓价值，逻辑代码如下：

```
//ch5/5.2/automatic_invest_strategy_same_value.py
class AutomaticInvestStrategy(PortfolioStrategy):
    """定投策略"""
```

```
    author = "ouyangpengcheng"

    #持有周期
    holding_period = 120
    #计算开仓金额的次数
    calc_times = 0
    #第1次买入的金额
    first_buy_amount = 250
    …
    def on_fund_data(self, fund_data: Dict[str, FundData]) -> None:
        """收到行情回调"""
        super().on_fund_data(fund_data)
        symbol = list(fund_data.keys())[0]

        #从最近一次买入到今日如果大于持有时长,则需要买入
        if self.holding_days >= self.holding_period:
            latest_av = self.symbol_latest_adjust_val(symbol)
            symbol_volume = self.pos_symbol_info[symbol].get(self.volume_key, 0)
            #计算持仓价值
            pos_value = symbol_volume * latest_av

            #本次投资结束应有的持仓价值
            automatic_invest_cum_value = (self.calc_times + 1) * self.first_buy_amount
            #本次应投资的金额
            amount = automatic_invest_cum_value - pos_value

            #保证每次买入的金额大于0
            while amount <= 0:
                self.calc_times += 1
                automatic_invest_cum_value = (
                    self.calc_times + 1
                ) * self.first_buy_amount
                amount = automatic_invest_cum_value - pos_value

            if self.available_capital > 0:
                amount = min(amount, self.available_capital)
                self.buy(symbol, amount)

                self.calc_times += 1
                #如果有买入行为,则重置持仓时长
                self.holding_days = 0

        self.holding_days += 1
```

回测得到如图5-10所示的收益率曲线,相比于图5-5和图5-9可以发现,同价值定投策略可以获得更高的收益,得益于同价值定投策略带有的择时能力。

定投策略作为一种简单有效的交易策略,读者应了解其交易思想并且熟悉代码的编写方法。实际使用的交易软件通常支持以同金额的形式执行定投,有的支持价值被低估时增加定投的金额,这种思想实际上与同价值定投较为类似,都有降低持仓成本的效果。

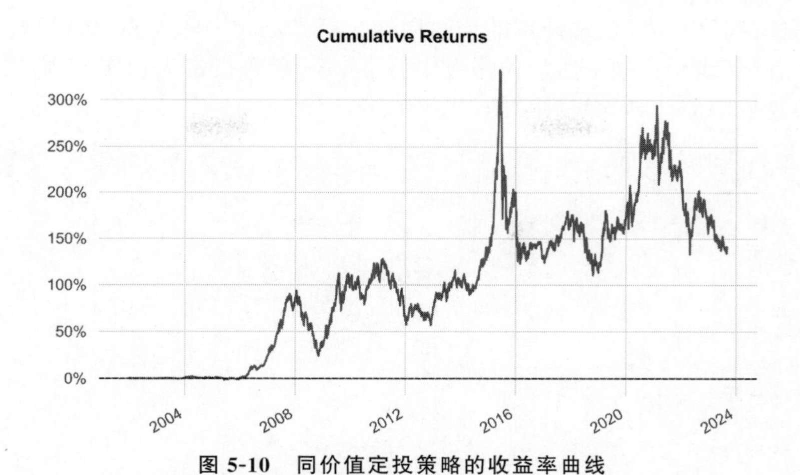

图 5-10 同价值定投策略的收益率曲线

本节介绍的同份额与同价值定投策略都以最基础的同金额定投策略改写而来，读者可以使用类似的方法对其进行改进并评估回测表现。

5.3 双均线策略

计算时间序列的均线可以起到捕捉主要趋势、忽略短期波动的作用。一般使用移动平均线 MA(t)作为时间序列的均线计算基准，MA(t)表示计算过去长度为 t 的时间序列的平均值，计算方法如式(5-1)所示。

$$\mathrm{MA}(t)=\frac{1}{t}\sum_{i=T-t+1}^{T}x_i \tag{5-1}$$

式(5-1)中，T 表示序列$\{x_i \mid x\in[1,T]\}$的总长度。由于进行了均值计算，当数据出现异常波动时，其对均线的影响程度会比原序列更小，均线起到了减小波动的作用。计算式(5-1)所示均值的代码如下：

```
//ch5/5.3/explore/ma.py
def ma(data, period):
    """计算均线"""
    sma = []
    for i in range(len(data)):
        if i < period:
            #当当前下标小于窗口长度时，均值为 NaN
            sma.append(np.NaN)
        else:
            #计算均值
            sma.append(np.mean(data[i - period : i]))
    return sma
```

对于金融时间序列来讲，常使用的均线周期包括 20 日（月线）、60 日（季线）、120 日（半年线）和 240 日（年线），在如上所示的函数中将 period 参数指定为相应的周期即可，使用基金 000001 的复权净值计算均线并绘图，代码如下：

```
//ch5/5.3/explore/ma.py
file_name = "000001.csv"
content = pd.read_csv(file_name)
#获取复权净值
adjust_val = content["adjust_val"]
…
#绘制复权净值走势
plt.plot(adjust_val, label = "adjust_val")
#绘制月线均值
plt.plot(ma(adjust_val, 20), label = "ma20")
#绘制季线均值
plt.plot(ma(adjust_val, 60), label = "ma60")
#绘制半年线均值
plt.plot(ma(adjust_val, 120), label = "ma120")
#绘制年线均值
plt.plot(ma(adjust_val, 240), label = "ma240")

plt.legend()
plt.show()
```

运行绘图代码可以得到如图 5-11 所示的图像。

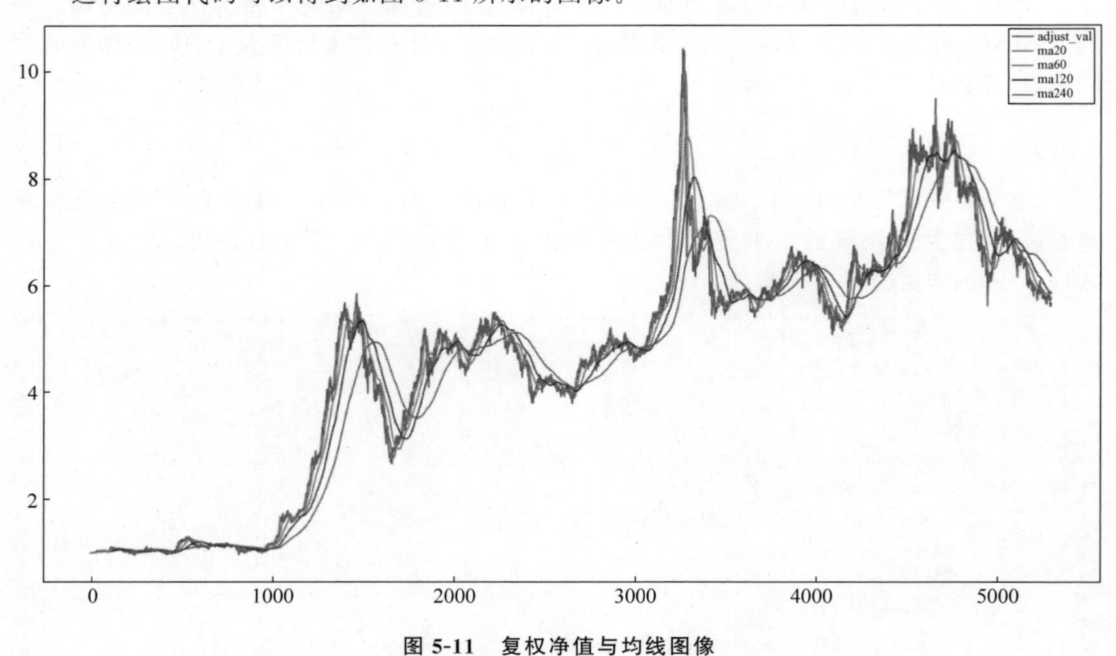

图 5-11　复权净值与均线图像

从图 5-11 可以看出，随着均线周期的增大，均线逐渐平滑（从 20 日均线与 240 日均线对比更加显著），同时随着周期的增大，均线呈现出的滞后性也越强，即表示的走势特征时间长度越长（从不同均线呈现的极值可以看出），因此短周期均线表示短时间内的走势特征，而长周期均线表示的是长时间内的走势特征，双均线策略基于此进行买入与卖出：当短期均线从下向上穿过长期均线时，说明短时间内的上涨走势强于长时间的上涨走势，因此在交叉的时候应该买入基金，这种均线交叉情形被称作“金叉”，而短期均线从上向下穿过长期均线时，说明短时间内的下跌趋势强于长时间的下跌趋势，则此时应该卖出，这种情形被称作“死叉”。

移动平均值的计算逻辑在 TA-Lib 中已经有现成的实现，使用 SMA 方法即可完成式(5-1)的计算，函数接收名为 timeperiod 的参数表示均值计算的周期。

通过在策略收到行情回调函数中实现“金叉”时买入并持有到“死叉”卖出，代码如下：

```
//ch5/5.3/double_ma_strategy.py
class DoubleMaStrategy(PortfolioStrategy):
    """双均线策略"""

    author = "ouyangpengcheng"

    #快线周期
    fast_period = 20
    #慢线周期
    slow_period = 120

    parameters = ["fast_period", "slow_period"]

    def __init__(self) -> None:
        super().__init__()
        #定义预取数据的天数
        self.prefetch_days = max(self.fast_period, self.slow_period) + 1
        #基类中回看天数为默认一年，当预取天数大于默认值时，需要修改为较大值
        self.look_back_size = self.prefetch_days

    def on_init(self) -> None:
        """策略初始化回调"""
        self.prefetch_data(self.prefetch_days)

    def on_start(self) -> None:
        """策略启动回调"""

    def on_stop(self) -> None:
        """策略停止回调"""
        self.send_latest_data()

    def clear_pos(self):
        """清仓"""
        for _symbol in self.pos_symbol_info:
```

```
            self.sell(
                _symbol, abs(
                    self.pos_symbol_info.get(_symbol, {})
                    .get(self.volume_key))
            )

    def on_fund_data(self, fund_data: Dict[str, FundData]) -> None:
        """收到行情回调"""
        super().on_fund_data(fund_data)
        if self.ready:
            symbol = list(fund_data.keys())[0]

            #获取历史复权净值
            symbol_adjust_vals = np.asarray(
                    self.symbol_history_adjust_vals(symbol)
        )

            if len(symbol_adjust_vals) >= self.prefetch_days:
                #当复权净值数据量大于预取数据量时，计算均线值
                fast_av = talib.SMA(symbol_adjust_vals, self.fast_period)
                slow_av = talib.SMA(symbol_adjust_vals, self.slow_period)

                fast_0, fast_1 = fast_av[-2], fast_av[-1]
                slow_0, slow_1 = slow_av[-2], slow_av[-1]

                #金叉
                if fast_0 < slow_0 and fast_1 > slow_1:
                    amount = self.available_capital
                    if amount > 0:
                        self.buy(symbol, amount)
                #死叉
                if fast_0 > slow_0 and fast_1 < slow_1:
                    self.clear_pos()
```

使用上述代码中的参数(短周期为20,长周期为120)执行回测,可以得到如图5-12所示的收益率曲线。

从图5-12可以看出,在曲线部分时间以水平的形式呈现,说明此时未有任何持仓,并且这种情形在收益率减小的时候发生,说明触发了策略中的“死叉”执行逻辑,顺利地完成了离场操作。

将策略中的均线计算周期修改为20和60可以得到如图5-13所示的回测结果。

相比于图5-12所示的结果,将均线周期减小后的策略表现更差,因为当均线周期减小时,策略会受到更多的短期波动影响而频繁地进行买入和卖出操作,一方面频繁地进行操作容易产生假信号,从而导致错误的持仓操作,另一方面频繁地进行操作也会增加手续费的支出,从而进一步降低收益率。

将均线计算周期分别修改为120与240,再次进行回测可以得到如图5-14所示的回测结果。

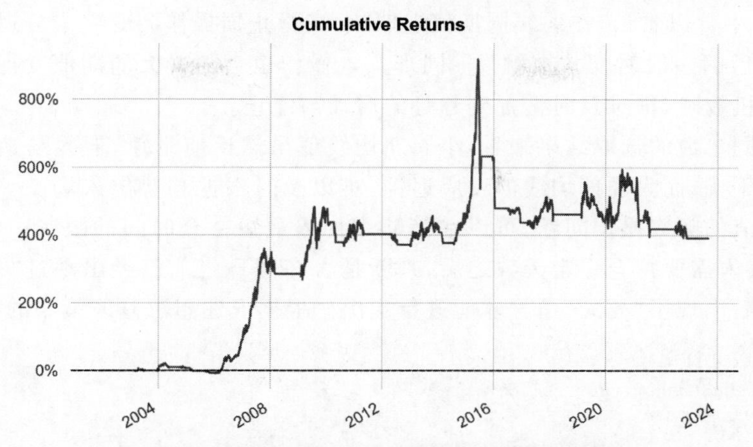

图 5-12 周期为 20/120 的双均线策略收益率曲线

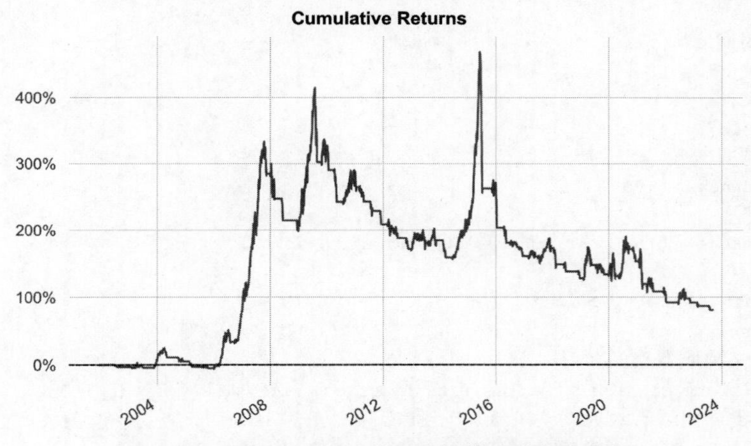

图 5-13 周期为 20/60 的双均线策略收益率曲线

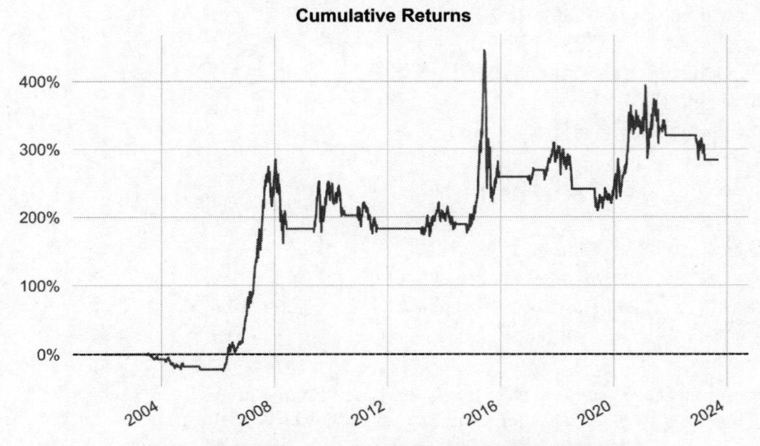

图 5-14 周期为 120/240 的双均线策略收益率曲线

从图 5-14 中可以看出，在均线周期值选取较大时，止损操作会变得十分迟钝，常常在一次较大回撤之后的一段时间才被触发；同理买入操作也会随着大周期值变得迟钝，导致买入与卖出的时机较晚，很难及时捕捉到趋势的启动与停止。

从上面不同参数的选取结果来看，小周期均线值虽然反应迅速，但容易造成频繁操作，受虚假信号的干扰，而大周期均线值反应迟钝，难以及时根据趋势出入场。一种思路是，为了改善小周期值的频繁操作问题，可以在策略中加入最短持仓时间的限制：当根据"金叉"买入后，本次买入需要持仓一定天数之后，判断是否在当日之前已经出现过"死叉"信号，或在持仓天数过后出现了"死叉"信号才能进行卖出。根据上述想法修改策略的代码如下：

```
//ch5/5.3/double_ma_strategy_adj.py
class DoubleMaStrategy(PortfolioStrategy):
    """双均线策略"""

    author = "ouyangpengcheng"

    #快线周期
    fast_period = 20
    #慢线周期
    slow_period = 120
    #最短持有天数
    min_hold_days = 90

    parameters = ["fast_period", "slow_period", "min_hold_days"]

    def __init__(self) -> None:
        super().__init__()
        #定义预取数据的天数
        self.prefetch_days = max(self.fast_period, self.slow_period) + 1
        #基类中回看天数为默认一年，当预取天数大于默认值时，需要修改为较大值
        self.look_back_size = self.prefetch_days
        #持有天数
        self.holding_days = 0
    …
    def on_fund_data(self, fund_data: Dict[str, FundData]) -> None:
        """收到行情回调"""
        super().on_fund_data(fund_data)
        if self.ready:
            symbol = list(fund_data.keys())[0]

            #获取历史复权净值
            symbol_adjust_vals = np.asarray(
                        self.symbol_history_adjust_vals(symbol)
                )

            if len(symbol_adjust_vals) >= self.prefetch_days:
                #当复权净值数据量大于预取数据量时，计算均线值
                fast_av = talib.SMA(symbol_adjust_vals, self.fast_period)
```

```
        slow_av = talib.SMA(symbol_adjust_vals, self.slow_period)

        fast_0, fast_1 = fast_av[-2], fast_av[-1]
        slow_0, slow_1 = slow_av[-2], slow_av[-1]

        #有持仓且还没有到最小持仓时间
        if self.pos_symbols and \
                self.holding_days <= self.min_hold_days:
            self.holding_days += 1
            return

        #金叉
        if fast_0 < slow_0 and fast_1 > slow_1:
            amount = self.available_capital
            if amount > 0:
                self.buy(symbol, amount)
                #重置持有天数
                self.holding_days = 0
        #卖出的条件(死叉或到持有期限之前就已经出现死叉)
        if fast_1 < slow_1:
            self.clear_pos()
```

使用上述策略代码进行回测可以得到如图 5-15 所示的回测结果，相较于图 5-12 所示的结果，加入持仓最短时间限制之后获得了更高的收益，同时从收益情况来看，加入最短市场时间限制的策略没有影响正常的止损操作。当然在最短持仓时间内可能会损失部分买入的机会，但是当到达最短持仓时间后，策略仍然能够以较高的灵敏度捕捉到上涨趋势而买入基金。

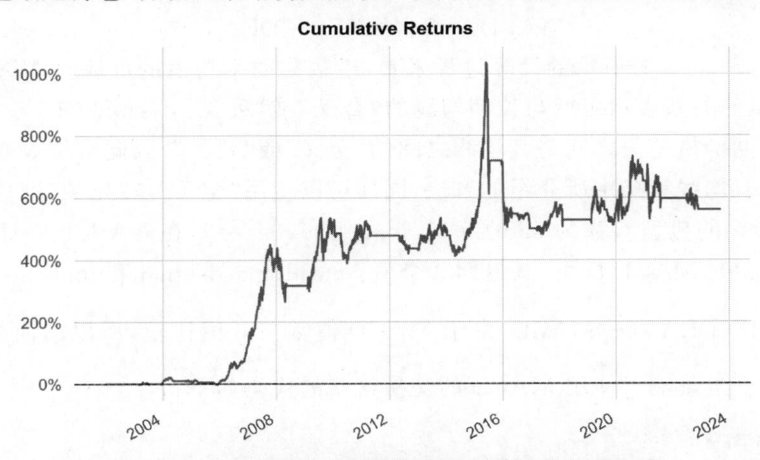

图 5-15 加入持有期限限制的双均线策略收益率曲线

双均线策略思想十分简单，有时是一种“大道至简”的方法，但是对于其参数的选取往往十分困难，读者需要根据自身的投资经验或数理分析选取合适的均线周期。在最简单的双均线的基础上进行改进通常也能获得意想不到的效果，读者应该在理解双均线策略思想的基础上根据参数选取的优缺点进行改进。

5.4 MACD 策略

指数平滑异同平均线(Moving Average Convergence and Divergence,MACD)的核心思想是计算一对长短周期的指数移动平均线 EMA^{short} 与 EMA^{long} 和两者差值的指数移动平均线,然后计算长短周期指数移动平均线的差值的变化关系作为 MACD 值。MACD 的思想与 5.3 节中介绍的双均线策略有一定相似之处,相比之下 MACD 的计算方法更加复杂,并且衡量的是长短周期均线差值的变化情况。首先计算不同长短周期的指数移动平均线,如式(5-2)所示。

$$\begin{aligned} EMA_i^{short} &= EMA_{i-1}^{short} \times \frac{short-1}{short+1} + x_i \times \frac{2}{short+1} \\ EMA_i^{long} &= EMA_{i-1}^{long} \times \frac{long-1}{long+1} + x_i \times \frac{2}{long+1} \end{aligned} \tag{5-2}$$

式(5-2)中,short 和 long 分别为长短周期的值,x_i 为序列中第 i 个元素,接着计算两条指数移动平均线的离差值 DIF:

$$DIF_i = EMA_i^{short} - EMA_i^{long} \tag{5-3}$$

使用式(5-4)计算离差值 DIF 的指数移动平均,其中 dea 为计算周期:

$$DEA_i = DEA_{i-1} \times \frac{dea-1}{dea+1} + DIF_i \times \frac{2}{dea+1} \tag{5-4}$$

最后,MACD 的计算方法为 DIF 与 DEA 之间的离差值的两倍,使用式(5-5)计算:

$$MACD_i = 2 \times (DIF_i - DEA_i) \tag{5-5}$$

从式(5-2)~式(5-5)所示的计算过程来看,指数移动平均值的计算是 MACD 指标的核心,DIF 与 0 值的关系表示短期与长期均线的“金叉”或“死叉”,而 MACD 与 0 值的关系则表示价格长短期价格差值之间与其均线之间的“金叉”或“死叉”,因此对于 MACD 指标值的运用可以类似双均线策略中所介绍的方法,同样可以使用“金叉”与“死叉”进行交易。

MACD 指标的典型参数为 short=12,long=26,dea=9,在 TA-Lib 中计算 MACD 十分简单,使用 talib.MACD 即可,其返回 3 个值:macd、macdsignal 和 macdhist,分别对应上文中提到的 DIF、DEA 和 $\frac{1}{2}$MACD,由于 MACD 值常与 0 值比较,所以前面的常数项对趋势的判断不会产生影响。使用 MACD 的交易策略的代码如下:

```
//ch5/5.4/macd_strategy.py
class MacdStrategy(PortfolioStrategy):
    """MACD 策略"""

    author = "ouyangpengcheng"

    #快线周期
    short_term = 12
```

```
    # 慢线周期
    long_term = 26
    # MACD 周期
    macd_term = 9

    parameters = ["short_term", "long_term", "macd_term"]

    def __init__(self) -> None:
        super().__init__()
        # 定义预取数据的天数
        self.prefetch_days = max(self.short_term, self.long_term, self.macd_term) + 10
        # 基类中回看天数为默认一年，当预取天数大于默认值时，需要修改为较大值
        self.look_back_size = self.prefetch_days

    def on_init(self) -> None:
        """策略初始化回调"""
        self.prefetch_data(self.prefetch_days)

    def on_start(self) -> None:
        """策略启动回调"""

    def on_stop(self) -> None:
        """策略停止回调"""
        self.send_latest_data()

    def clear_pos(self):
        """清仓"""
        for _symbol in self.pos_symbol_info:
            self.sell(
                _symbol,
                abs(
                        self.pos_symbol_info.get(_symbol, {})
                        .get(self.volume_key)
                )
            )

    def on_fund_data(self, fund_data: Dict[str, FundData]) -> None:
        """收到行情回调"""
        super().on_fund_data(fund_data)
        if self.ready:
            symbol = list(fund_data.keys())[0]

            # 获取历史复权净值
            symbol_adjust_vals = np.asarray(
                        self.symbol_history_adjust_vals(symbol)
        )

            if len(symbol_adjust_vals) >= self.prefetch_days:
                dif, dea, macd = talib.MACD(
```

```
            symbol_adjust_vals,
            fastperiod = self.short_term,
            slowperiod = self.long_term,
            signalperiod = self.macd_term,
        )

        # TA - Lib 计算得到的 MACD 值为普遍使用的 MACD 值的一半
        macd * = 2

        # 当 MACD 上穿 0 轴并且 DIF 大于 0 时说明此时为多头走势, 应买入
        if (macd[ - 2] < 0 and macd[ - 1] > 0) and dif[ - 1] > 0:
            if not self.pos_symbols:
                amount = self.available_capital
                self.buy(symbol, amount)

        # 当 MACD 下穿 0 轴并且 DIF 小于 0 时说明此时为空头走势, 应卖出
        if (macd[ - 2] > 0 and macd[ - 1] < 0) and dif[ - 1] < 0:
            if self.pos_symbols:
                self.clear_pos()
```

在策略收到行情回调函数中，当 MACD 值由负转正并且此时的离差值 DIF 为正时买入基金，当 MACD 由负转正时说明短期的涨势较猛，其相对于长期的涨势优势在扩大或相对于长期走势的劣势在缩小，而 DIF 为正值则说明短期涨势优于长期涨势，因此将两者同时作为判断条件的含义为"短期走势好于长期走势并且短期的优势在不断扩大"，此时买入基金；反之当"短期走势劣于长期走势并且短期的劣势在不断扩大"时则卖出基金。

使用默认参数进行回测可以得到如图 5-16 所示的结果。

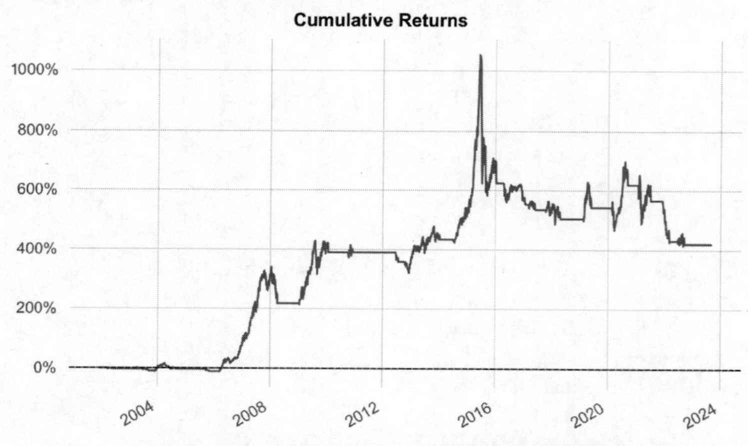

图 5-16 默认参数的 MACD 策略的收益率曲线

从图 5-16 所示的收益率曲线走势来看，基于 MACD 的策略买入卖出的次数较少，收益率曲线中平行于横轴的部分较多。在策略中可以通过凯利公式对买入金额进行控制，凯利公式相关的介绍在 4.5.5 节已经介绍过，使用 QuantStats 可以根据收益率曲线方便地计算出买入金额的比例。为了使用凯利公式，需要在策略运行的过程中记录资产序列(收益率序

列），该信息在策略基类中已经实现，在具体策略中直接使用即可，改写 MACD 策略部分逻辑，如下加粗代码所示。

```
ch5//5.4//macd_strategy_adj.py
class MacdStrategy(PortfolioStrategy):
    """MACD 策略"""
    …
    def __init__(self) -> None:
        super().__init__()
        …
        #记录持仓资产序列
        self.pos_amount_list: list[float] = []
        #是否开始使用凯利公式
        self.kelly_activated = False
    …
    def on_fund_data(self, fund_data: Dict[str, FundData]) -> None:
        """收到行情回调"""
        super().on_fund_data(fund_data)
        if self.ready:
            …
            if len(symbol_adjust_vals) >= self.prefetch_days:
                if self.pos_symbols:
                    self.pos_amount_list.append(self.pos_amount)
                …
                #当 MACD 上穿 0 轴并且 DIF 大于 0 时说明此时为多头走势，应买入
                if (macd[-2] < 0 and macd[-1] > 0) and dif[-1] > 0:
                    if not self.pos_symbols:
                        #没有持仓
                        if self.kelly_activated:
                            #使用凯利公式
                            kelly_ratio = qs.stats.kelly_criterion(
                                pd.Series(self.pos_amount_list)
                            )
                            if kelly_ratio < 0:
                                #如果计算出的比率为负数，则全仓买入
                                kelly_ratio = 1
                        else:
                            #如果不适用凯利公式,则全仓买入
                            kelly_ratio = 1

                        #本次买入的金额
                        amount = self.available_capital * kelly_ratio
                        if amount > 0:
                            self.buy(symbol, amount)

                #当 MACD 下穿 0 轴并且 DIF 小于 0 时说明此时为空头走势，应卖出
                if (macd[-2] > 0 and macd[-1] < 0) and dif[-1] < 0:
                    if self.pos_symbols:
                        self.clear_pos()
```

```
        # 有一次买入与卖出之后才评价策略表现
        # 在下一次使用凯利公式进行控制
        self.kelly_activated = True
```

由于凯利公式的计算依赖于对已执行的历史决策表现进行评价，所以代码在执行了一次买入与一次卖出操作后才启用凯利公式进行计算，读者也可以在策略表现稳定后再启用凯利公式。使用带有凯利公式计算的MACD策略回测结果如图5-17所示。

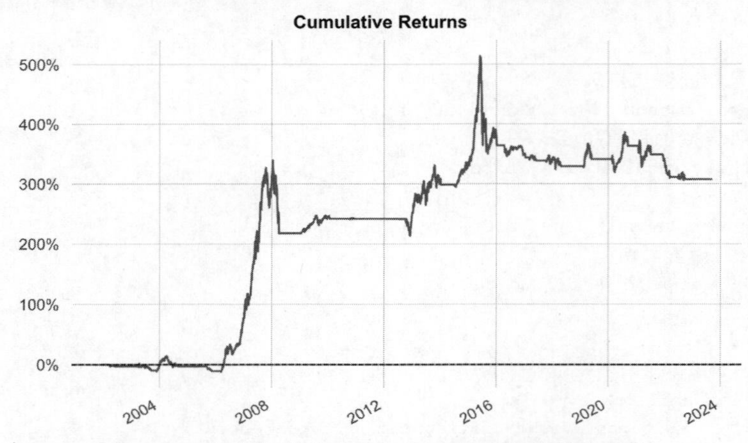

图 5-17　加入凯利公式的 MACD 策略的收益率曲线

相对于未添加凯利公式的回测结果，图5-17所示的结果虽然收益低一些，但是其遭受的回撤同样也更小，同时风险回报评价指标的表现更优。除了可以使用"金叉"或"死叉"完成买入与卖出操作，MACD指标的常用方法还有背离等，读者可以自行编写代码并回测。

5.5 BIAS 策略

BIAS为乖离率，其表示当前价格距离平均线的偏离程度，计算十分简单，如式(5-6)所示。

$$\mathrm{BIAS}_i = \frac{\mathrm{price}_i - \mathrm{MA}(x, \mathrm{bias})}{\mathrm{MA}(x, \mathrm{bias})} \times 100 \tag{5-6}$$

在式(5-6)中，MA表示简单移动平均线，bias为计算移动均线的周期，BIAS指标衡量的是序列当前值偏离均线的程度，序列波动总会在平均线周围，因此认为BIAS值过大时(当前价格相对于均线过高)，市场中多头可能获利了结，从而导致价格下跌，此时也应该卖出，而当BIAS值过小时(当前价格相对于均线过低)，市场处于低估值区间，价格将会上涨，因此BIAS与均线系统不同，均线是趋势性指标：当均线向上时认为趋势会得到延续继续上涨，而BIAS是反转指标，认为走势与BIAS值存在反向关系。借助TA-Lib可以很简单地计算出移动平均值，进而根据式(5-6)计算出BIAS值，代码如下：

```
//ch5/5.5/bias_strategy.py
import talib
import numpy as np

def bias(price, period: int):
    """ 计算乖离率 """
    price = np.asarray(price)
    ma = talib.SMA(price, timeperiod = period)
    last_price = price[ - 1]
    return (last_price - ma[ - 1]) / ma[ - 1] * 100
```

BIAS 指标常用的均线周期值为 6、12 和 24 等，这 3 个周期值对应的操作典型值分别为±5、±7 和±11，当周期为 6 的 BIAS 值小于－5 时买入，而大于 5 时卖出，对于周期值为 12 和 24 的 BIAS 值也是类似的操作逻辑，根据该逻辑可以写出如下的策略代码：

```
//ch5/5.5/bias_strategy.py
…
class BiasStrategy(PortfolioStrategy):
    """BIAS 策略"""

    author = "ouyangpengcheng"

    bias_term1 = 6
    bias1_thresh = 5

    bias_term2 = 12
    bias2_thresh = 7

    bias_term3 = 24
    bias3_thresh = 11

    parameters = ["bias_term1", "bias_term2", "bias_term3"]

    def __init__(self) -> None:
        super().__init__()
        # 定义预取数据的天数
        self.prefetch_days = max(
                                self.bias_term1,
                                self.bias_term2,
                                self.bias_term3
                                )
        # 基类中回看天数为默认一年，当预取天数大于默认值时，需要修改为较大值
        self.look_back_size = self.prefetch_days

    def on_init(self) -> None:
        """策略初始化回调"""
        self.prefetch_data(self.prefetch_days)

    def on_start(self) -> None:
```

```
        """策略启动回调"""

    def on_stop(self) -> None:
        """策略停止回调"""
        self.send_latest_data()

    def clear_pos(self):
        """清仓"""
        for _symbol in self.pos_symbol_info:
            self.sell(
                _symbol,
                abs(self.pos_symbol_info.get(_symbol, {})
                                        .get(self.volume_key))
            )

    def on_fund_data(self, fund_data: Dict[str, FundData]) -> None:
        """收到行情回调"""
        super().on_fund_data(fund_data)
        if self.ready:
            symbol = list(fund_data.keys())[0]

            #获取历史复权净值
            symbol_adjust_vals = np.asarray(
                                self.symbol_history_adjust_vals(symbol)
                              )

            if len(symbol_adjust_vals) >= self.prefetch_days:
                bias1 = bias(symbol_adjust_vals, self.bias_term1)
                bias2 = bias(symbol_adjust_vals, self.bias_term2)
                bias3 = bias(symbol_adjust_vals, self.bias_term3)

                #当3个BIAS值同时发出信号时
                if (
                    bias1 < -self.bias1_thresh
                    and bias2 < -self.bias2_thresh
                    and bias3 < -self.bias3_thresh
                ):
                    amount = self.available_capital
                    if amount > 0:
                        self.buy(symbol, amount)
                elif (
                    bias1 > self.bias1_thresh
                    and bias2 > self.bias2_thresh
                    and bias3 > self.bias3_thresh
                ):
                    self.clear_pos()
```

交易策略的回测结果如图 5-18 所示。

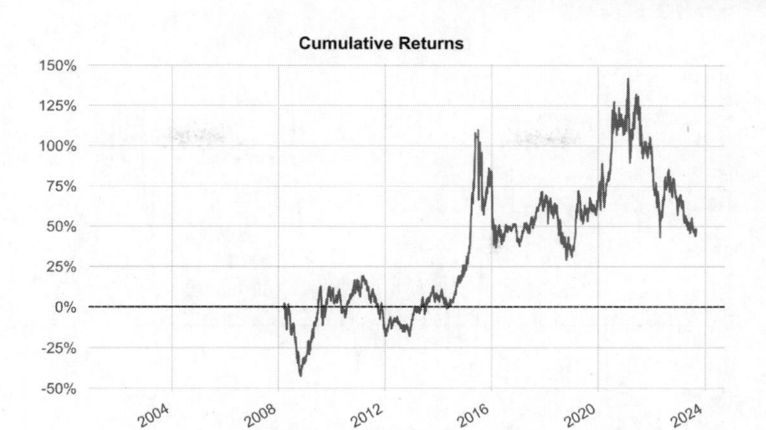

图 5-18 BIAS 策略的收益率曲线

BIAS 策略的回测表现十分一般，读者在实际回测中遇到这种情况应当分析当前策略是否适用于当前的行情走势，或修改策略买卖信号逻辑，使其表现更好。如上的策略代码中使用了逻辑与对信号进行判断，在一定程度上造成了信号的延后与迟钝，将买卖信号的逻辑与换成逻辑或进行回测，代码如下：

```
//ch5/5.5/bias_strategy_adj1.py
class BiasStrategy(PortfolioStrategy):
    …
    def on_fund_data(self, fund_data: Dict[str, FundData]) -> None:
        """收到行情回调"""
    …
            #某个 BIAS 发出信号
            if (
                bias1 < - self.bias1_thresh
                or bias2 < - self.bias2_thresh
                or bias3 < - self.bias3_thresh
            ):
                …
            elif (
                bias1 > self.bias1_thresh
                or bias2 > self.bias2_thresh
                or bias3 > self.bias3_thresh
            ):
                self.clear_pos()
```

得到的回测结果如图 5-19 所示。

从图 5-19 可以看出，修改后的策略表现更差，这说明对于基金 000001 来讲，默认的参数或者信号产生方法不一定适用，通过离线绘制默认参数的乖离率与净值曲线进行观察，代码如下：

```
//ch5/5.5/explore/search_param.py
file_name = "000001.csv"
content = pd.read_csv(file_name)
```

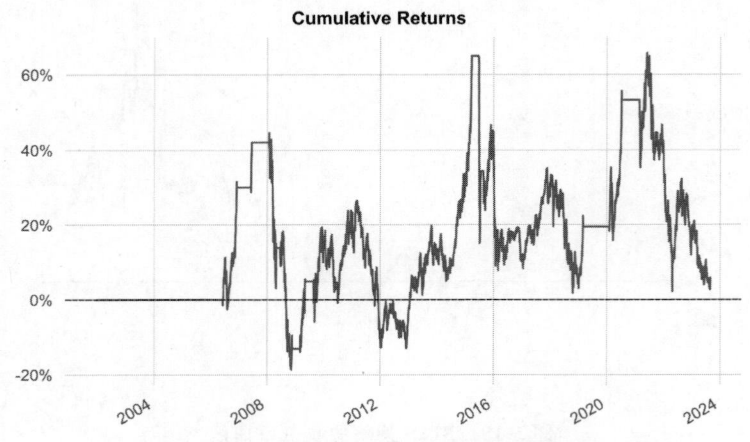

图 5-19　宽松条件的 BIAS 策略收益率曲线

```
#获取复权净值
adjust_val = content["adjust_val"]

#乖离率计算周期
period1 = 6
period2 = 12
period3 = 24


def bias(price, period: int):
    """计算乖离率"""
    …

#记录净值与乖离率的列表
ps = []
b1s = []
b2s = []
b3s = []

for i in range(period3, len(adjust_val)):
    #获取窗口数据
    window_data = adjust_val[i - period3 : i]
    bias1 = bias(window_data, period1)
    bias2 = bias(window_data, period2)
    bias3 = bias(window_data, period3)

    ps.append(adjust_val[i])
    b1s.append(bias1)
    b2s.append(bias2)
    b3s.append(bias3)

#绘制净值曲线
```

```
ax1 = plt.subplot(111)
ax1.plot(ps, label = "vals", linewidth = 2)

#绘制乖离率曲线
ax2 = ax1.twinx()
ax2.plot(b1s, label = "bias1", linestyle = " -- ", color = "r")
ax2.plot(b2s, label = "bias2", linestyle = " -- ", color = "g")
ax2.plot(b3s, label = "bias3", linestyle = " -- ", color = "y")
plt.legend()
plt.show()
```

运行以上代码,可以得到如图 5-20 所示的结果。

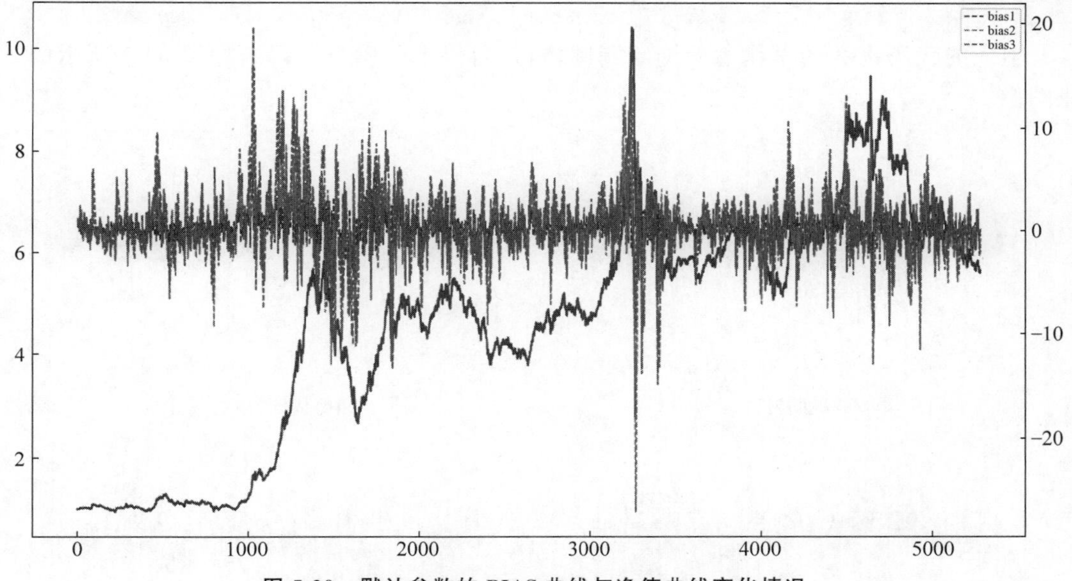

图 5-20 默认参数的 BIAS 曲线与净值曲线变化情况

图 5-20 中可以看到,如果按照反转策略的逻辑,当 BIAS 值较大时卖出,而当该值较小时买入,可以发现会错过大的上涨趋势并且卖出时机过晚,也会造成亏损。对于基金 000001 而言,反转策略的信号可能并不适合交易,可以将 BIAS 信号的使用方法改进为类似"金叉"与"死叉"的趋势性策略方法,在此之前,需要选取一个合适的 BIAS 周期,保证其信号的准确性,绘制不同周期的 BIAS 曲线方法,代码如下:

```
//ch5/5.5/explore/search_param.py
for i in range(1, 10 + 1):
    #计算不同周期
    p = 2 ** i
    ps = []
    bs = []

    for i in range(p, len(adjust_val)):
```

```
        window_data = adjust_val[i - p : i]
        bias_p = bias(window_data, p)

        ps.append(adjust_val[i])
        bs.append(bias_p)

    ax1 = plt.subplot(111)
    ax1.plot(ps, label = "vals", linewidth = 2)

    ax2 = ax1.twinx()
    ax2.plot(bs, label = f"bias{p}", linestyle = " -- ", color = "r")
    plt.legend()
    plt.show()
```

上面的代码以 2 的幂作为周期绘制图像，运行以上代码可以得到如图 5-21 所示的 10 张图像。

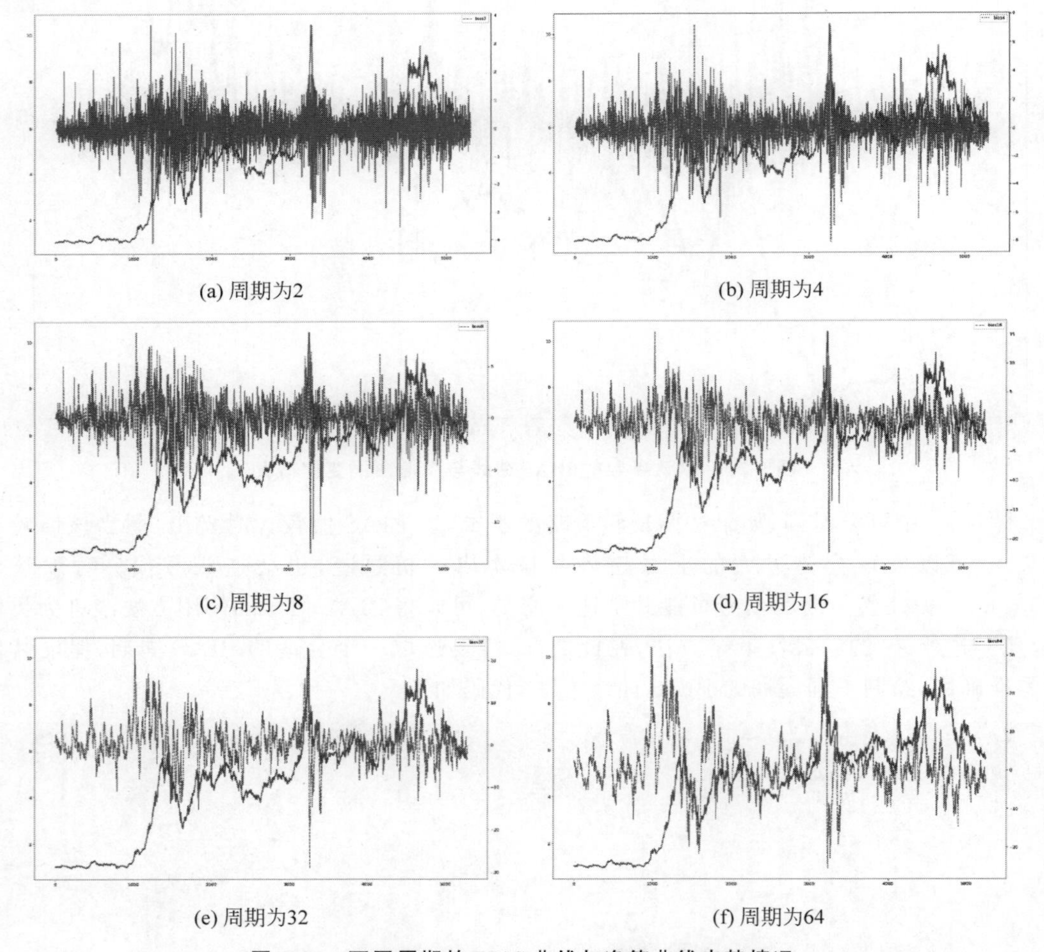

(a) 周期为2　(b) 周期为4

(c) 周期为8　(d) 周期为16

(e) 周期为32　(f) 周期为64

图 5-21　不同周期的 BIAS 曲线与净值曲线走势情况

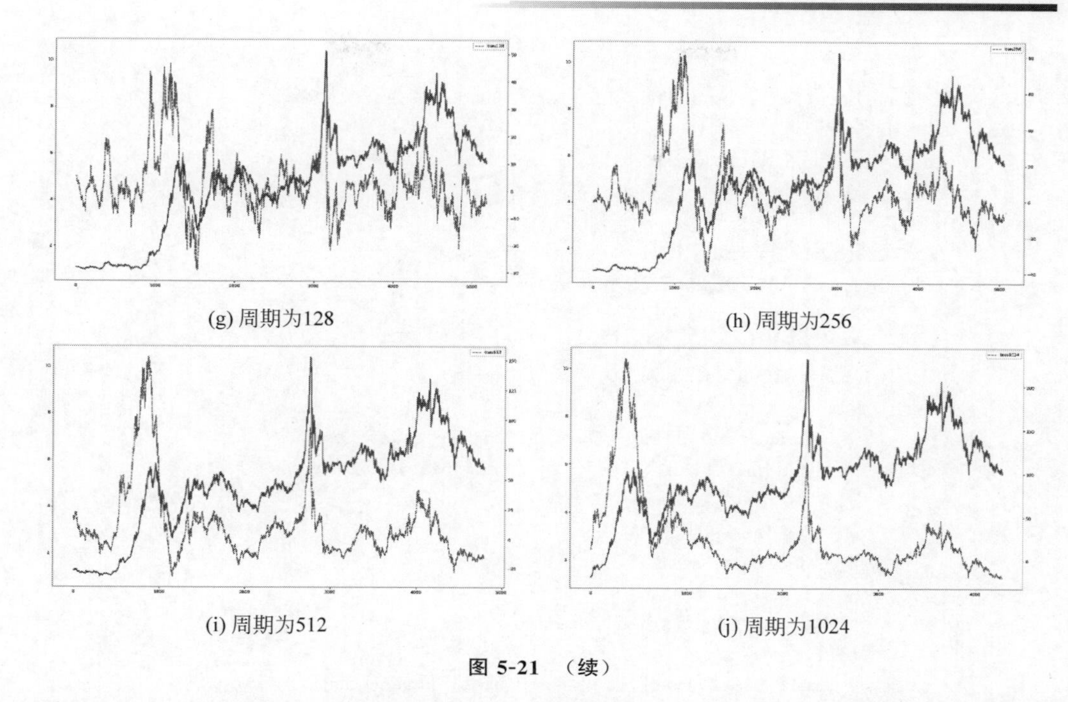

(g) 周期为128　　(h) 周期为256

(i) 周期为512　　(j) 周期为1024

图 5-21 （续）

从图 5-21 中可以看出，随着 BIAS 的均线周期增大，BIAS 曲线的走势也愈发清晰，而根据大周期的 BIAS 值模仿“金叉”与“死叉”的逻辑也更容易捕捉大趋势。例如对于周期为 1024 的 BIAS 曲线，将“金叉”阈值设置为 25，将“死叉”阈值设置为 100 可以在大趋势中提早布局并适时出场，将 BIAS 指标的使用方法改为趋势性策略写法的代码如下：

```
//ch5/5.5/bias_strategy_adj2.py
…
class BiasStrategy(PortfolioStrategy):
    """BIAS 策略"""

    author = "ouyangpengcheng"

    bias_term1 = 1024
    bias1_thresh_pos = 25
    bias1_thresh_neg = 100

    parameters = ["bias_term1"]

    def __init__(self) -> None:
        super().__init__()
        # 定义预取数据的天数
        self.prefetch_days = self.bias_term1
        # 基类中回看天数为默认一年，当预取天数大于默认值时，需要修改为较大值
        self.look_back_size = self.prefetch_days
        # 记录历史 BIAS 值
        self.bias1_list = []
```

```
…
def on_fund_data(self, fund_data: Dict[str, FundData]) -> None:
    """收到行情回调"""
    super().on_fund_data(fund_data)
    if self.ready:
        …
        if len(symbol_adjust_vals) >= self.prefetch_days:
            bias1 = bias(symbol_adjust_vals, self.bias_term1)

            self.bias1_list.append(bias1)
            if len(self.bias1_list) >= 2:
                if (
                    self.bias1_list[-1] > self.bias1_thresh_pos
                    and self.bias1_list[-2] < self.bias1_thresh_pos
                ):
                    #BIAS 值金叉
                    amount = self.available_capital
                    if amount > 0:
                        self.buy(symbol, amount)
              elif (
                  self.bias1_list[-1] < self.bias1_thresh_neg
                  and self.bias1_list[-2] > self.bias1_thresh_neg
              ):
                  #BIAS 值死叉
                  self.clear_pos()
```

使用上述代码进行回测,可以得到如图 5-22 所示的结果。

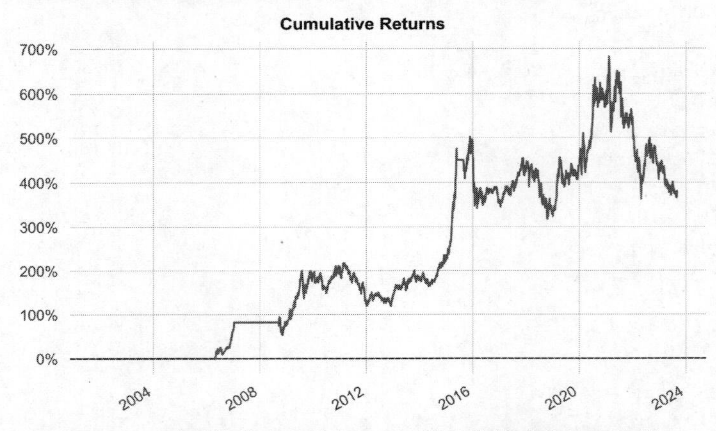

图 5-22　使用趋势方法执行 BIAS 信号的策略收益率曲线

从图 5-22 可以看出,使用趋势性策略的信号产生方法后,收益表现优化很大,读者可以在进行参数优化时使用更加精细的粒度进行优化。

5.6 布林带策略

布林带利用标准差衡量窗口内序列的波动情况，并使用均线与二倍标准差绘制出价格的上轨、中轨与下轨，公式如下：

$$\begin{aligned} &\text{MIDDLE} = \text{MA}(x, \text{middle}) \\ &\text{UPPER} = \text{MIDDLE} + 2 \times \text{std}(x) \\ &\text{LOWER} = \text{MIDDLE} - 2 \times \text{std}(x) \end{aligned} \tag{5-7}$$

式(5-7)中最简单的是中轨 MIDDLE 的计算，直接计算序列的移动平均值即可，其中 middle 表示均线的计算周期，而上轨和下轨的计算分别为中轨相加减 2 倍序列的标准差(式中 std)。标准差衡量了近期价格的波动情况，若波动大，则标准差的值也相应偏大，此时价格如果触及上轨，则有可能后期会回调，反之触及下轨，则有可能会出现反弹。总体而言，布林带的默认信号使用方法也属于反转型策略：下跌时买入而上涨时卖出，这与 BIAS 策略的默认使用思想类似。

式(5-7)中均线的周期默认取值为 20，使用 TA-Lib 计算布林带时可以指定均线周期与上下轨的标准差倍数，代码如下：

```
//ch5/5.6/boll_strategy.py
class BollStrategy(PortfolioStrategy):
    """布林带策略"""

    author = "ouyangpengcheng"

    #均线周期
    boll_period = 20
    #上轨标准差倍数
    nbdev_up = 2
    #下轨标准差倍数
    nbdev_down = 2
    #均线类型
    ma_type = 0

    parameters = ["boll_period", "nbdev_up", "nbdev_down", "ma_type"]

    def __init__(self) -> None:
        super().__init__()
        #定义预取数据的天数
        self.prefetch_days = self.boll_period + 1
        #基类中回看天数为默认一年，当预取天数大于默认值时，需要修改为较大值
        self.look_back_size = self.prefetch_days
    …
    def on_fund_data(self, fund_data: Dict[str, FundData]) -> None:
        """收到行情回调"""
```

```
        super().on_fund_data(fund_data)
        if self.ready:
            symbol = list(fund_data.keys())[0]

            # 获取历史复权净值
            symbol_adjust_vals = np.asarray(
                    self.symbol_history_adjust_vals(symbol)
            )

            if len(symbol_adjust_vals) >= self.prefetch_days:
                upper, middle, lower = talib.BBANDS(
                    symbol_adjust_vals,
                    timeperiod = self.boll_period,
                    nbdevup = self.nbdev_up,
                    nbdevdn = self.nbdev_down,
                    matype = self.ma_type,
                )

                if (
                    symbol_adjust_vals[-2] > lower[-2]
                    and symbol_adjust_vals[-1] < lower[-1]
                ):
                    # 当净值下穿下轨时买入
                    amount = self.available_capital
                    if amount > 0:
                        self.buy(symbol, amount)

                if (
                    symbol_adjust_vals[-2] < upper[-2]
                    and symbol_adjust_vals[-1] > upper[-1]
                ):
                    # 当净值上穿上轨时卖出
                    self.clear_pos()
```

使用默认参数运行以上代码，可以得到如图 5-23 所示的结果。

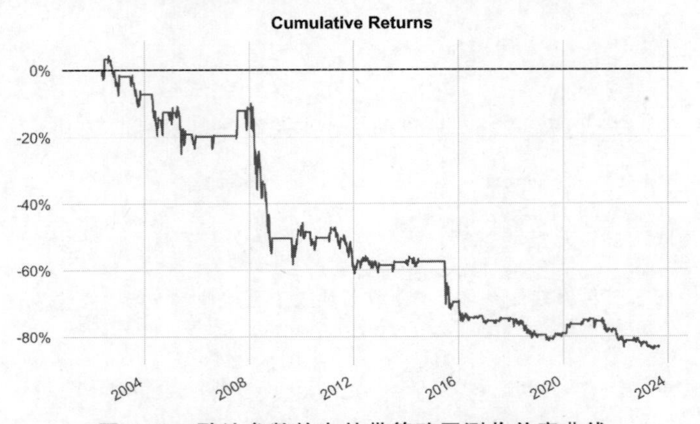

图 5-23　默认参数的布林带策略回测收益率曲线

如图 5-23 所示的收益率说明，默认的布林带策略在回测过程中表现很差，与默认的 BIAS 策略类似，它们都适用于在震荡行情中获利，反转策略的信号使用方法不适用于基金 000001 的回测。类似于对 BIAS 策略的优化方法，可以将布林带策略信号的使用改为趋势类策略的使用方法：当价格下穿下轨时认为行情在加速下跌，此时应该卖出，而当价格上穿上轨时则说明行情在加速上涨，此时应该买入。简单修改默认策略的买卖逻辑即可：

```
//ch5/5.6/boll_strategy_adj1.py
    class BollStrategy(PortfolioStrategy):
    """布林带策略"""
    …
    def on_fund_data(self, fund_data: Dict[str, FundData]) -> None:
        """收到行情回调"""
        super().on_fund_data(fund_data)
        if self.ready:
            …
            if len(symbol_adjust_vals) >= self.prefetch_days:
                …
                if (
                    symbol_adjust_vals[-2] > lower[-2]
                    and symbol_adjust_vals[-1] < lower[-1]
                ):
                    #当净值下穿下轨时卖出
                    self.clear_pos()

                if (
                    symbol_adjust_vals[-2] < upper[-2]
                    and symbol_adjust_vals[-1] > upper[-1]
                ):
                    #当净值上穿上轨时买入
                    amount = self.available_capital
                    if amount > 0:
                        self.buy(symbol, amount)
```

使用趋势类信号处理方法进行回测后，得到的收益率曲线如图 5-24 所示。

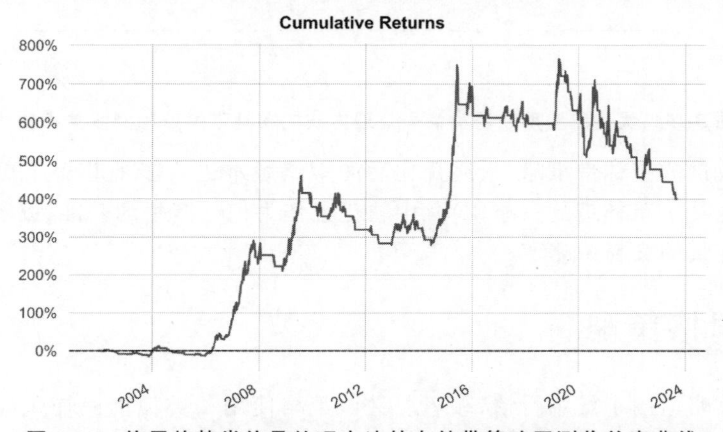

图 5-24　使用趋势类信号处理方法的布林带策略回测收益率曲线

对比图 5-23，将布林带信号转换为趋势类使用方法可以获得较为可观的收益，说明基金 000001 的走势行情适用于趋势类的交易信号。

在基金交易中只存在单方向交易，因此当净值触及下轨卖出时是为了获取收益或止损。相对于基金的买入来讲，卖出需要更加敏感的信号，可以使用不对称的布林带上下轨参数，将下轨标准差倍数改为 1，并且使用类似优化 BIAS 参数的步骤进一步将布林带的均线参数取值优化为 128，修改后的代码如下：

```
//ch5/5.6/boll_strategy_adj2.py
class BollStrategy(PortfolioStrategy):
    """布林带策略"""

    author = "ouyangpengcheng"

    # 均线周期
    boll_period = 128
    # 上轨标准差倍数
    nbdev_up = 2
    # 下轨标准差倍数
    nbdev_down = 1
    …
```

回测得到的收益率曲线如图 5-25 所示。

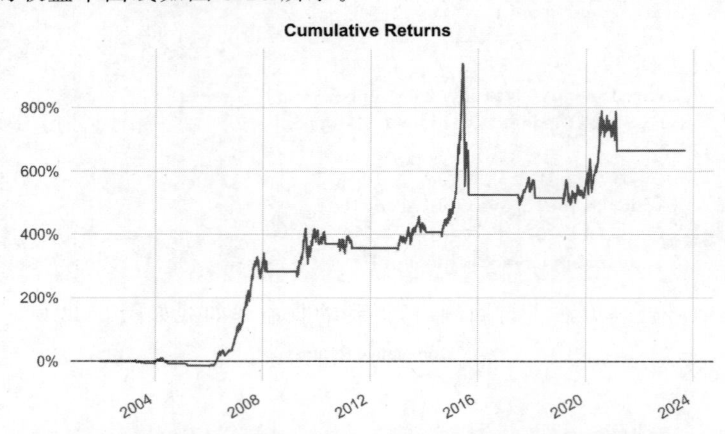

图 5-25 优化后使用趋势类信号处理方法的布林带策略回测收益率曲线

相较于未改进的布林带策略，最终优化后的策略版本进一步地获得了更高的收益与夏普比率。在其他基于布林带的策略中，其中轨也会作为信号产生的基准，读者可以尝试并改进其他基于布林带的交易策略。

5.7 网格策略

网格交易策略适用于震荡行情，顾名思义该策略使用了类似渔民捕鱼的思想，使用“渔网”获取一定范围内的利润。网格交易策略通常会指定策略执行的上界与下界，在该界限内执行“高抛低吸”。上下界的范围内被划分为若干网格，每次当行情上涨到某个网格时执行卖出操作，每次当行情下跌到某个网格时执行买入操作，如图 5-26 所示。

图 5-26 中的行情走势被分为不同的网格，每当价格向下穿过某个网格边界时会买入，并且只有当价格重新上涨到买入网格的上一格时才会平仓，因此只要不是单边趋势，在震荡市使用网格交易策略的每一对交易(一买一卖)的盈利可能性很高。在图 5-26 中，分别使用圆形和三角形表示买卖时机，虚线连接表示成对的交易。

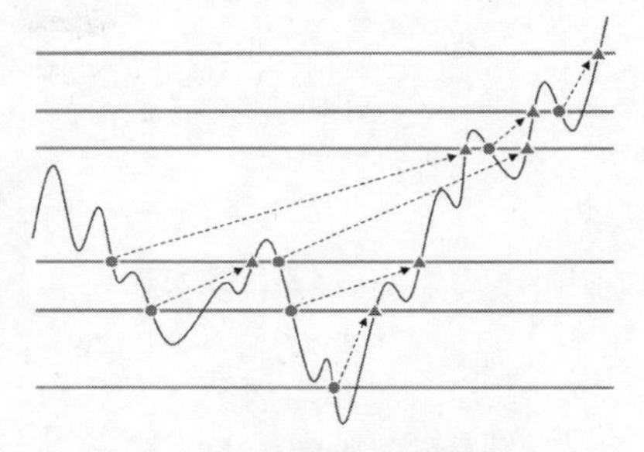

图 5-26　网格交易策略原理

使用网格交易的核心在于网格中枢价的确定，通常在震荡市中以一段时间内价格的最高价与最低价的中间值作为中枢价，当确定网格大小后，使用当前价与中枢价之间的差值决定需要买入或者卖出的份额数，代码如下：

```
//ch5/5.7/grid_strategy.py
class GridStrategy(PortfolioStrategy):
    """网格策略"""

    author = "ouyangpengcheng"

    #网格大小
    grid_size = 0.01
    #网格策略的回看数据长度
    period = 22

    parameters = ["grid_size", "period"]

    def __init__(self) -> None:
        super().__init__()
        #基类中回看天数为默认一年，当预取天数大于默认值时，需要修改为较大值
        self.look_back_size = self.period
        self.base_val = None

    def on_init(self) -> None:
        """策略初始化回调"""

    def on_start(self) -> None:
        """策略启动回调"""

    def on_stop(self) -> None:
        """策略停止回调"""
        self.send_latest_data()

    def on_fund_data(self, fund_data: Dict[str, FundData]) -> None:
        """收到行情回调"""
```

```
        super().on_fund_data(fund_data)
        if self.ready:
            symbol = list(fund_data.keys())[0]
            val = self.symbol_latest_adjust_val(symbol)
            pos = self.pos_symbol_info.get(symbol, {})
                     .get(self.volume_key, 0)

            if self.base_val is None:
                period_adjust_val = self.symbol_history_adjust_vals(symbol)[
                    - self.period :
                ]
                #使用过去一个月净值最大值与最小值的中间值作为网格中枢价
                self.base_val = (
                    np.max(period_adjust_val) + np.min(period_adjust_val)
                ) / 2

            #计算目标买入量
            buy_direction_steps = (self.base_val - val) / self.grid_size
            buy_volume = buy_direction_steps

            #计算目标卖出量
            sell_direction_steps = (val - self.base_val) / self.grid_size
            sell_volume = sell_direction_steps

            #没有持仓并且当前应该买入的量为非正数
            if buy_volume <= 0 and pos == 0:
                self.base_val = None

            #价格下跌时买入
            if buy_volume > 0:
                buy_amount = min(self.available_capital, buy_volume * val)
                if buy_amount > 0:
                    self.buy(symbol, buy_amount)
            #价格上涨时卖出
            elif sell_volume > 0:
                if pos > 0:
                    if pos <= sell_volume:
                        self.base_val = None
                    self.sell(symbol, min(pos, sell_volume))
```

代码中以每次清仓后的第1次买入时间点的前一段时间内的净值最大值和最小值的均值作为网格中枢价，并且在清仓之前该中枢价不发生变化，使用以上代码执行回测可以得到如图5-27所示的收益率曲线。

基金000001的长期行情总体而言并不在某个固定的区间内震荡，所以策略的表现并不理想，如果能够更多地以趋势的思路使用网格策略，则应该能够获得更好的收益。提高中枢价，甚至使其在近期最高价之上是一种改进网格策略的思路。中枢价提高之后买入的机会更多，并且当价格越低时，根据网格策略的计算方法将会买入更多的份额，此时网格策略演

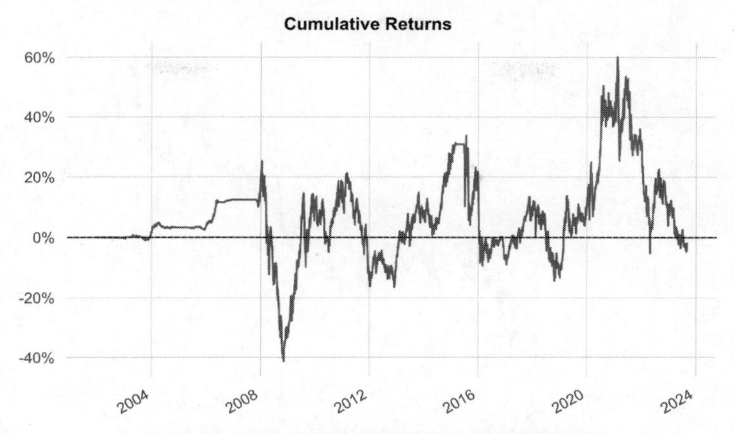

图 5-27　默认网格交易策略的收益率曲线

化成为一种辅助仓位管理的方法，同理当价格上涨至中枢价以上后，距离中枢价越远则会卖出越多，从而获利，改进后的策略代码如下：

```
//ch5/5.7/grid_strategy_adj.py
class GridStrategy(PortfolioStrategy):
    """网格策略"""

    author = "ouyangpengcheng"

    #网格大小
    grid_size = 0.01

    parameters = ["grid_size"]

    def __init__(self) -> None:
        super().__init__()
        #基类中回看天数为默认一年，当预取天数大于默认值时，需要修改为较大值
        self.look_back_size = 1
        self.base_val = None
    …
    def on_fund_data(self, fund_data: Dict[str, FundData]) -> None:
        """收到行情回调"""
        super().on_fund_data(fund_data)
        if self.ready:
            symbol = list(fund_data.keys())[0]
            val = self.symbol_latest_adjust_val(symbol)

            if self.base_val is None:
                #如果已经没有持仓，则以当前净值的两倍作为中枢价
                self.base_val = val * 2
    …
```

使用改进后的策略回测可以得到如图 5-28 所示的收益率曲线。

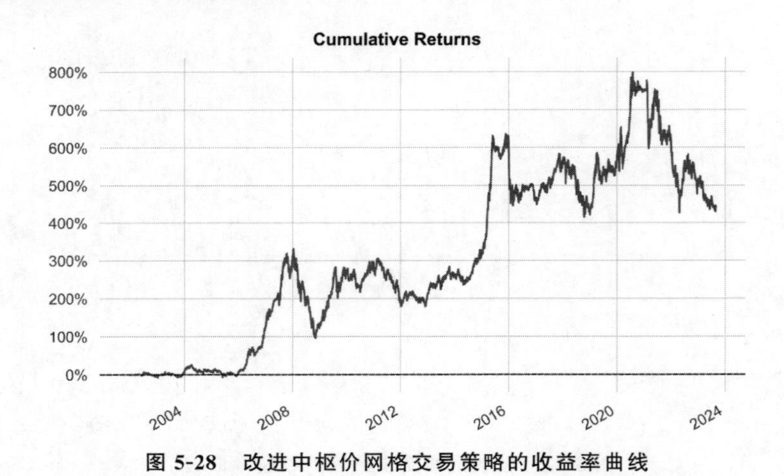

图 5-28 改进中枢价网格交易策略的收益率曲线

与上文预期相同，使用改进后的网格策略后，收益表现相较于图 5-27 有了较大的提升。

5.8 如何改进策略

上文介绍了几种经典的交易策略并介绍了部分策略的改进方法，读者也可以通过各种渠道获取更多优秀的交易策略并学习它们的交易思想与源码。本节将会从不同角度介绍与总结改进交易策略的方法。

5.8.1 选取合适的标的

在 5.1～5.7 节所示的策略中，回测直接使用了基金 000001 的历史数据，而在策略的实际使用过程中对交易标的的选取也十分关键。目前市场上有数以万计的不同基金，可以通过一些启发式规则进行过滤筛选，例如本书选取的条件如下：过往业绩好于同类平均值、基金资产净值在 10 亿元以上、过去三年与五年的晨星评级在 3 星以上，这样可以筛选得到一个仅有几十只基金的小基金池，相对于分析几万只基金的行情，分析经过初筛的小基金池会更有针对性，并且更加容易分析到业绩出色的基金。

当策略收到若干标的行情时，需要从中选取最值得投资的标的，通常需要一个强弱指标来衡量产生信号的强弱。例如对于双均线策略，其买入条件为快速均线上穿慢速均线，当不同标的在同一天产生了买入的“金叉”信号时，此时需要一个指标衡量“金叉”的强度，选择出强度最大的标的买入。

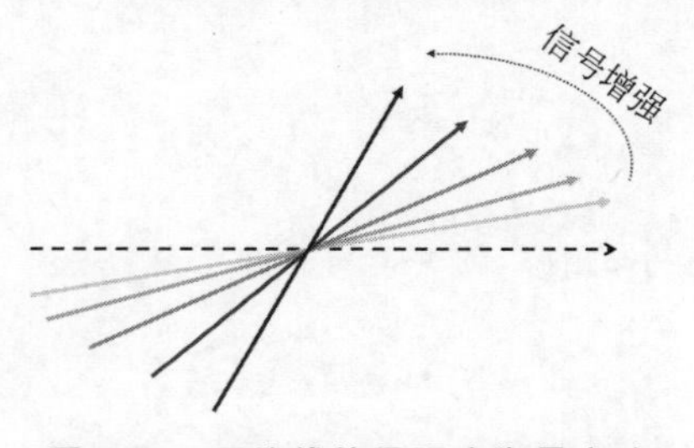

图 5-29 双均线信号强度衡量方法

图 5-29 展示了不同的双均线“金叉”情形，图中虚线表示慢线，不同颜色的实线表示快线上穿慢线的不同情况。

从直观上来讲，当快线以更加"陡峭"的角度上穿慢线时表示短期的上涨趋势更加强烈，因此可以通过快线与慢线的斜率之差表示快线趋势强于慢线的程度。对于某一只基金 i 来讲，可以使用式(5-8)计算"金叉"的程度：

$$\text{crossover\_degree}^i = (\text{fast}_1^i - \text{fast}_0^i) - (\text{slow}_1^i - \text{slow}_0^i) \tag{5-8}$$

式(5-8)中的 fast_0^i 和 fast_1^i 分别表示快线的最后两个值，慢线的字段同理。由于不同基金的净值不同，使用式(5-8)得到的程度值需要归一化后才可比较，将式(5-8)加入归一化可以得到式(5-9)所示的计算规则：

$$\text{crossover\_degree}^i = \frac{\text{fast}_1^i - \text{fast}_0^i}{\text{fast}_0^i} - \frac{\text{slow}_1^i - \text{slow}_0^i}{\text{slow}_0^i} = \frac{\text{fast}_1^i}{\text{fast}_0^i} - \frac{\text{slow}_1^i}{\text{slow}_0^i} \tag{5-9}$$

在收到行情回调函数中，对每个发生"金叉"的标的都计算其程度，同时过滤发生"死叉"的标的，返回"金叉"程度最高的标的与发生"死叉"的标的的集合，如果当前持仓中有发生"死叉"的标的，则卖出，如果无持仓，则买入"金叉"程度最高的标的，逻辑代码如下：

```
//ch5/5.8/5.8.1/double_ma_strategy.py
class DoubleMaStrategy(PortfolioStrategy):
    """双均线策略"""
    …
    def select_symbol(self, fund_data: Dict[str, FundData]) -> str:
        """选取买入和卖出的标的"""
        buy_target_symbol = None
        sell_target_symbols = set()
        max_rise_ratio = -1

        for _symbol in fund_data:
            _symbol_av = np.asarray(
                        self.symbol_history_adjust_vals(_symbol)
            )

            if len(_symbol_av) >= self.prefetch_days:
                #当复权净值数据量大于预取数据量时，计算均线值
                fast_av = talib.SMA(_symbol_av, self.fast_period)
                slow_av = talib.SMA(_symbol_av, self.slow_period)

                fast_0, fast_1 = fast_av[-2], fast_av[-1]
                slow_0, slow_1 = slow_av[-2], slow_av[-1]

                #金叉
                if fast_0 < slow_0 and fast_1 > slow_1:
                    #计算金叉强度
                    relative_rise = fast_1 / fast_0 - slow_1 / slow_0
                    if relative_rise > max_rise_ratio:
                        #记录金叉强度最大的标的
                        max_rise_ratio = relative_rise
                        buy_target_symbol = _symbol
                #死叉
```

```
            if fast_0 > slow_0 and fast_1 < slow_1:
                #记录发生死叉的标的集合
                sell_target_symbols.add(_symbol)

        return buy_target_symbol, sell_target_symbols

    def on_fund_data(self, fund_data: Dict[str, FundData]) -> None:
        """收到行情回调"""
        super().on_fund_data(fund_data)
        if self.ready:
            #获取买入和卖出的标的
            buy_symbol, sell_symbols = self.select_symbol(fund_data)
            symbols_to_sell = sell_symbols & self.pos_symbols
            if symbols_to_sell:
                #如果持仓有选取的卖出标的代码, 则卖出
                for _ss in symbols_to_sell:
                    _pos = self.pos_symbol_info
                               .get(_ss, {}).get(self.volume_key)
                    self.sell(_ss, _pos)
            elif buy_symbol and not self.pos_symbols:
                #如果有买入的标的并且无持仓, 则买入
                amount = self.available_capital
                if amount > 0:
                    self.buy(buy_symbol, amount)
```

执行回测之后，得到如图 5-30 所示的收益率曲线，相对于图 5-12 所示的表现，选择标的后的双均线策略能够获得更高的回报与夏普比率。

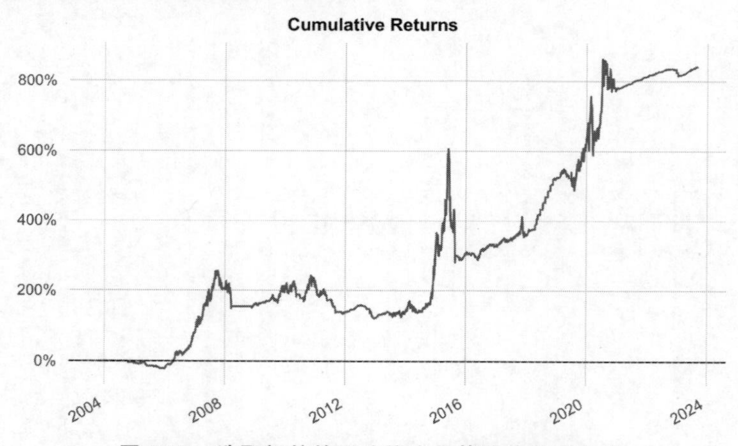

图 5-30 选取标的的双均线交易策略收益率曲线

实际上，交易标的提前初筛的基金池结果也应该是与时间相关的变量，否则可能存在数据泄露的风险。通常来讲，可挑选标的策略会比单标的交易策略的表现更好。

5.8.2 优化策略参数

本书通过将不同 BIAS 的均线周期参数与行情对比图一一绘制寻找最优参数以改进策

略，除此之外还可以使用传统的数值优化方法对参数寻优，本节将介绍使用 Optuna 寻优参数的方法。

为了实现参数寻优，需要对现有的回测框架进行部分修改，目前的框架参数在代码中直接设置，需要改为从外部输入参数的方式完成寻优，因此在初始化回测引擎时需要从外部添加策略的参数并完成其初始化，如加粗代码所示。

```
//ch5/5.8/5.8.2/backtesting.py
class Engine:
    """
    组合策略回测引擎
    """

    batch_days = ANNUAL_DAYS * 2

    def __init__(
        self,
        strategy_cls: "PortfolioStrategy",
        symbols: list[str],
        start: datetime,
        rates: dict[str, float],
        capital: int = 1_000_000,
        end: datetime = None,
        risk_free: float = FIXED_DEPOSIT_5Y,
        strategy_settings: Optional[dict] = None,
    ) -> None:
        """构造函数"""
        …
        #待回测的策略
        self.strategy: "PortfolioStrategy" = strategy_cls(strategy_settings)
        …
```

策略的参数以字典的形式表示，键为参数名称，值为需要设置的参数值。在具体策略收到参数的时候使用 setattr 方法完成参数值的设定，改动部分如加粗代码所示。

```
//ch5/5.8/5.8.2/double_ma_strategy.py
class DoubleMaStrategy(PortfolioStrategy):
    """双均线策略"""
    …
    def __init__(self, settings: Optional[dict] = None) -> None:
        super().__init__()

        #设置外部传入的参数
        if settings is not None:
            for k, v in settings.items():
                setattr(self, k, v)
    …
```

完成引擎与策略端的改造后，需要定义 Optuna 的参数优化空间与优化目标，引擎的 calculate_statistics 方法会计算并返回盈亏统计量，可以将优化目标设置为最大化期末的资产总额。对于双均线策略，需要优化的参数包括长期与短期均线周期值，它们都是整型变量，因此使用 Optuna 中的 suggest_int 方法指定二者的优化区间，本书将短期均线的优化空间指定为[2,240]，将长期均线的优化空间指定为[2,480]，当取出的参数非法（短期均线周期大于或等于长期均线周期）时，直接返回一个小值，以便表示非法情形。定义参数优化空间与优化目标的代码如下：

```
//ch5/5.8/5.8.2/optimize.py
def objective(trial):
    """优化目标"""
    #快线参数范围为[2, 240]
    fast_period = trial.suggest_int("short_period", 2, ANNUAL_DAYS)
    #慢线参数范围为[2, 480]
    slow_period = trial.suggest_int("long_period", 2, 2 * ANNUAL_DAYS)

    if fast_period >= slow_period:
        #当快线周期大于或等于慢线周期时，非法参数直接返回 0
        return 0

    #初始化回测引擎
    engine = Engine(
        strategy_cls = DoubleMaStrategy,
        symbols = symbols,
        start = datetime(2001, 1, 1),
        end = datetime(2023, 8, 31),
        rates = rates,
        capital = CAPITAL,
        #从外部注入策略参数
        strategy_settings = {
            "fast_period": fast_period,
            "slow_period": slow_period,
        },
    )

    #1. 运行回测
    engine.run_backtesting()
    #2. 计算回测指标
    result = engine.calculate_statistics()

    #以期末的资产值作为优化目标
    return result.get("end_balance", 0)
```

使用 Optuna 优化目标的代码如下：

```
//ch5/5.8/5.8.2/optimize.py
#定义最大化目标
study = optuna.create_study(direction = "maximize")
study.optimize(objective, n_trials = 100)
#查看最优参数
bp = study.best_params
print(bp)
```

执行优化后，可以得到最优的快速与慢速均线的周期分别为 27 和 159，其回测的收益率曲线如图 5-31 所示。

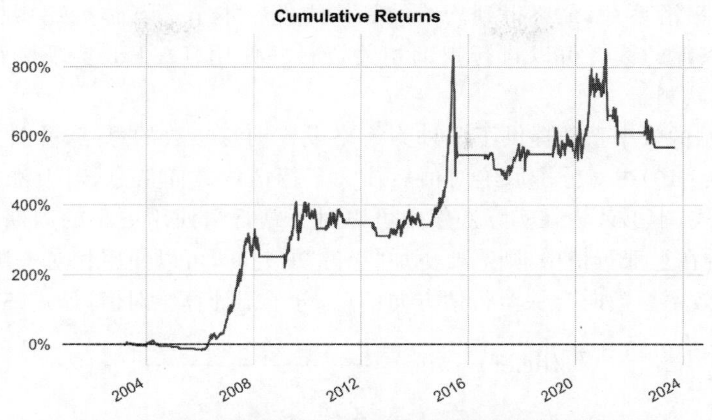

图 5-31 优化参数后的双均线交易策略收益率曲线

相比于图 5-12，经过参数优化的策略能够获得更好的表现。本书不推荐在对参数优化的时候使用纯数值优化的方式，如在上述过程中优化得到的均线周期并不具备经济意义，读者在优化参数时应该优先从经济意义的角度入手，例如尝试周期使用周线、月线、季线、半年线等典型值，可以使用 Optuna 中的 suggest_categorical 方法指定离散型的优化空间，读者可以在本节代码的基础上修改优化空间定义方式并尝试完成回测。本书更建议读者从实际的经济意义或如 5.5 节中的绘图观察入手以进行参数优化，因此随书的系统代码不包含数值优化功能，如果读者想要使用该功能，则可参考本节的代码修改方式。

5.8.3 设置动态参数

在前几节的策略中，使用的参数都为定值，在回测时间较长、行情结构变化较大的情形下有一定的局限性，因此可以设计一种参数作为对行情自适应调整的方式。考夫曼自适应均线是一种参数自适应调整的方法，它设计了一种价格变化效率的衡量指标，称为效率系数，其使用价格变化除以波动，如式(5-10)所示。

$$\text{efficient\_ratio}=\frac{\text{abs}(x_n-x_1)}{\sum_{i=2}^{n}\text{abs}(x_i-x_{i-1})} \tag{5-10}$$

式(5-10)中 n 为序列长度，abs 表示绝对值函数。分子表示序列终止值与序列初始值之差，分母则表示序列所有波动之和，可以将其分子与分母类比为物理中“位移”与“路程”的区别，前者只关心初始与最终态，而后者是路径依赖的，以两者比值表示序列变化的效率。对仅含有一个元素的序列考查效率系数是没有意义的。当周期内初始值与终止值相同时，无论其在过程中如何变化(序列过程有实际性变化)，效率系数都为 0，而当序列单调变化时，效率系数为 1，容易验证效率系数的值域为[0,1]。考夫曼认为当有行情来临(效率系数大)时,应该使用较小的均线周期敏锐地捕捉趋势,而当行情震荡时(效率系数小)为了避免过小周期均线频繁地发出错误信号,应该使用较大的均线周期。考夫曼自适应均线接着使用效率系数推算平滑系数,最终得到均线的具体周期。本节不具体介绍考夫曼自适应均线的使用方法,感兴趣的读者可以自行查询相关资料并使用 TA-Lib 实现默认参数的考夫曼自适应均线策略回测。

式(5-10)所示的效率系数提供了一种为策略设置动态参数的思路,并且参数与行情走势是强相关的。式(5-10)中对分子取绝对值后损失了行情的方向信息,对上涨与下跌的行情使用相同的对待方式,本书认为在实际操作中可以对下跌行情使用更小的周期更加敏锐地进行止损,而相对来讲在上涨行情中,则需要更加"稳健"的判断,可以使用相对来讲大一些的周期,因此本书在计算效率系数时会保留行情方向信息,分子不计算绝对值,如式(5-11)所示。

$$\text{efficient\_ratio}=\frac{x_n-x_1}{\sum_{i=2}^{n}\text{abs}(x_i-x_{i-1})} \tag{5-11}$$

式(5-11)所示的效率系数值域相应变为[−1,1],当值小于 0 时表示行情下跌的效率,当值大于 0 时表示行情上涨的效率。由上文分析可知行情强势(效率系数绝对值大)时,周期值应该更小,效率系数的绝对值与周期值呈现反相关的关系,因此需要设计效率系数到周期值调整系数的函数关系。

当行情有下跌迹象(效率系数为小负值)时,应该相对敏感地调整均线周期,在负半轴接近 0 的位置,函数一阶导数更大,函数图像应大致呈现如图 5-32 所示的结果。

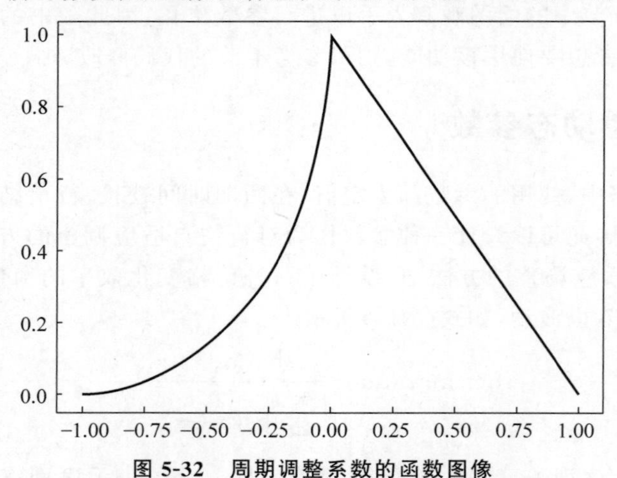

图 5-32 周期调整系数的函数图像

如图 5-32 所示,图像的分段函数如式(5-12)所示。

$$f(x)=\begin{cases}1-\sqrt{1-(x+1)^2}, & -1\leqslant x<0\\ 1, & x=0\\ 1-x, & 0<x\leqslant 1\end{cases} \tag{5-12}$$

式(5-12)只是一种变换函数的设计方式,读者也可以尝试更多其他变换函数。从式(5-12)与图 5-32 不难看出,本书使用的变换函数定义域与值域分别为[−1,1]和[0,1],得到变换后的周期调整系数 ρ 后,使用式(5-13)变换得到均线周期即可:

$$\text{real\_period} = \text{period}_0 + \rho(\text{period}_1 - \text{period}_0) \tag{5-13}$$

式(5-13)中,period_0 和 period_1 分别为预定义的均线取值区间,例如将快速均线的取值区间定义为[20,60],那么根据 ρ 的不同取值,实际使用的均线计算周期将在区间[20,60]内。下面的代码实现了上述的参数自适应调整逻辑:

```
//ch5/5.8/5.8.3/double_ma_strategy.py
def er(x):
    """涨跌强度评价指标"""
    x = np.asarray(x)
    if len(x) < 2:
        return 0
    return (x[-1] - x[0]) / np.sum(np.abs(np.diff(x)))


def transformer(val):
    """强度指标到均线系数的转换器"""
    if val == 0:
        return 1

    if val > 0:
        return 1 - val
    return 1 - np.sqrt(1 - (val + 1) ** 2)


class DoubleMaStrategy(PortfolioStrategy):
    """双均线策略"""

    author = "ouyangpengcheng"

    #效率系数评价周期
    er_period = 20
    #快线周期
    fast_interval = (20, 60)
    #慢线周期
    slow_interval = (60, 240)

    parameters = ["er_period", "fast_interval", "slow_interval"]

    def __init__(self) -> None:
        super().__init__()
        #定义预取数据的天数
        self.prefetch_days = max(
              self.fast_interval[-1], self.slow_interval[-1]) + 1
        #基类中回看天数为默认一年,当预取天数大于默认值时,需要修改为较大值
        self.look_back_size = self.prefetch_days
    …
```

```
def on_fund_data(self, fund_data: Dict[str, FundData]) -> None:
    """收到行情回调"""
    super().on_fund_data(fund_data)
    if self.ready:
        …
        if len(symbol_adjust_vals) >= self.prefetch_days:
            #计算 er 评价指标
            er_val = er(symbol_adjust_vals[-self.er_period :])
            mp = transformer(er_val)

            #计算快速均线周期
            fast_period = self.fast_interval[0] + mp * (
                self.fast_interval[-1] - self.fast_interval[0]
            )
            #计算慢速均线周期
            slow_period = self.slow_interval[0] + mp * (
                self.slow_interval[-1] - self.slow_interval[0]
            )

            fast_av = talib.SMA(symbol_adjust_vals, fast_period)
            slow_av = talib.SMA(symbol_adjust_vals, slow_period)

            fast_0, fast_1 = fast_av[-2], fast_av[-1]
            slow_0, slow_1 = slow_av[-2], slow_av[-1]

            #金叉
            if fast_0 < slow_0 and fast_1 > slow_1:
                amount = self.available_capital
                if amount > 0:
                    self.buy(symbol, amount)
            #死叉
            if fast_0 > slow_0 and fast_1 < slow_1:
                self.clear_pos()
```

回测的结果如图 5-33 所示，相较于原始的双均线交易策略，可以看出使用自适应参数的策略可以取得更好的表现。

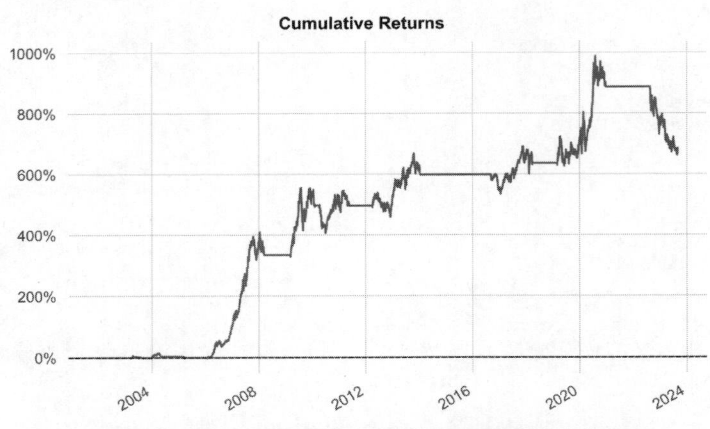

图 5-33　自适应参数的双均线策略回测收益率曲线

设置自适应参数有多种方法，本节仅列举了其中的一种。将参数自适应化后可能会引入更多的参数(例如本节的方法相对于原始方法多引入了3个参数)，对于可能造成的策略泛化能力下降问题需要格外注意。

5.8.4 过滤有效信号

在上文提到的所有交易策略中，每次策略信号的产生都是独立的，以双均线为例，当产生“金叉”时就买入，当产生“死叉”时就卖出，各次交易之间没有任何关系，而如果某一次产生“金叉”买入的结果(一买一卖)是亏损的，则策略在下一次出现类似的情形时不应该重复上一次导致亏损的操作。

由于策略只有满仓买入和清仓两种操作，每次卖出操作都对应上一次买入操作，所以记录买入时的均值很容易计算本次交易是否获利。本节为一对操作(一买一卖)定义两种类别：盈利(类别1)和亏损(类别0)，此时问题转换为一个二分类问题，当产生初步信号时，为模型输入当前市场状态，如果模型给出买入二次确认的信号，则真正买入，否则不执行买入动作。

本节选用SVM作为二分类模型，在双均线交易策略的基础上进行改进，SVM输入的因子包括产生“金叉”时快线增长比例、产生“金叉”时慢线增长比例、产生“金叉”时快线前值落后于慢线前值的比例、产生“金叉”时快线最新值领先于慢线最新值的比例及5.8.1节中提到的“金叉”程度值。

由于基金以金额申购，净值在成交时才会得到确认，所以在收到成交的回调函数on_trade中记录基金买入时的净值，同样在on_trade中收到卖出确认回报时判断本次交易是否盈利，为当前的因子打类别标签(盈利或亏损)，并重新使用最新的数据训练SVM。on_trade函数的实现代码如下：

```
//ch5/5.8/5.8.4/double_ma_strategy.py
…
def on_trade(self, trade: TradeData):
    """收到成交回报的回调"""
    super().on_trade(trade)

    if trade.direction == Direction.BUY:
        #如果是买入，则记录当前买入的基金净值
        self.last_buy_adjust_val = trade.val
    elif trade.direction == Direction.SELL:
        #如果是卖出，则检查本次交易是否获利
        #并向训练集中添加相应数据
        if trade.val > self.last_buy_adjust_val:
            self.train_set.append((self.last_factor, 1))
        else:
            self.train_set.append((self.last_factor, 0))

        #完成一对交易后重置字段
```

```
        self.last_buy_adjust_val = None
        self.last_factor = None

        #生成训练数据及其标签
        x_train = [x[0] for x in self.train_set]
        y_train = [x[1] for x in self.train_set]

        if len(set(y_train)) > 1:
            #当训练集中有两个类别的数据时才训练模型并激活模型
            self.model.fit(x_train, y_train)
            self.svc_activated = True
...
```

当训练数据不足以训练时(只有一个类别的数据),不使用 SVM 模型辅助确认信号,在每次产生"金叉"信号时记录当前因子,代码如下:

```
//ch5/5.8/5.8.4/double_ma_strategy.py
...
def on_fund_data(self, fund_data: Dict[str, FundData]) -> None:
    """收到行情回调"""
    super().on_fund_data(fund_data)
    if self.ready:
        symbol = list(fund_data.keys())[0]

        #获取历史复权净值
        symbol_adjust_vals = np.asarray(
                                self.symbol_history_adjust_vals(symbol)
                            )

        if len(symbol_adjust_vals) >= self.prefetch_days:
            #当复权净值数据量大于预取数据量时,计算均线值
            fast_av = talib.SMA(symbol_adjust_vals, self.fast_period)
            slow_av = talib.SMA(symbol_adjust_vals, self.slow_period)

            fast_0, fast_1 = fast_av[-2], fast_av[-1]
            slow_0, slow_1 = slow_av[-2], slow_av[-1]

            #金叉
            if fast_0 < slow_0 and fast_1 > slow_1:
                #记录当前金叉的因子
                self.last_factor = (
                    #快线增长程度
                    fast_1 / fast_0 - 1,
                    #慢线增长程度
                    slow_1 / slow_0 - 1,
                    #快线起点相对慢线起点的落后程度
                    fast_0 / slow_0,
                    #快线终点相对慢线终点的领先程度
                    fast_1 / slow_1,
```

```
                #金叉程度
                fast_1 / fast_0 - slow_1 / slow_0,
            )

            confirmation = True
            if self.svc_activated:
                #类别为买入时得到二次确认
                confirmation = self.model.predict(
                                    [self.last_factor]
                                )[0] == 1

            amount = self.available_capital
            if amount > 0 and confirmation:
                #当有可用资金并且金叉信号有效时买入
                self.buy(symbol, amount)
        #死叉
        if fast_0 > slow_0 and fast_1 < slow_1:
            self.clear_pos()
```

在策略初始化时定义好模型所需要的额外变量：

```
//ch5/5.8/5.8.4/double_ma_strategy.py
class DoubleMaStrategy(PortfolioStrategy):
    """双均线策略"""

    author = "ouyangpengcheng"

    #快线周期
    fast_period = 20
    #慢线周期
    slow_period = 120

    parameters = ["fast_period", "slow_period"]

    def __init__(self) -> None:
        super().__init__()
        #定义预取数据的天数
        self.prefetch_days = max(self.fast_period, self.slow_period) + 1
        #基类中回看天数为默认一年，当预取天数大于默认值时，需要修改为较大值
        self.look_back_size = self.prefetch_days

        #训练集，格式为(因子，类别)
        self.train_set = []
        #上一个因子
        self.last_factor = None
        #上一次买入基金时的净值
        self.last_buy_adjust_val = None
        #SVC模型
        self.model = svm.SVC(
```

```
                C = 10, kernel = "rbf", decision_function_shape = "ovr"
            )
        # SVC 是否被激活
        self.svc_activated = False
...
```

本节的方法通过给模型输入当前信号与市场状态进一步完成交易信号的确认，使用历史业绩作为当前买入的辅助判断依据，只有得到模型二次确认的买入信号才会被执行，有效的信号被过滤，进一步提高了买入的置信度。使用改进后的策略进行回测，表现如图 5-34 所示。

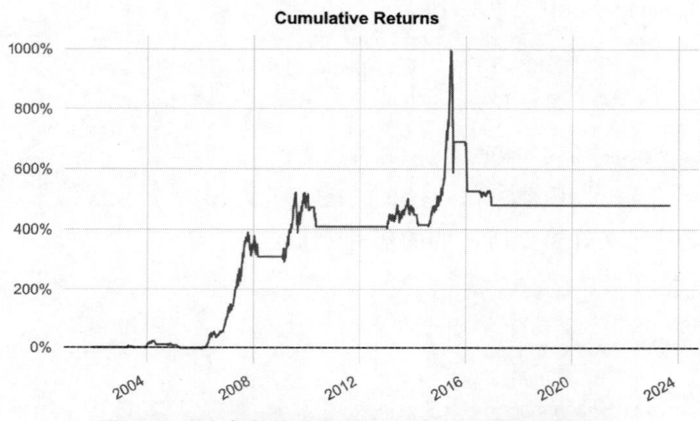

图 5-34　过滤有效信号的双均线策略收益率曲线

相比于原始的回测收益率曲线（见图 5-12），改进后的策略大幅减少了错误的买入行为，在市场内持仓的时间也大幅减少，同时对于回撤的控制要好于原始策略。

5.8.5　管理仓位

策略产生有效的信号固然重要，在投资中对仓位的有效管理更是保住收益的生命线。良好的仓位管理策略符合以下几个特点：①没把握时应轻仓入场，行情不好时轻仓入场，甚至在场外观望；②有把握时重仓入场，大机会来临时重仓买入，甚至加杠杆入场。在 4.5.5 节的第 14 部分介绍的凯利公式正是这样一种管理仓位的工具，通过量化策略的胜率表示策略对行情的把握，控制每次投资的仓位。在 5.4 节中对 MACD 策略使用了凯利公式进行改进，读者可以参考该节中的代码编写方法。

5.8.6　执行多信号协同

在上文介绍过的策略中都是以单指标信号作为买入或卖出的依据进行操作的，事实上可以通过类似 Bagging 的思路将不同指标集成至一个策略中，例如集成双均线与 MACD 信号：当其中任一指标发出买入信号时（不同指标可能捕捉到的是不同周期的交易信号）就执行买入操作，当所有指标都发出卖出信号时（不同周期的行情趋势在此时都发生了改变）就执行卖出操作。双均线与 MACD 策略在上文的 5.3 节与 5.4 节都详细介绍过，本节只将两者的信号融合即可，代码如下：

```
//ch5/5.8/5.8.6/double_ma_strategy.py
class DoubleMaStrategy(PortfolioStrategy):
    """双均线策略"""

    author = "ouyangpengcheng"

    #均线参数
    #快线周期
    fast_period = 20
    #慢线周期
    slow_period = 120
    #MACD 参数
    #快线周期
    short_term = 12
    #慢线周期
    long_term = 26
    #MACD 周期
    macd_term = 9

    parameters = ["fast_period", "slow_period"]

    def __init__(self) -> None:
        super().__init__()
        #定义预取数据的天数
        self.prefetch_days = (
            max(
                self.fast_period,
                self.slow_period,
                self.short_term,
                self.long_term,
                self.macd_term,
            )
            + 10
        )
        #基类中回看天数为默认一年，当预取天数大于默认值时，需要修改为较大值
        self.look_back_size = self.prefetch_days
    …
    def on_fund_data(self, fund_data: Dict[str, FundData]) -> None:
        """收到行情回调"""
        super().on_fund_data(fund_data)
        if self.ready:
            …
            if len(symbol_adjust_vals) >= self.prefetch_days:
                #当复权净值数据量大于预取数据量时，计算均线值
                fast_av = talib.SMA(symbol_adjust_vals, self.fast_period)
                slow_av = talib.SMA(symbol_adjust_vals, self.slow_period)
```

```
fast_0, fast_1 = fast_av[-2], fast_av[-1]
slow_0, slow_1 = slow_av[-2], slow_av[-1]

#金叉
ma_buy = fast_0 < slow_0 and fast_1 > slow_1
#死叉
ma_sell = fast_0 > slow_0 and fast_1 < slow_1

dif, dea, macd = talib.MACD(
    symbol_adjust_vals,
    fastperiod=self.short_term,
    slowperiod=self.long_term,
    signalperiod=self.macd_term,
)

#TA-Lib 计算得到的 MACD 值为普遍使用的 MACD 值的一半
macd *= 2

#当 MACD 上穿 0 轴并且 DIF 大于 0 时说明此时为多头走势,应买入
macd_buy = (macd[-2] < 0 and macd[-1] > 0) and dif[-1] > 0
#当 MACD 下穿 0 轴并且 DIF 小于 0 时说明此时为空头走势,应卖出
macd_sell = (macd[-2] > 0 and macd[-1] < 0) and dif[-1] < 0

if ma_buy or macd_buy:
    if not self.pos_symbols:
        amount = self.available_capital
        self.buy(symbol, amount)
if ma_sell and macd_sell:
    if self.pos_symbols:
        self.clear_pos()
```

回测得到的收益率曲线如图 5-35 所示。

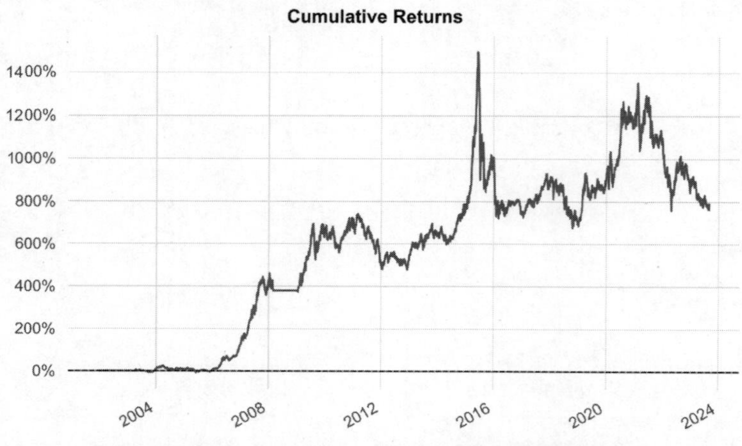

图 5-35　双均线与 MACD 信号协同策略的收益率曲线

相对于双均线与MACD策略各自的收益率表现，两者协同策略能够获取更高的收益。由于基金000001在回测周期内大部分时间处于上涨的状态，为买入基金的时机设置更加宽松的条件(当任一指标发出买入信号时)，而为卖出条件设置更加严格的条件能够增加获利的可能性，但如果回测周期内的行情处于震荡或下行时，则需要使用其他信号协同的方法进行组合，本书鼓励读者自行尝试更多信号协同的方式，更多策略集成/协同的思路可以参考笔者的拙作《Python量化交易实战——使用vn.py构建交易系统》。

5.8.7 考虑更多因素

在交易中，除了可以简单地通过低买高卖盈利，还需要考虑更多的因素，只有当一对交易的盈利能够覆盖交易成本时才算真正的盈利，交易成本中最显而易见的部分就是交易手续费。在回测中设置的手续费率为1%，而由于买入和卖出涉及两次交易，一对交易的手续费率共为2%，换言之当一对交易赚取的利润超过2%时才算作真正盈利。

在5.8.4节中使用SVM作为分类器辅助双均线信号判断时，可以改进标签的判别方法，在打标签的时候将交易手续费率考虑进去，代码如下：

```
//ch5/5.8/5.8.7/double_ma_strategy.py
class DoubleMaStrategy(PortfolioStrategy):
    """双均线策略"""

    author = "ouyangpengcheng"

    # 快线周期
    fast_period = 20
    # 慢线周期
    slow_period = 120
    # 手续费率
    rates = 0.01
    …

    def on_trade(self, trade: TradeData):
        """收到成交回报的回调"""
        super().on_trade(trade)

        if trade.direction == Direction.BUY:
            # 如果是买入,则记录当前买入的基金净值
            self.last_buy_adjust_val = trade.val
        elif trade.direction == Direction.SELL:
            # 如果是卖出,则检查本次交易是否获利
            # 并向训练集中添加相应数据
            if trade.val > self.last_buy_adjust_val * (1 + 2 * self.rates):
                self.train_set.append((self.last_factor, 1))
            else:
                self.train_set.append((self.last_factor, 0))
    …
```

执行回测的结果如图 5-36 所示。

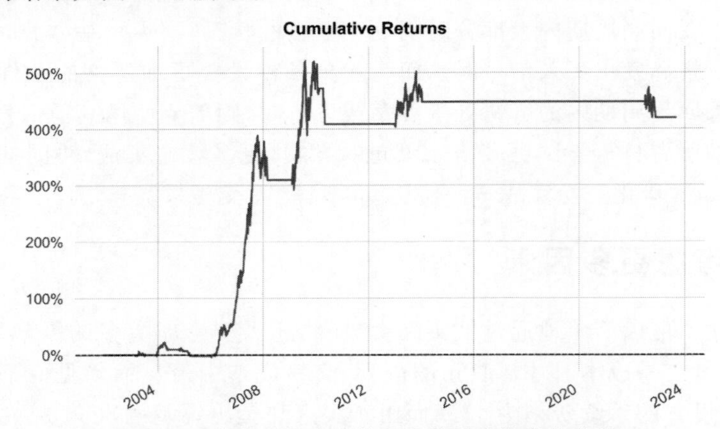

图 5-36 考虑交易成本的双均线策略收益率曲线

从图 5-36 中可以看出，因为考虑了交易成本，所以买入基金盈利的可能性更高，回测整体的夏普比率也更高，但同时由于买入基金变得更加保守，所以造成错过了不少机会。每个交易者应该有各自需要考虑纳入交易的因素，本书列举的交易手续费只是交易成本中通用的一部分，例如还可以考虑盈利相较于负债的情况、持有基金的时间成本等因素。

5.9 小结

5.1～5.7 节介绍了 7 种不同的基金交易策略，有最简单的"买入并持有"和定投策略，也有适用于趋势行情的双均线与 MACD 策略，最后介绍了震荡市常用的 BIAS、布林带和网格策略，读者应该在充分理解了各策略的思想与适用情形后再运用。

5.8 节介绍了一些改进策略的角度，从优化信号、优化参数、优化仓位等方面都可以大幅提升策略的稳健性。本节大多数策略以一个固定的基金作为投资标的，这更有利于读者专注于策略本身的交易逻辑，而在实际投资中常采取类似 5.8.1 节中所述的方法，先从基金池中选取适合交易的若干只(5.8.1 节中选取的是一只)基金，缩小范围后再着重分析并做出相应决策，更多投资组合的内容将在第 6 章中介绍。

读者在学习公开策略之后，应该结合自身状况与投资目标改进或开发交易策略，找到最适合的交易节奏与方法。

第 6 章

CHAPTER 6

投资组合管理

第 5 章以单基金的回测讲解了不同交易策略的特点，本章将从现代投资组合理论入手，讲解多基金的投资组合策略及改进方式。

6.1 现代投资组合理论

狭义的现代投资组合理论是指美国经济学家 Harry Markowitz 提出的投资组合理论，而广义的投资组合理论除了狭义的投资组合理论及各种替代投资组合理论还包括资本市场理论。本章涉及的现代投资组合理论指狭义的投资组合理论。

Markowitz 于 1952 年提出投资组合理论，并进行了系统研究与阐述，并因此获得了诺贝尔经济学奖。Markowitz 假设投资对象收益率服从正态分布，其投资组合理论主要包含两部分：均值-方差分析方法和投资组合有效边界模型。投资组合指按一定比例投资于一揽子证券，单个证券也可以看作一种特殊的投资组合。本书的研究对象为基金，因此基金的投资组合会得到以各基金为投资对象的基金，即基金中基金(FOF)。

投资组合理论认为在投资活动中的风险与收益不确定性是同一事物的不同方面，通常来讲风险越大的投资对象的潜在回报也会越高，例如作为更高风险投资对象的股票，通常而言其潜在回报也要高于债券，可以认为投资者承担的额外风险是额外收益的一种“奖励”。投资对象过往表现的波动情况可以认为是风险与收益不确定的一种度量，当投资对象表现向上波动时，其为投资者带来收益，反之则带来亏损。类似夏普比率，投资组合理论也可以使用过往业绩的方差作为风险的度量。

除了使用方差作为风险的度量，投资组合理论还使用均值作为投资组合的期望收益率衡量组合的收益情况，该理论旨在为“理性投资者”选择并优化投资组合，在特定的风险水平下最大化期望收益率，或在特定的期望收益率下最小化风险水平。

假设现有投资对象 A_1、A_2，其期望年复合收益率与年方差分别为 μ_1、μ_2 与 σ_1^2、σ_2^2，用于投资两者的资金比例为 w_1、w_2($w_1+w_2=1$)，记该投资组合为 P，根据数理统计相关知识，不难得到投资组合期望收益的计算公式。

$$E(P)=E(w_1A_1+w_2A_2)=w_1E(A_1)+w_2E(A_2)=w_1\mu_1+w_1\mu_2 \tag{6-1}$$

类似地，投资组合的风险/方差如下式计算：

$$D(P)=D(w_1A_1+w_2A_2)=w_1^2\sigma_1^2+w_2^2\sigma_2^2+2w_1w_2\mathrm{Cov}(A_1,A_2) \tag{6-2}$$

式(6-2)中 Cov 表示协方差。在实际投资中，在特定的期望收益率下，需要寻找风险最小的投资组合，即 $E(P)$为定值时需要寻找 $D(P)$的最小值，式(6-2)中的前半部分 $w_1^2\sigma_1^2+w_2^2\sigma_2^2\geqslant 0$，此时 $\mathrm{Cov}(A_1,A_2)<0$ 才可以得到尽可能小的 $D(P)$，即选取负相关的投资对象。

假定投资对象 A_1、A_2 与 A_3 的日净值序列如表 6-1 所示。

表 6-1 投资对象的净值与收益率序列

A_1 净值	A_2 净值	A_3 净值	A_1 收益率	A_2 收益率	A_3 收益率
1.00	1.00	1.00	NaN	NaN	NaN
0.30	1.05	1.15	−0.70	0.05	0.15
0.80	1.02	1.12	1.67	−0.02	−0.03
1.20	1.15	0.95	0.50	0.12	−0.15
0.90	1.09	1.39	−0.25	−0.05	0.46
1.30	1.25	1.55	0.44	0.15	0.12
1.70	1.32	1.02	0.31	0.06	−0.34
2.90	1.28	0.88	0.70	−0.03	−0.14
2.40	1.39	1.99	−0.17	0.09	1.26
2.20	1.54	1.74	−0.08	0.11	−0.12
2.30	1.70	1.70	0.04	0.10	−0.02
2.20	1.68	2.28	−0.04	−0.01	0.34
2.70	1.86	2.16	0.22	0.11	−0.05
2.60	1.73	2.03	−0.03	−0.07	−0.06
2.90	1.97	2.57	0.11	0.14	0.27

使用净值序列可以计算出投资对象的日收益率序列如表中数据所示，根据日收益率计算年复合收益率使用式(6-3)：

$$\text{annual\_return}=\left(\prod_{i=1}^{n}(1+\text{day\_return}_i)\right)^{\frac{\text{annual\_days}}{n}}-1 \tag{6-3}$$

日方差与年方差的关系如式(6-4)所示。

$$\text{annual\_var}=\text{annual\_day}\times\text{day\_var} \tag{6-4}$$

完成投资对象的日净值定义后，可以直接使用 PyPortfolioOpt 中 expected_returns 模块的 returns_from_prices 函数计算得到日收益率，代码如下：

```
//ch6/6.1/portfolio.py
from pypfopt import expected_returns
from pypfopt import EfficientFrontier
from pypfopt import risk_models
from pypfopt import plotting
import pandas as pd
```

```
import matplotlib.pyplot as plt
import numpy as np

#两个投资对象的日净值序列
a1_value = [
    1.00,
    0.30,
    0.80,
    1.20,
    0.90,
    1.30,
    1.70,
    2.90,
    2.40,
    2.20,
    2.30,
    2.20,
    2.70,
    2.60,
    2.90,
]
a2_value = [
    1.00,
    1.05,
    1.02,
    1.15,
    1.09,
    1.25,
    1.32,
    1.28,
    1.39,
    1.54,
    1.70,
    1.68,
    1.86,
    1.73,
    1.97,
]

a1_value = pd.Series(a1_value)
a2_value = pd.Series(a2_value)

#两个投资对象的日收益率序列
a1_returns = expected_returns.returns_from_prices(a1_value)
a2_returns = expected_returns.returns_from_prices(a2_value)
```

对不同投资组合权重而言，结合式(6-1)～式(6-4)可以得到如下计算年期望均值与方差的函数代码：

```
//ch6/6.1/portfolio.py
def portfolio_mean_two(
    w1: float,
    w2: float,
    a1_returns: pd.Series,
    a2_returns: pd.Series,
):
    """投资组合的期望收益率"""
    a1_mean_return = (1 + a1_returns).prod() ** (240 / a1_returns.count()) - 1
    a2_mean_return = (1 + a2_returns).prod() ** (240 / a2_returns.count()) - 1
    return w1 * a1_mean_return + w2 * a2_mean_return


def portfolio_var_two(
    w1: float,
    w2: float,
    a1_returns: pd.Series,
    a2_returns: pd.Series,
):
    """投资组合的期望方差"""
    a1_var_return = a1_returns.var()
    a2_var_return = a2_returns.var()
    a1_a2_cov = a1_returns.cov(a2_returns)
    return 240 * (w1 ** 2 * a1_var_return + w2 ** 2 * a2_var_return + 2 * w1 * w2 * a1_a2_cov)
```

通过对组合权重的遍历，可以得到不同的组合期望收益率与方差，以标准差为横轴、以均值为纵轴绘图可以得到投资组合图像，代码如下：

```
//ch6/6.1/portfolio.py
pm_list = []
pv_list = []
for i in np.arange(0, 1, 0.01):
    #得到不同权重的投资组合
    w1 = i
    w2 = 1 - i
    pm = portfolio_mean_two(w1, w2, a1_returns, a2_returns)
    pv = np.sqrt(portfolio_var_two(w1, w2, a1_returns, a2_returns))

    pm_list.append(pm)
    pv_list.append(pv)

#绘制图像
plt.plot(pv_list, pm_list)
plt.show()
```

运行以上代码，可以得到如图 6-1 所示的结果。

从图 6-1 可以看出，两个投资对象的组合表现图像为一条曲线，不难理解该曲线的起点和终点分别代表了两个投资对象的表现。沿着该曲线向 x 轴负方向的组合代表其风险越低，而沿着 y 轴正方向的组合代表其收益越高，如果需要寻找风险最小的投资组合，则可在

图中曲线寻找 x 轴方向“最左侧”的点。

图像以期望标准差为横轴，以期望收益为纵轴，其一阶导数为 $f'(\sigma)=\frac{\mathrm{d}\mu}{\mathrm{d}\sigma}$，所以该点的切线与 y 轴形成的交点即无风险利率，此时 $f'(\sigma)$ 为该投资组合在特定无风险利率前提下的夏普比率。若需要寻找夏普比率最大的投资组合，在图中曲线寻找一阶导数最大的点即可，在图 6-2 中经过点(0,0)的直线与投资组合曲线的相切点即无风险利率为 0 的最大夏普比率投资组合。类似地，若无风险利率不为 0，则需要寻找一条经过点(0，risk_free_rate)的直线与投资组合曲线的相切点，该点即为最大夏普比率的投资组合。

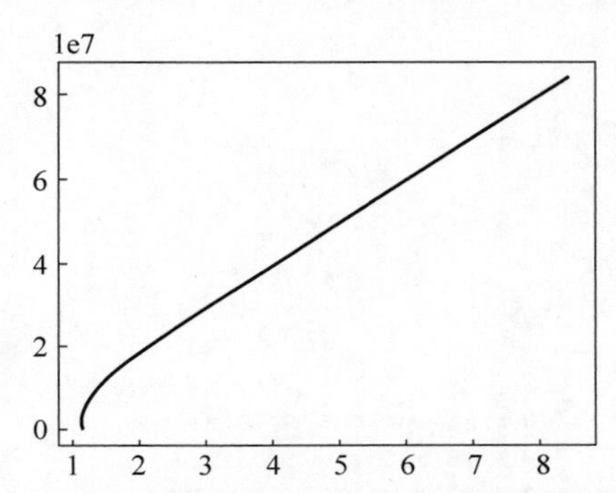

图 6-1　两个投资对象的投资组合表现图像

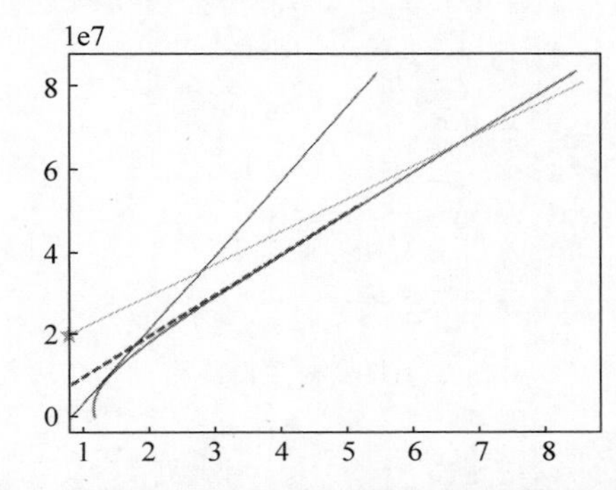

图 6-2　在投资组合表现图像寻找最大夏普比率组合

如果在图中无法找到满足条件的切线(如图 6-2 中经过五角星的直线)，则该直线与投资组合曲线的交点 P 在投资组合的表现不如直接以无风险的方式获取无风险收益(从夏普比率的角度而言)。

在边界上找到一阶导数为最小非负数的切线，其与 y 轴的交点是可以找到夏普比率导向组合的最大无风险利率，如图 6-2 中的虚线与 y 轴的交点所示。

将投资对象由两个扩展至 3 个，首先定义投资对象 A_3 的日净值序列，如表 6-1 中的数据所示，与上文相同，容易计算得到该投资对象的收益率。同样定义 A_3 的日净值序列与收益率计算代码如下：

```
//ch6/6.1/portfolio.py
#定义第 3 个投资对象的日净值序列
a3_value = [
   1.00,
   1.15,
   1.12,
   0.95,
   1.39,
   1.55,
   1.02,
   0.88,
   1.99,
   1.74,
```

```
    1.70,
    2.28,
    2.16,
    2.03,
    2.57,
]
a3_value = pd.Series(a3_value)
a3_returns = expected_returns.returns_from_prices(a3_value)
```

与上文的代码类似，定义3个投资对象的年期望收益与方差的计算函数的代码如下：

```
//ch6/6.1/portfolio.py
def portfolio_mean_three(
    w1: float,
    w2: float,
    w3: float,
    a1_returns: pd.Series,
    a2_returns: pd.Series,
    a3_returns: pd.Series,
):
    """计算3个投资对象的组合期望年收益率"""
    a1_mean_return = (1 + a1_returns).prod() ** (240 / a1_returns.count()) - 1
    a2_mean_return = (1 + a2_returns).prod() ** (240 / a2_returns.count()) - 1
    a3_mean_return = (1 + a3_returns).prod() ** (240 / a3_returns.count()) - 1
    return w1 * a1_mean_return + w2 * a2_mean_return + w3 * a3_mean_return


def portfolio_var_three(
    w1: float,
    w2: float,
    w3: float,
    a1_returns: pd.Series,
    a2_returns: pd.Series,
    a3_returns: pd.Series,
):
    """计算3个投资对象的组合期望年方差"""
    a1_var_return = a1_returns.var()
    a2_var_return = a2_returns.var()
    a3_var_return = a3_returns.var()
    a1_a2_cov = a1_returns.cov(a2_returns)
    a2_a3_cov = a2_returns.cov(a3_returns)
    a1_a3_cov = a1_returns.cov(a3_returns)
    return 240 * (
        w1 ** 2 * a1_var_return
        + w2 ** 2 * a2_var_return
        + w3 ** 2 * a3_var_return
        + 2 * w1 * w2 * a1_a2_cov
        + 2 * w2 * w3 * a2_a3_cov
        + 2 * w1 * w3 * a1_a3_cov
    )
```

接下来以双重循环得到不同的组合权重，与上文相同，绘制表现的散点图。除此之外还绘制两两组合的表现曲线（从图6-1已知两个投资标的组合图像为一条曲线）及单投资对象的表现点，代码如下：

```
//ch6/6.1/portfolio.py
pm_list = []
pv_list = []

#记录两两投资组合的边界
a1_a2_pm = []
a1_a2_pv = []
a2_a3_pm = []
a2_a3_pv = []
a1_a3_pm = []
a1_a3_pv = []

for i in np.arange(0, 1 + 0.01, 0.01):
    for j in np.arange(0, 1 - i + 0.01, 0.01):
        w1 = i
        w2 = j
        w3 = 1 - i - j

        pm = portfolio_mean_three(w1, w2, w3, a1_returns, a2_returns, a3_returns)
        pv = np.sqrt(
            portfolio_var_three(w1, w2, w3, a1_returns, a2_returns, a3_returns)
        )

        pm_list.append(pm)
        pv_list.append(pv)

        if w1 == 0:
            a2_a3_pm.append(pm)
            a2_a3_pv.append(pv)
        if w2 == 0:
            a1_a3_pm.append(pm)
            a1_a3_pv.append(pv)
        if w3 == 0:
            a1_a2_pm.append(pm)
            a1_a2_pv.append(pv)

#绘制投资组合散点图
plt.scatter(pv_list, pm_list, s=1, c="y")
#绘制两个投资对象的边界
plt.plot(a1_a2_pv, a1_a2_pm, label="A1-A2", linewidth=2, color="red")
plt.plot(a1_a3_pv, a1_a3_pm, label="A1-A3", linewidth=2, color="black")
plt.plot(a2_a3_pv, a2_a3_pm, label="A2-A3", linewidth=2, color="green")
#绘制单投资对象表现的点
plt.scatter(
    np.sqrt(240 * a1_returns.var()),
```

```
    (1 + a1_returns).prod() ** (240 / a1_returns.count()) - 1,
    label = "A1",
)
plt.scatter(
    np.sqrt(240 * a2_returns.var()),
    (1 + a2_returns).prod() ** (240 / a2_returns.count()) - 1,
    label = "A2",
)
plt.scatter(
    np.sqrt(240 * a3_returns.var()),
    (1 + a3_returns).prod() ** (240 / a3_returns.count()) - 1,
    label = "A3",
)

plt.legend()
plt.show()
```

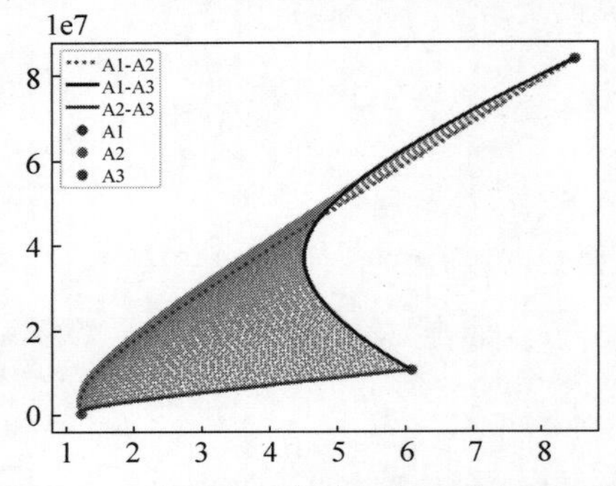

图 6-3 3 个投资对象的投资组合表现图像

运行以上代码，可以观察到如图 6-3 所示的图像。

从图 6-3 可以观察到，当投资对象为 3 个时，投资组合表现形成的图像为一个平面区域，并且三者单独的表现分别占据图像的 3 个顶点。有意思的一点是，平面区域的边界并不是由两个投资对象形成的表现曲线构成的，例如图中由 A_1 和 A_2 形成投资组合的虚线曲线并没有构成平面区域的边界，从图中可以看出平面区域在虚线曲线之上还有在同等风险条件下收益率更高的投资组合，说明此时投资于 3 种投资对象的投资组合的表现会优于仅投资两种的表现，这说明更加分散的投资通常能够在相同风险条件下带来更高的回报，或在相同的收益下承担更小的风险。在投资组合表现的图像中，单个投资对象的表现是确定的，因此是一个点；两个投资对象相当于在两点之间使用特定方式进行插值，因此是一条曲线，而 3 个投资对象则以平面的形式展现其表现；当投资对象有 3 个以上时，表现形式与 3 个的情况相同，仍然是平面，读者可以自行验证。

在如图 6-3 所示的投资组合表现平面的边界中，存在相同风险下而不同期望收益的投资组合的情况(作平行于 y 轴直线与平面区域有多个交点)，此时将最大期望收益的投资组合称为“有效的”；同时也存在相同期望收益下而不同风险的投资组合的情况(作平行于 x 轴直线与平面区域有多个交点)，此时将最小风险的投资组合称为“有效的”。将所有“有效的”投资组合的点连接起来形成的曲线称作“有效前沿”，“有效前沿”上的投资组合是考虑风险收益因素在内的最佳组合曲线。上文提到的最小投资风险组合与最大夏普比率组合都是“有效前沿”上的点。

事实上，最小化风险投资组合的求解是一种带约束的最优化问题，优化目标与约束条件

（假定不允许卖空）如式(6-5)所示。

$$\min \sigma_P$$
$$\text{s.t.} \sum_i w_i = 1, \quad w_i \geqslant 0 \tag{6-5}$$

使用 Python 的 SciPy 模块可以完成最优化问题的求解，首先使用代码定义优化目标及约束条件：

```
//ch6/6.1/portfolio.py
def volatility_func(w):
    """最小波动率的优化目标"""
    return np.sqrt(
        portfolio_var_three(
            w[0],
            w[1],
            w[2],
            a1_returns,
            a2_returns,
            a3_returns,
        )
    )


#权重限制为三者之和,即 1, 并且权重都大于或等于 0
constraints = (
    {"type": "eq", "fun": lambda w: w[0] + w[1] + w[2] - 1},
    {"type": "ineq", "fun": lambda w: w[0]},
    {"type": "ineq", "fun": lambda w: w[1]},
    {"type": "ineq", "fun": lambda w: w[2]},
)
```

使用 SciPy 中的 minimize 方法完成优化，代码如下：

```
//ch6/6.1/portfolio.py
from scipy.optimize import minimize
…
res = minimize(
    volatility_func,
    #初始权重
    [0.4, 0.3, 0.3],
    method = "trust - constr",
    constraints = constraints,
)
w1, w2, w3 = res.x
#绘制最小波动率组合点
mv_m = portfolio_mean_three(w1, w2, w3, a1_returns, a2_returns, a3_returns)
mv_v = np.sqrt(portfolio_var_three(w1, w2, w3, a1_returns, a2_returns, a3_returns))

plt.scatter(mv_v, mv_m, label = "Min Volatility", marker = "D")
```

类似地，对于最大夏普比率投资组合优化问题如式(6-6)定义：

$$\min -\frac{\mu_P - \text{risk\_free\_rate}}{\sigma_P}$$
$$\text{s. t.} \sum_i w_i = 1, \quad w_i \geqslant 0 \tag{6-6}$$

式(6-6)的最优化目标为最小化负的夏普比率，其相当于最大化夏普比率。与上面的代码类似，不难理解如下优化夏普比率目标的代码：

```
//ch6/6.1/portfolio.py
def sharp_func(w, rf_rate = 0):
    """最小化负的夏普比率的优化目标"""
    mean = portfolio_mean_three(w[0], w[1], w[2], a1_returns, a2_returns, a3_returns)
    volatility = np.sqrt(
        portfolio_var_three(w[0], w[1], w[2], a1_returns, a2_returns, a3_returns)
    )
    return -(mean - rf_rate) / volatility


res = minimize(
    sharp_func,
    #初始权重
    [0.4, 0.3, 0.3],
    method = "trust - constr",
    constraints = constraints,
)
w1, w2, w3 = res.x

sp_m = portfolio_mean_three(w1, w2, w3, a1_returns, a2_returns, a3_returns)
sp_v = np.sqrt(portfolio_var_three(w1, w2, w3, a1_returns, a2_returns, a3_returns))

plt.scatter(sp_v, sp_m, label = "Max Sharpe", marker = " * ", c = "r")

plt.legend()
plt.show()
```

运行如上代码，可以得到如图 6-4 所示的结果。

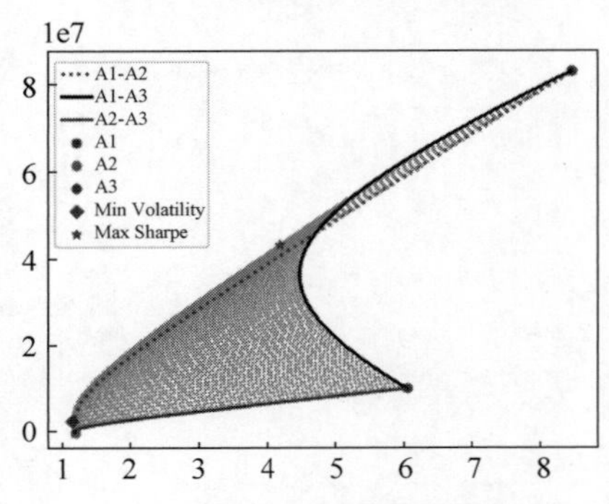

图 6-4 投资组合表现图像及策略表现点

至此，读者可以从投资组合表现的图像或使用最优化方法完成最优投资组合的求解。实际上，以上的功能 PyPortfolioOpt 模块已经可以直接实现，在该模块中使用 mean_historical_return 完成历史平均收益率的计算，使用 sample_cov 完成协方差矩阵的计算，得到历史收益率与协方差矩阵后，可以使用 EfficientFrontier 确定唯一的“有效前沿”，与上述代码不同的是 PyPortfolioOpt 模块中的操作对象基本是 Pandas 中的对象，使用 PyPortfolioOpt 中的

plot_efficient_frontier 方法完成“有效前沿”的绘制，代码如下：

```
//ch6/6.1/portfolio.py
symbol_vals = {"a1": a1_value, "a2": a2_value, "a3": a3_value}
symbol_val_frame = pd.DataFrame.from_dict(symbol_vals)
#简单均值
return_mean = expected_returns.mean_historical_return(symbol_val_frame, frequency = 240)
#协方差
return_relevance = risk_models.sample_cov(symbol_val_frame, frequency = 240)
#求解有效前沿
ef = EfficientFrontier(return_mean, return_relevance)
ef_max_sharpe = ef.deepcopy()

fig, ax = plt.subplots()
#绘制有效前沿
plotting.plot_efficient_frontier(ef, ax = ax, show_assets = True)

#绘制随机投资组合点
n_samples = 5000
w = np.random.dirichlet(np.ones(ef.n_assets), n_samples)
rets = w.dot(ef.expected_returns)
stds = np.sqrt(np.diag(w @ ef.cov_matrix @ w.T))
sharpes = rets / stds
ax.scatter(stds, rets, marker = ".", c = sharpes, cmap = "viridis_r")

ef_max_sharpe.max_sharpe(risk_free_rate = 0)
cleaned_weights = ef_max_sharpe.weights

#绘制最大夏普比率的点
ret_tangent, std_tangent, _ = ef_max_sharpe.portfolio_performance(risk_free_rate = 0)
ax.scatter(std_tangent, ret_tangent, marker = " * ", s = 100, c = "r", label = "Max Sharpe")

plt.show()
```

运行以上代码可以得到如图 6-5 所示的结果。

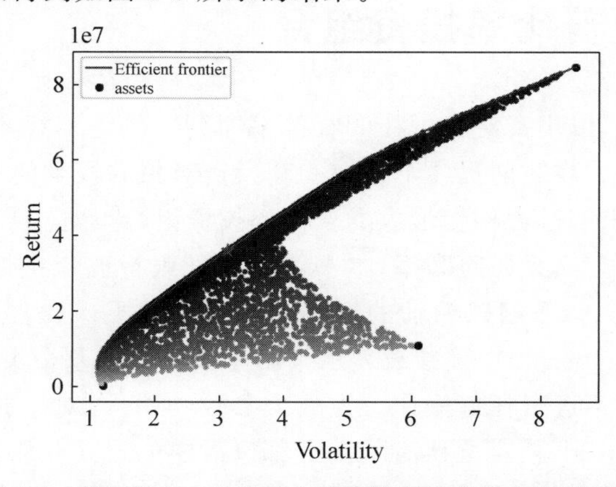

图 6-5　使用 PyPortfolioOpt 模块绘制投资组合表现图像

使用现代投资组合理论可以采用量化的形式在可接受的风险水平内最大化整体回报。现代投资组合理论的关键思想是多样化与分散化投资。投资者可以通过基于对个人风险承受能力的评估并选择最佳组合来获得最佳结果。

在使用现代投资理论指导组合投资时，应使用期望效用原则代替传统的期望收益原则。Markowitz 认为在投资组合的过程中，如果一个投资者的投资目标仅仅是使预期收益最大化，则他永远不会选择投资多样化，当一种投资对象的预期收益高于任何其他投资对象时，投资者会将所有的资金都投放在这种投资对象上。

通过第 4 章内容的学习，读者会发现所实现的量化系统天然支持多基金的回测，而在第 5 章中策略回测代码仅将一个基金作为研究对象。本章将其修改为多个回测标的，如下加粗代码所示。

```
//ch6/6.1/main_cmd.py
…
#从文件获取策略研究的基金代码
symbols = list(get_valid_pool_codes(FUND_POOL_TXT_PATH, FUND_INFO_JSON_PATH))
#资金总量
CAPITAL = 10000

#生成手续费率字典，假定每个标的手续费率相同
symbol_num = len(symbols)
rates = dict(zip(symbols, [SERVICE_CHARGE] * symbol_num))
…
```

如上代码中的 FUND_POOL_TXT_PATH 和 FUND_INFO_JSON_PATH 分别表示人工筛选的基金池代码文件路径与所有基金信息的 JSON 文件路径，通过 get_valid_pool_codes 方法筛选出可用于回测的基金对象。本章选取投资组合的基金池条件与 5.8.1 节相同：过往业绩好于同类平均、基金资产净值在 10 亿元以上、过去三年与五年的晨星评级在 3 星以上。下面几节以 PyPortfolioOpt 为优化工具讲解投资组合策略的编写方法。

7min

6.2 最大夏普比率投资组合

在投资组合理论中，以投资对象过往的收益率序列的均值与标准差作为该投资对象的未来期望收益与标准差。在此前提之下选取一套投资对象的权重使预期的投资组合夏普比率最大，这一套权重的求解过程称作最大夏普比率投资组合策略。

求取夏普比率需要定义无风险利率，本书使用大型银行五年定期存款利率作为无风险利率，其值为年化 2.75%。策略以轮动的形式完成基金的买入和卖出，因此其包含一个参数，即持有时长(holding_period)，该参数表示策略完成一揽子基金买入操作后的持有时长，在持有期内策略对持仓不进行任何操作。为减少参数的引入，对于基金历史业绩的分析窗口长度也为 holding_period，换言之所有的基金都以滑窗的形式获取最新 holding_period 天的序列数据，并以投资组合理论为指导计算投资对象的组合权重。

在 PyPortfolioOpt 中，为 mean_historical_return 和 sample_cov 方法传入价格/净值序列的 DataFrame 可以直接计算得到历史收益率均值与协方差矩阵，将两者传入 get_efficient_frontier 即可得到“有效前沿”，再使用 efficient_frontier.max_sharpe()完成最大夏普比率投资组合的求解，最后使用 efficient_frontier.clean_weights()可以得到字典形式的投资对象权重。

在编写代码之前，还有几个需要注意的细节，基金池中的投资对象的预期收益不一定都会超过无风险利率（夏普比率为负数），因此需要对基金池中的所有基金计算夏普比率并过滤出夏普比率大于 0 的基金。策略代码中还设定了一个最大持仓基金数量参数 max_pos_num，代码如下：

```
//ch6/6.2/port_strategy.py
def select_pf_pool(self):
    """选择投资组合池"""
    symbol_sharpes = {
        _k: vals_sharpe_ratio(_v, risk_free = self.risk_free_yield)
        for _k, _v in self.symbol_adjust_vals.items()
    }

    sorted_sharpes = sorted(symbol_sharpes.items(), key = lambda x: - x[ - 1])
    max_pos_sharpes = [x[0] for x in sorted_sharpes if x[ - 1] > 0][
        : self.max_pos_num
    ]
    pf_pool = set(max_pos_sharpes)

    if not pf_pool:
        return set()

    return pf_pool
```

由于基金投资存在复利效应，在考虑夏普比率的无风险利率时需要把银行五年期定期存款年单利利率转换为日复利利率，使用式(4-3)进行计算即可，代码如下：

```
//ch6/6.2/port_strategy.py
@property
def risk_free_yield(self):
    """无风险利率"""
    #无风险利率 = 1 + 银行五年定期存款利率
    risk_free_annual_yield = (
        1
         + FIXED_DEPOSIT_5Y
    )
    return risk_free_annual_yield ** (1 / ANNUAL_DAYS) - 1
```

在上面的代码中 ANNUAL_DAYS 为每年的交易日数，本书中的取值为 240。为了防止求解得到的权重过于稀疏，在求解权重中可以加入 L_2 正则项，代码如下：

```
def get_efficient_frontier(mean, relev):
    """获取有效边界"""
    efficient_frontier = EfficientFrontier(mean, relev)
    efficient_frontier.add_objective(objective_functions.L2_reg)
    return efficient_frontier
```

6.1节中提到的投资组合权重为每个投资组合的投资单位/份额比例关系，而基金投资是以金额申购的，因此需要结合求解的份额权重与对应的基金净值计算得到每个待投资基金的金额单位比例关系，代码如下：

```
//ch6/6.2/port_strategy.py
def get_amount_weights_performance(self, weights: dict[str, float]):
    """计算投资金额的权重"""
    if weights:
        for _k, _v in weights.items():
            #得到基金最新的净值
            _k_adjust_val = self.symbol_latest_adjust_val(_k)
            #份额比例乘以净值得到金额比例
            weights[_k] = _v * _k_adjust_val

        weights_sum = sum(weights.values())
        #归一化
        for _k in weights:
            weights[_k] /= weights_sum
        return weights
    return {}
```

整体最大夏普比率的投资组合策略的代码如下：

```
//ch6/6.2/port_strategy.py
…
class PortStrategy(PortfolioStrategy):
    """投资组合交易策略"""

    author = "ouyangpengcheng"

    holding_period = 120
    max_pos_num = 20

    parameters = ["holding_period", "max_pos_num"]

    def __init__(self) -> None:
        """构造函数"""
        super().__init__()
        self.holding_days = 0
        self.symbol_adjust_vals = {}

    @property
    def risk_free_yield(self):
```

```
        """无风险利率"""
        ...

    def on_init(self) -> None:
        """策略初始化回调"""
        self.prefetch_data(1)

    def on_start(self) -> None:
        """策略启动回调"""

    def on_stop(self) -> None:
        """策略停止回调"""
        self.send_latest_data()

    def select_pf_pool(self):
        """选择投资组合池"""
        ...

    def slice_window_adjust_vals(self):
        """获取窗口内复权净值"""
        self.symbol_adjust_vals = {}

        for _symbol, _symbol_adjust_vals in self.history_adjust_vals.items():
            if len(_symbol_adjust_vals) > self.holding_period:
                self.symbol_adjust_vals[_symbol] = _symbol_adjust_vals[
                    - self.holding_period :
                ]

    def get_max_sharpe_weights_performance(self, pf_pool):
        """获取最大夏普比率的投资组合权重"""

        def get_efficient_frontier(mean, relev):
            """获取有效边界"""
            ...

        adjust_val_frame = pd.DataFrame.from_dict(
            {_k: self.symbol_adjust_vals[_k] for _k in pf_pool}
        )

        #简单均值
        return_mean = expected_returns.mean_historical_return(
            adjust_val_frame, frequency = ANNUAL_DAYS
        )

        #协方差
        return_relevance = risk_models.sample_cov(
            adjust_val_frame, frequency = ANNUAL_DAYS
        )
```

```
        #优化为最小波动率投资组合
        efficient_frontier = get_efficient_frontier(return_mean, return_relevance)
        #efficient_frontier.min_volatility()
        efficient_frontier.max_sharpe()

        cleaned_weights = efficient_frontier.clean_weights()

        weights_sum = sum(cleaned_weights.values())
        for _k in cleaned_weights:
            cleaned_weights[_k] /= weights_sum

        return cleaned_weights

    def get_pf_weights_performance(self, pf_pool):
        """计算投资组合的权重"""
        if pf_pool:
            weights = self.get_max_sharpe_weights_performance(pf_pool)
            return weights
        return {}

    def get_amount_weights_performance(self, weights: dict[str, float]):
        """计算投资金额的权重"""
        …

    def clear_pos(self):
        """清仓"""
        for _symbol in self.pos_symbol_info:
            self.sell(
                _symbol, abs(self.pos_symbol_info.get(_symbol, {}).get(self.volume_key))
            )

    def on_fund_data(self, fund_data: Dict[str, FundData]) -> None:
        """收到行情回调"""
        super().on_fund_data(fund_data)
        self.slice_window_adjust_vals()

        if self.holding_days >= self.holding_period:
            if self.pos_symbol_info:
                self.clear_pos()
                self.holding_days = 0
        else:
            if self.pos_symbol_info:
                self.holding_days += 1
                return

            self.holding_days = 0

            pf_pool = self.select_pf_pool()
            weights = self.get_pf_weights_performance(pf_pool)
```

```
        amount_weights = self.get_amount_weights_performance(weights)

        for _k, _v in amount_weights.items():
            _buy_money = self.available_capital * _v
            if _buy_money > 0:
                self.buy(_k, _buy_money)
```

执行最大夏普比率投资组合策略，可以得到如图 6-6 所示的回测收益曲线。

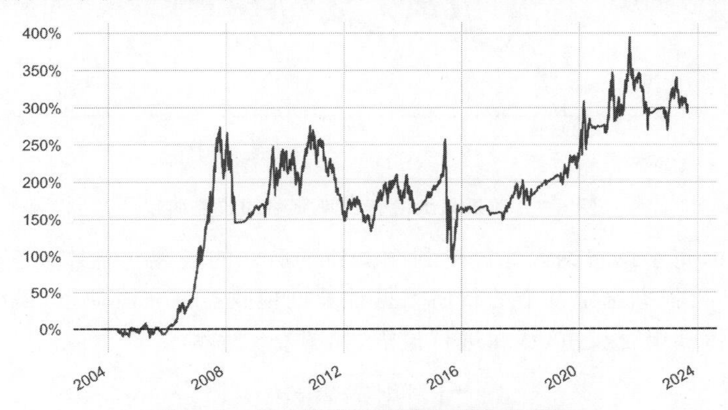

图 6-6　最大夏普比率策略的收益曲线

总体而言，相较于第 5 章提到的单基金交易策略，投资组合的波动与收益都更加保守。

在执行基金的买入和卖出时，投资者会被收取一定的手续费用，在本书的量化系统中该费率被简化为定值 SERVICE_CHARGE＝0.01，即买入或卖出时会被收取 1％的手续费，该费用是投资者在投资过程中必须承担的，如果投资对象带来的预期回报都无法超过收取的手续费，则此时不应该进行投资。换个角度来看，基金交易过程中的手续费率也是无风险利率的一部分，因此需要将其添加至原有的无风险利率。假定持仓时间为 holding_period，那么一年进行基金交易的次数为 $2\times\dfrac{\text{ANNUAL\_DAYS}}{\text{holding\_period}}$，为此付出的手续费率为 $2\times\dfrac{\text{ANNUAL\_DAYS}}{\text{holding\_period}}\times\text{SERVICE\_CHARGE}$，代码如下：

```
//ch6/6.2/port_strategy.py
@property
def risk_free_yield(self):
    """无风险利率"""
    #无风险利率 = 1 + 每年手续费的期望值 + 银行五年定期存款利率
    risk_free_annual_yield = (
        1
        + FIXED_DEPOSIT_5Y
        + 2 * ANNUAL_DAYS / self.holding_period * SERVICE_CHARGE
    )
    return risk_free_annual_yield ** (1 / ANNUAL_DAYS) - 1
```

使用新的无风险利率进行策略回测可以得到如图 6-7 所示的收益曲线。

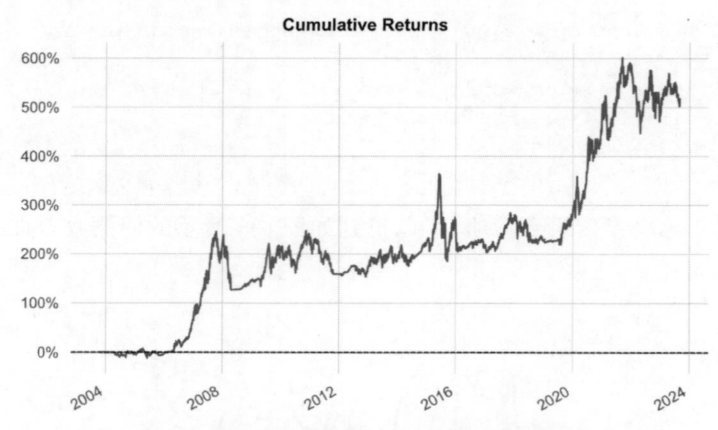

图 6-7 改进最大夏普比率策略的收益曲线

相比于图 6-6，将手续费纳入无风险利率得到了更好的表现。总体而言，投资组合策略需要先选取基金，再根据选定基金的行情数据计算期望收益率与波动率，最终基于特定的投资目标与期望值得到组合权重，从而进行投资，如图 6-8 所示。

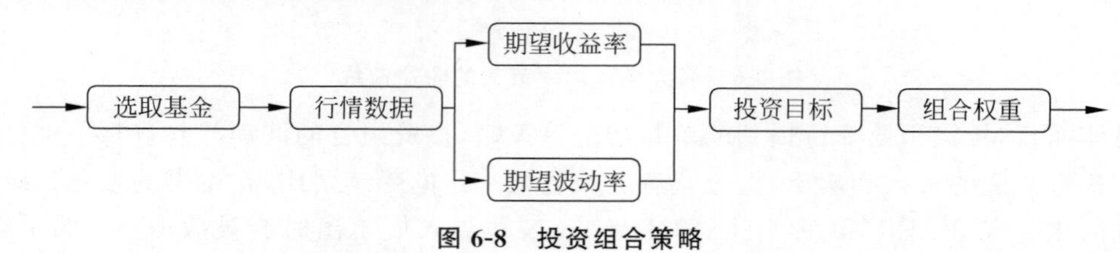

图 6-8 投资组合策略

接下来几节会从图 6-8 中的不同环节对不同组合策略进行说明。

6.3 最小波动率投资组合

在 6.2 节中介绍的最大夏普比率组合策略需要对未来收益率与波动情况有较为准确的预测才能构建准确的最大夏普比率组合。事实上，使用简单均值对未来收益率进行预测并不是一个好的预测，使用 3.9 节中的基金数据，并编写代码检查均值与当前值的序列情况：

```
//ch6/6.3/historical_mean/test_mean.py
import pandas as pd
import matplotlib.pyplot as plt

#读取 CSV 数据
data = pd.read_csv("202001.csv")
#获取复权净值
adjust_val = data.loc[:, "adjust_val"]
#计算收益率
returns = adjust_val.pct_change().rename("returns")
#计算滑动窗口的收益率的简单均值
```

```
hist_mean_returns = returns.rolling(window = 120).mean().rename("history_mean")
#去除 NaN 数据行
final_data = pd.concat([returns, hist_mean_returns], axis = 1).dropna()
#绘图
final_data.plot()
#计算相关系数
print(final_data["returns"].corr(final_data["history_mean"]))
plt.show()
```

运行代码可以得到如图 6-9 所示的结果。

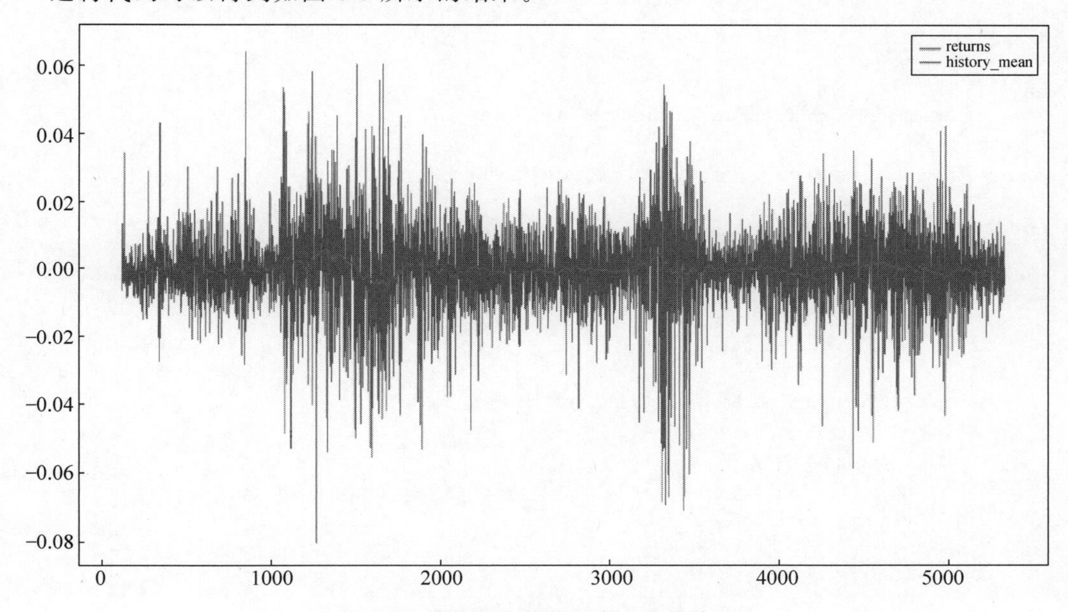

图 6-9 简单均值与收益率序列的情况

同时发现两个序列的相关系数都为 0.11 左右，从图 6-9 与相关系数可以发现两者的相关性并不高，说明收益率的简单均值对未来收益率来讲不是一个好的预测，在基于一个较差的期望收益率预测之下的夏普比率计算也是失真的，而基于方差的波动率建模效果在时间序列中则是可以接受的，读者可以使用类似的方式进行验证。

因此，在收益率无法准确建模的前提下，使用最小波动率组合策略是一个更好的选择，如式(6-5)所示，最小波动率优化目标仅考虑波动率即可，并不涉及期望收益率的计算，优化目标更加简单。

在 PyPortfolioOpt 中，求解有效前沿后使用 min_volatility 方法即可，代码如下：

```
//ch6/6.3/port_strategy.py
…
class PortStrategy(PortfolioStrategy):
    """投资组合交易策略"""

    author = "ouyangpengcheng"
```

```
    holding_period = 120
    max_pos_num = 20

    parameters = ["holding_period", "max_pos_num"]
…
    def get_min_volatility_weights_performance(self, pf_pool):
        """获取最小波动的投资组合权重"""

        def get_efficient_frontier(mean, relev):
            """获取有效边界"""
            …
…
        efficient_frontier.min_volatility()

        cleaned_weights = efficient_frontier.clean_weights()

        weights_sum = sum(cleaned_weights.values())
        for _k in cleaned_weights:
            cleaned_weights[_k] /= weights_sum

        return cleaned_weights

    def get_pf_weights_performance(self, pf_pool):
        """计算投资组合的权重"""
        if pf_pool:
            weights = self.get_min_volatility_weights_performance(pf_pool)
            return weights
        return {}
…
```

使用如上代码回测后，得到如图 6-10 所示的结果。

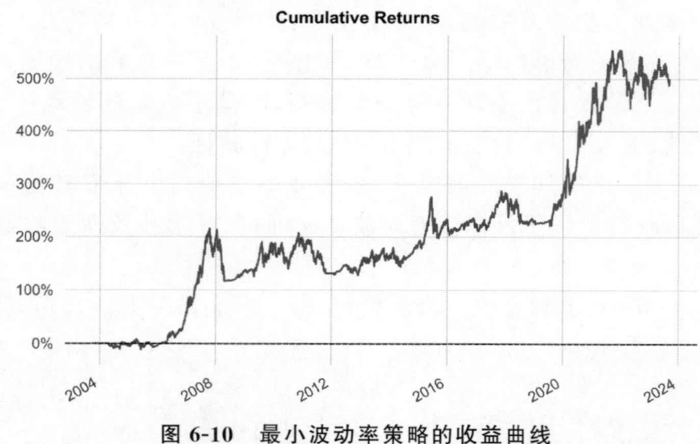

图 6-10　最小波动率策略的收益曲线

比较图 6-10 与图 6-7 可以发现，使用最小波动率策略的夏普比率反而更大，这说明最大夏普比率策略的收益率推算是失真的。虽然最小波动率在绝对收益上稍微低于最大夏普比率策略,但是其波动性远小于最大夏普比率策略。在实际使用中,最小波动率策略往往比最大夏普比率策略更加可靠。

6.4 优化统计量的计算

在前面几节对于投资对象波动性的衡量中使用了标准差作为度量,标准差的度量是没有方向性的,它考虑了投资对象在均值两侧的波动情况,而在实际投资中,投资者厌恶的是低于均值或低于某个阈值的波动,而对于高于均值或阈值的波动是不抗拒的,这样的“有利波动”能带来更高的收益,因此需要一种衡量“不利波动”的方式。

半方差(Semivariance)通过计算低于数据平均值或某一阈值的数据离散度来表示投资组合的潜在下行风险/波动。同理,在不同投资对象之间衡量这些低于数据平均值或阈值部分数据的相关性则可以优化协方差矩阵的计算。本书中将该阈值设为无风险利率,在PyPortfolioOpt中使用semicovariance方法即可计算半协方差矩阵,代码如下:

```
//ch6/6.4/port_strategy.py
…
class PortStrategy(PortfolioStrategy):
    """投资组合交易策略"""

    author = "ouyangpengcheng"

    holding_period = 120
    max_pos_num = 20

    parameters = ["holding_period", "max_pos_num"]
…
    def get_max_sharpe_weights_performance(self, pf_pool):
        """获取最大夏普比率的投资组合权重"""

        def get_efficient_frontier(mean, relev):
            """获取有效边界"""
            …
        adjust_val_frame = pd.DataFrame.from_dict(
            {_k: self.symbol_adjust_vals[_k] for _k in pf_pool}
        )

        #指数均值
        return_mean = expected_returns.ema_historical_return(
            adjust_val_frame, frequency = ANNUAL_DAYS
        )

        #半协方差
        return_relevance = risk_models.semicovariance(
```

```
            adjust_val_frame, frequency = ANNUAL_DAYS, benchmark = self.risk_free_yield
        )

        #优化为最小波动率投资组合
        efficient_frontier = get_efficient_frontier(return_mean, return_relevance)
        efficient_frontier.min_volatility()

        cleaned_weights = efficient_frontier.clean_weights()

        weights_sum = sum(cleaned_weights.values())
        for _k in cleaned_weights:
            cleaned_weights[_k] /= weights_sum

        return cleaned_weights
...
```

运行以上策略可以得到如图 6-11 所示的结果。

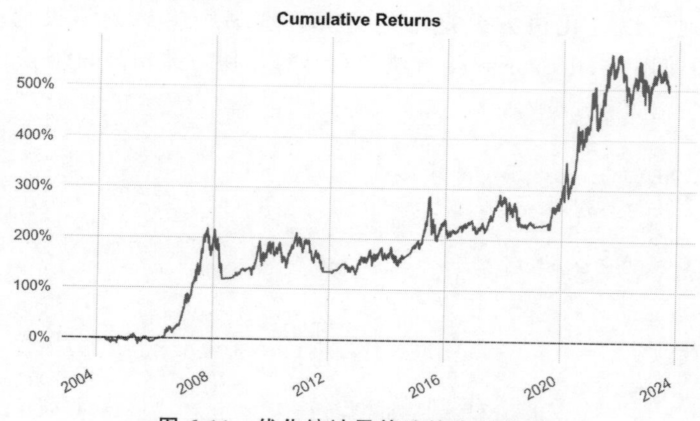

图 6-11　优化统计量策略的收益曲线

策略本身已经通过计算夏普比率筛选过预期收益高于无风险利率的投资对象，因此计算半协方差矩阵与直接计算协方差矩阵的区别并不大，收益曲线的区别也不大。除了可以使用 semicovariance 计算期望风险外，在 PyPortfolioOpt 的 expected_returns 和 risk_models 模块中还提供了多种期望收益与风险的计算方法。

6.5 优化基金持有时间

前 3 节中的策略使用夏普比率的排序结果作为挑选投资基金的标准，对于基金卖出则仅使用了固定的轮换周期参数，这样会造成策略的择时能力较差。第 5 章中基于指标的基金交易策略通过设计指标并监控其值的变化完成基金的交易，通过指标值完成择时，因此可以将第 5 章中介绍的指标策略与本章的投资组合思想相结合，指标提供择时和基金选取的能力，投资组合分析再对被选中的基金计算投资权重即可。基于这种思想可以将双均线与

MACD策略与6.4节的策略相结合：当双均线或MACD指标值发出买入信号时，将发出信号的基金加入买入投资基金池，再进一步对投资基金池内的基金计算投资权重；当双均线与MACD指标值发出卖出信号时，将发出信号的基金加入卖出基金池，对于卖出基金池中已有的持仓基金完成卖出操作，代码如下：

```
//ch6/6.5/ma_port_strategy.py
…
class MaPortStrategy(PortfolioStrategy):
    """投资组合交易策略"""

    author = "ouyangpengcheng"

    #双均线参数
    fast_period = 20
    slow_period = 120

    #MACD参数
    #快线周期
    short_term = 12
    #慢线周期
    long_term = 26
    #MACD周期
    macd_term = 9
    max_pos_num = 20

    parameters = ["fast_period", "slow_period", "max_pos_num"]

    def __init__(self) -> None:
        """构造函数"""
        super().__init__()
        self.holding_days = 0
        self.symbol_adjust_vals = {}
        #定义预取数据的天数
        self.prefetch_days = max(self.fast_period, self.slow_period) + 1
        #基类中回看天数为默认一年，当预取天数大于默认值时，需要修改为大值
        self.look_back_size = self.prefetch_days
    …
    def select_pf_pool(self):
        """选择投资组合池"""
        pf_pool = set()

        for _k, _v in self.symbol_adjust_vals.items():
            _v = np.asarray(_v)
            fast_av = talib.SMA(_v, self.fast_period)
            slow_av = talib.SMA(_v, self.slow_period)

            fast_0, fast_1 = fast_av[-2], fast_av[-1]
            slow_0, slow_1 = slow_av[-2], slow_av[-1]
```

```
            #金叉
            ma_buy = fast_0 < slow_0 and fast_1 > slow_1

            dif, dea, macd = talib.MACD(
                _v,
                fastperiod = self.short_term,
                slowperiod = self.long_term,
                signalperiod = self.macd_term,
            )

            #当 MACD 上穿零轴并且 DIF 大于 0 时说明此时为多头走势，应买入
            macd_buy = (macd[-2] < 0 and macd[-1] > 0) and dif[-1] > 0

            if ma_buy or macd_buy:
                pf_pool.add(_k)

        return pf_pool

    def select_clear_pool(self):
        """选择需要清仓的券池"""
        clear_pool = set()

        for _k, _v in self.symbol_adjust_vals.items():
            _v = np.asarray(_v)
            fast_av = talib.SMA(_v, self.fast_period)
            slow_av = talib.SMA(_v, self.slow_period)

            fast_0, fast_1 = fast_av[-2], fast_av[-1]
            slow_0, slow_1 = slow_av[-2], slow_av[-1]

            #死叉
            ma_sell = fast_0 > slow_0 and fast_1 < slow_1

            dif, dea, macd = talib.MACD(
                _v,
                fastperiod = self.short_term,
                slowperiod = self.long_term,
                signalperiod = self.macd_term,
            )

            #当 MACD 下穿零轴并且 DIF 小于 0 时说明此时为空头走势，应卖出
            macd_sell = (macd[-2] > 0 and macd[-1] < 0) and dif[-1] < 0

            #死叉
            if ma_sell and macd_sell:
                clear_pool.add(_k)

        return clear_pool
...
```

```
    def on_fund_data(self, fund_data: Dict[str, FundData]) -> None:
        """收到行情回调"""
        super().on_fund_data(fund_data)
        self.slice_window_adjust_vals()

        pf_pool = self.select_pf_pool()
        weights = self.get_pf_weights(pf_pool)
        amount_weights = self.get_amount_weights_performance(weights)
        clear_pool = self.select_clear_pool()

        for _symbol in clear_pool & self.pos_symbols:
            volume = self.pos_symbol_info.get(_symbol, {}).get(self.volume_key)
            self.sell(_symbol, volume)

        for _k, _v in amount_weights.items():
            _buy_money = self.available_capital * _v
            if _buy_money > 0:
                self.buy(_k, _buy_money)
```

通过策略的交易记录来看，不同基金的指标信号并不同步，在大多数情况下的买入基金池仅有一个基金，此时投资组合失去了作用。相比于投资组合策略，图 6-12 是典型的仅押注于单基金的轮转策略的收益曲线走势。

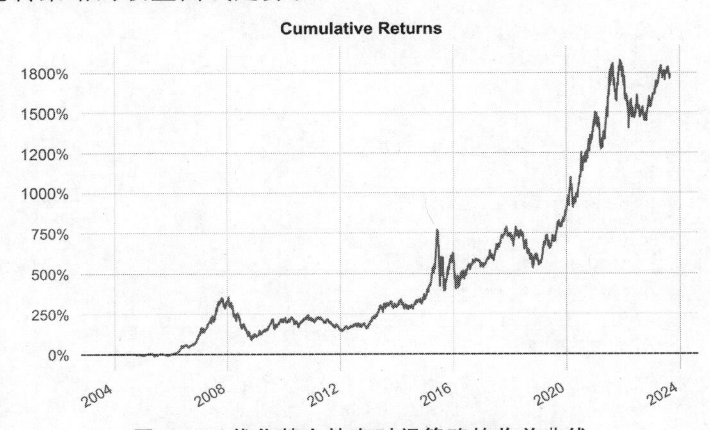

图 6-12　优化基金持有时间策略的收益曲线

为了使用投资组合理论，在生成买入基金池时可以进行人为限制：当指标生成的基金池小于 2 个时，当前不执行买入操作，代码如下：

```
//ch6/6.5/ma_port_strategy_force_port.py
…
class MaPortStrategy(PortfolioStrategy):
    """投资组合交易策略"""

    author = "ouyangpengcheng"

    #双均线参数
```

```
    fast_period = 20
    slow_period = 120

    # MACD 参数
    # 快线周期
    short_term = 12
    # 慢线周期
    long_term = 26
    # MACD 周期
    macd_term = 9
    max_pos_num = 20

    parameters = ["fast_period", "slow_period", "max_pos_num"]
...
    def select_pf_pool(self):
        """选择投资组合池"""
        pf_pool = set()

        for _k, _v in self.symbol_adjust_vals.items():
            _v = np.asarray(_v)
            fast_av = talib.SMA(_v, self.fast_period)
            slow_av = talib.SMA(_v, self.slow_period)

            fast_0, fast_1 = fast_av[-2], fast_av[-1]
            slow_0, slow_1 = slow_av[-2], slow_av[-1]

            # 金叉
            ma_buy = fast_0 < slow_0 and fast_1 > slow_1

            dif, dea, macd = talib.MACD(
                _v,
                fastperiod=self.short_term,
                slowperiod=self.long_term,
                signalperiod=self.macd_term,
            )

            # 当 MACD 上穿零轴并且 DIF 大于 0 时说明此时为多头走势，应买入
            macd_buy = (macd[-2] < 0 and macd[-1] > 0) and dif[-1] > 0

            if ma_buy or macd_buy:
                pf_pool.add(_k)

        if len(pf_pool) < 2:
            return set()

        return pf_pool
...
```

执行以上策略，可以得到如图 6-13 所示的收益曲线。

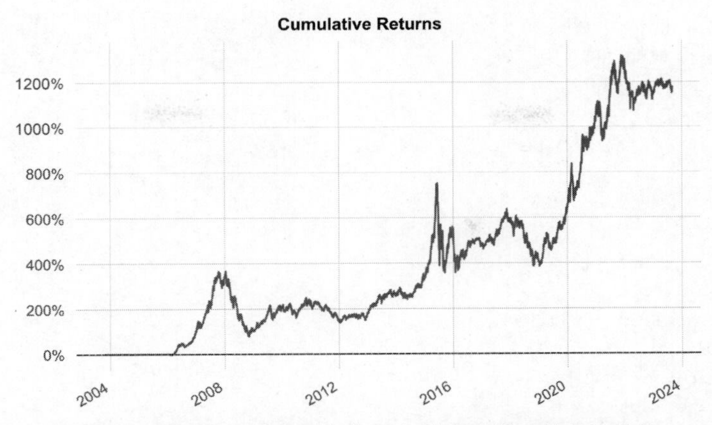

图 6-13 优化基金持有时间与买入基金池策略的收益曲线

比较图 6-12 和图 6-13 可以发现，使用投资组合后的绝对收益与夏普比率会低一些，押注于单基金的投资在方向正确时会带来更高的收益。一方面从收益情况看，两张图像的对比能够看出单基金投资和投资组合的典型区别；另一方面从夏普比率来看，通过双均线与 MACD 进行买入基金的选取并不是一个足够好的方式。

6.6 优化均值的预测方式

前几节使用的策略大多数是最小波动率优化目标，本节将使用一种优化的均值预测方式，使用更加准确的均值预测可以得到更加准确的"有效前沿"，进而能够找到更加符合投资目标的权重。

由于持有周期为 holding_period 天，可以使用前 holding_period 天的收益率数据作为训练数据，而后使用 holding_period 天内的年化收益率作为训练标签。在策略运行的过程中以上过程不断收集训练数据与标签，并完成模型的训练与预测过程，最终将模型的预测结果作为预期收益计算投资组合权重即可。

下面的代码使用 SVR 模型完成回归，并以最新的 train_set_size(默认值为 10 000)个数据作为数据集。对训练完成的模型使用 R^2 进行评价，当模型的泛化能力较强时，使用模型预测的均值作为预期收益，否则使用指数平均值作为预期收益。策略的具体代码如下：

```
//ch6/6.6/port_strategy.py
…
class PortStrategy(PortfolioStrategy):
    """投资组合交易策略"""

    author = "ouyangpengcheng"

    holding_period = 120
    max_pos_num = 20
```

```
    test_size = 0.2
    r2_threshold = 0.8
    train_set_size = 10000

    parameters = ["holding_period", "max_pos_num"]

    def __init__(self) -> None:
        """构造函数"""
        super().__init__()
        self.holding_days = 0
        self.symbol_adjust_vals = {}

        self.data_set = []
        self.data_labels = []

        self.model = SVR(C=10, kernel="rbf")
        self.look_back_size = 2 * self.holding_period
...
    def slice_window_adjust_vals(self):
        """获取窗口内复权净值"""
        self.symbol_adjust_vals = {}

        for _symbol, _symbol_adjust_vals in self.history_adjust_vals.items():
            if len(_symbol_adjust_vals) >= 2 * self.holding_period:
                self.symbol_adjust_vals[_symbol] = _symbol_adjust_vals[
                    self.holding_period :
                ]

                data = calc_return(
                        _symbol_adjust_vals[: self.holding_period])
                label = calc_return(
                        _symbol_adjust_vals[self.holding_period :])
                label = (1 + label).prod() ** (ANNUAL_DAYS / len(label)) - 1
                label = np.mean(label)

                self.data_set.append(data)
                self.data_labels.append(label)

    def get_max_sharpe_weights_performance(self, pf_pool):
        """获取最大夏普比率的投资组合权重"""

        def get_efficient_frontier(mean, relev):
            """获取有效边界"""
            efficient_frontier = EfficientFrontier(mean, relev)
            efficient_frontier.add_objective(objective_functions.L2_reg)
            return efficient_frontier

        adjust_val_frame = pd.DataFrame.from_dict(
            {_k: self.symbol_adjust_vals[_k] for _k in pf_pool}
```

```
        )
        adjust_vals = {_k: self.symbol_adjust_vals[_k] for _k in pf_pool}

        train_data, test_data, train_labels, test_labels = train_test_split(
            self.data_set[-self.train_set_size :],
            self.data_labels[-self.train_set_size :],
            test_size=self.test_size,
        )
        self.model.fit(train_data, train_labels)
        test_pred = self.model.predict(test_data)
        r2s = r2_score(test_labels, test_pred)

        if r2s >= self.r2_threshold:
            pred_returns = {}
            for k, av in adjust_vals.items():
                rt = calc_return(av)
                pred_returns[k] = self.model.predict([rt])[0]

            #预测均值
            return_mean = pd.Series(pred_returns)
        else:
            #指数均值
            return_mean = expected_returns.ema_historical_return(
                prices=adjust_val_frame,
                span=self.holding_period //2,
                frequency=ANNUAL_DAYS,
            )

        #半协方差
        return_relevance = risk_models.semicovariance(
            adjust_val_frame, frequency=ANNUAL_DAYS, benchmark=self.risk_free_yield
        )

        #优化为最小波动率投资组合
        efficient_frontier = get_efficient_frontier(return_mean, return_relevance)
        efficient_frontier.min_volatility()

        cleaned_weights = efficient_frontier.clean_weights()

        weights_sum = sum(cleaned_weights.values())
        for _k in cleaned_weights:
            cleaned_weights[_k] /= weights_sum

        return cleaned_weights
...
```

使用以上策略进行回测，可以得到如图 6-14 所示的结果。

通过比较图 6-14 与前几节各策略的收益曲线可以发现，使用优化均值作为期望收益可以在分散投资获得同等收益的前提下承受更小的波动率，具体的比较结果在此不再赘述。读者可以尝试更复杂的模型或使用多因子模型对期望收益进行预测，并进行回测。

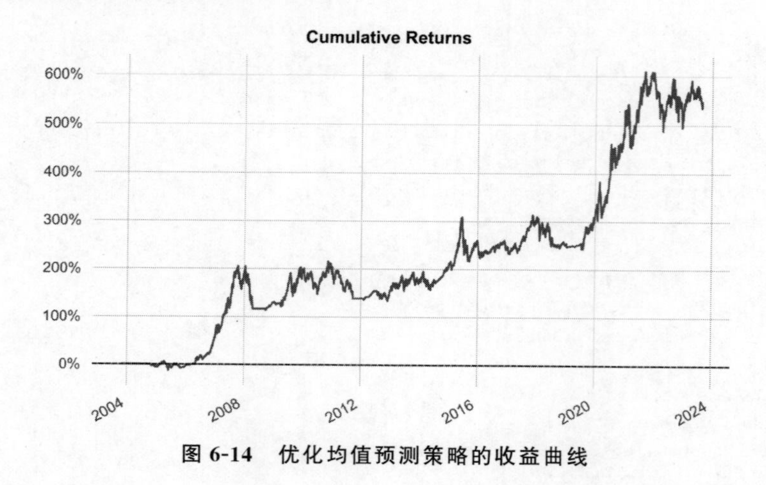

图 6-14 优化均值预测策略的收益曲线

6.7 小结

本章介绍了现代投资组合理论，从基础的最大夏普比率与最小波动率投资策略开始着手，到各部分进行改进的投资组合策略进行了介绍。本书建议读者在实际投资中充分采纳分散投资的思想，尝试将投资组合理论与其他技术相结合，在该理论的框架下充分利用其他领域的知识或模型对投资活动进行指导。

第7章 系统优化与管理

CHAPTER 7

前6章完成了量化系统的核心逻辑构建与交易策略的设计与分析，本章将在前6章的基础上对系统进一步地进行完善与优化。

7.1 系统界面的优化

在前面几章介绍的代码中，主要以命令行的形式完成策略的回测，以QuantStats保存的HTML文件对回测结果进行展示，本节将在系统的基础上设计简单的界面便于回测的实现与指标的展示。

修改前几章的回测主函数，将回测的必要参数作为参数传入，可以将其封装为回测请求接收函数，对主函数进行修改，修改后的代码如下：

```
//ch7/7.1/main.py
def run_backtest(
    strategy: str,
    capital: float,
    rate: float,
    fund_pool: list[str],
    start_date: str,
    end_date: str,
):
    """
    回测函数

    Args:
        strategy (str): 策略名称
        capital (float): 回测本金
        rate (float): 手续费率
        fund_pool (list[str]): 基金池
        start_date (str): 开始日期
        end_date (str): 结束日期

    Returns:
```

```
        _type_: _description_
    """
    ...
    #生成手续费率字典
    symbol_num = len(fund_pool)
    rates = dict(zip(fund_pool, [rate] * symbol_num))

    #初始化回测引擎
    engine = Engine(
        strategy_cls = strategy_cls,
        symbols = fund_pool,
        start = start_date,
        end = end_date,
        rates = rates,
        capital = capital,
    )

    #1. 运行回测
    engine.run_backtesting()
    #2. 计算回测指标
    engine.calculate_statistics()
    #3. 保存并展示 QuantStats 的回测结果
    qs_result = engine.qs_result()
    return qs_result, engine.results_df["balance"]
```

如上所示的 run_backtest 函数需要起到承上启下的作用，一方面需要接收外部的回测参数执行回测，另一方面需要将回测的结果返回。前面几章直接使用了 quantstats.reports.html 方法计算回测指标并生成 HTML 文件，该方法的内部主要调用 quantstats.reports.metrics 完成回测各项指标的计算，并以 DataFrame 返回，因此在回测引擎中可以重新对 metrics 方法进行封装，使其返回指标，代码如下：

```
//ch7/7.1/backtesting.py
...
def qs_result(self):
    """获取 QuantStats 的结果"""
    df: DataFrame = self.results_df

    qs_result = qs.reports.metrics(
        returns = df["balance"],
        rf = self.risk_free,
        display = False,
        mode = "full",
        internal = True,
        compounded = True,
        periods_per_year = ANNUAL_DAYS,
        prepare_returns = True,
    )
    return qs_result
...
```

获得回测指标后，将指标与回测过程的资金曲线返回即可。使用 Python 作为后端服务开发的框架较多，例如 Flask 和 Django，读者可以自行选用这些框架构建后端服务，传统的前端页面构建，则需要借助 Vue 或 React 等 JS 框架完成。前端 JavaScript 开发对于本书的读者可能有一定的学习成本(本书鼓励有基础的读者使用前端框架完成前端的构建)，因此本书借助 Python 的 NiceGUI 框架快速构建前端展示页面，其官方网站如图 7-1 所示。

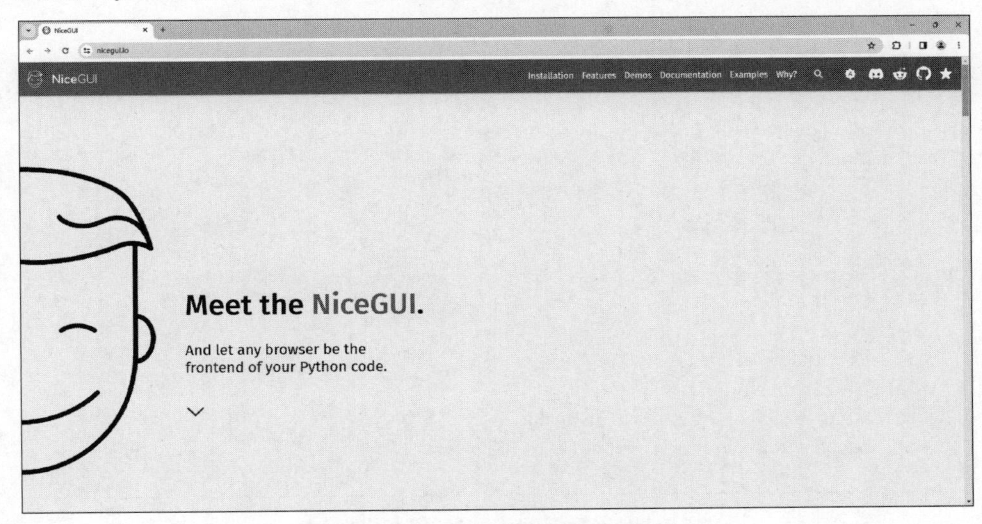

图 7-1 NiceGUI 官方网站页面

NiceGUI 允许用户在 Python 代码中编写原生 HTML 与 CSS 代码，并且该框架封装了常见的前端控件，允许用户自定义控件的事件函数，进而完成请求的逻辑处理。例如下面的代码使用 NiceGUI 完成了按钮的定义及单击事件：

```
//ch7/7.1/test_nicegui.py
from nicegui import ui

ui.button("Click me!", on_click = lambda: ui.notify("You clicked me!"))
ui.run()
```

运行以上代码，在浏览器访问 8080 端口可以看到定义的界面，单击按钮可以看到相应的提示信息，如图 7-2 所示。

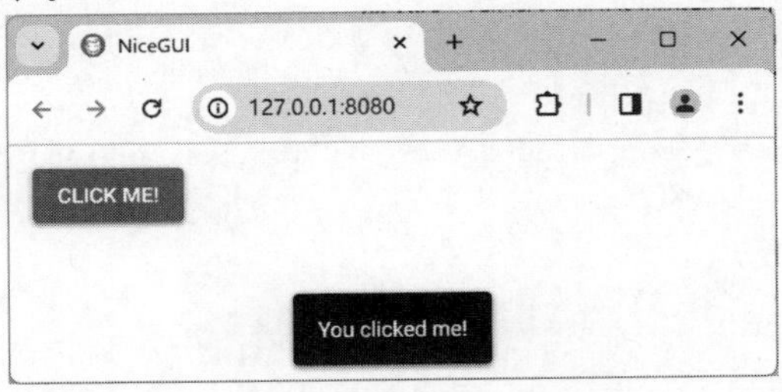

图 7-2 NiceGUI 执行示例

NiceGUI 的前端控件基于 Vue 和 Quasar 构建，后端服务基于 FastAPI 构建，使用 Starlette 和 Uvicorn 作为 ASGI 服务器，执行 ui. run 方法即可启动服务。

为了系统的易用性，可以使用 ui. left_drawer 设置界面左侧抽屉，用于填写回测所需的参数，在界面右侧展示回测的结果。回测所需的参数包括回测的目标策略、回测本金、手续费率、目标投资基金池、回测的开始与结束日期，这些分别会用到下拉列表、输入框与日期控件，代码如下：

```
//ch7/7.1/main.py
…
with ui.header(elevated = True, bordered = True).style(
    "background-color: #3874c8;height:8%"
).classes("items-center justify-between"):
    ui.label("Fund Analyser")

with ui.left_drawer(top_corner = False, bottom_corner = True, bordered = True):
    #策略下拉列表
    ui.select(
        list(strategy_dict.keys()),
        label = "Strategy",
        value = backtest_params["strategy"],
        on_change = lambda e: set_value(e.value, "strategy"),
    )
    #回测本金
    ui.number(
        label = "Capital",
        value = backtest_params.get("capital"),
        format = "%.2f",
        on_change = lambda e: set_value(e.value, "capital"),
    )
    #手续费率
    ui.number(
        label = "Rate",
        value = backtest_params.get("rate"),
        format = "%.4f",
        on_change = lambda e: set_value(e.value, "rate"),
    )
    #基金池
    ui.textarea(
        label = "Fund Pool",
        value = backtest_params.get("fund_pool"),
        placeholder = "start typing",
        on_change = lambda e: set_value(e.value.splitlines(), "fund_pool"),
    )
    #开始日期
    with ui.input(
        "Start Date",
        value = backtest_params.get("start_date"),
        placeholder = "start typing",
```

```
        on_change = lambda e: set_value(e.value, "start_date"),
    ) as date:
        with ui.menu() as menu:
            ui.date().bind_value(date)
    #结束日期
    with ui.input(
        "End Date",
        value = backtest_params.get("end_date"),
        placeholder = "start typing",
        on_change = lambda e: set_value(e.value, "end_date"),
    ) as date:
        with ui.menu() as menu:
            ui.date().bind_value(date)

    ui.button(
        "Start",
        on_click = lambda: run_backtesting_wrapper( ** backtest_params),
    )
```

为了使展示美观，代码中还加入了顶部栏展示，运行以上代码可以得到如图 7-3 所示的结果。

图 7-3　量化系统的回测部分界面

当控件内容有变化时会将最新值更新至后端回测参数中，而单击 Start 按钮则会根据前端填写的参数执行回测。上面的代码已经设计了回测结果返回 DataFrame 形式的指标与资金变化曲线，因此在界面右侧可以使用图像展示资金曲线的变化情况，使用表格展示回测指标，实现界面右侧的组件的代码如下：

```
//ch7/7.1/main.py
…
#结果展示界面
chart = ui.echart(
    {
        "xAxis": {"type": "value"},
        "yAxis": {"type": "value"},
        "series": [{"type": "line", "showSymbol": False, "data": []}],
    }
)

columns = [
    {
        "name": "name",
        "label": "Name",
        "field": "name",
        "required": True,
        "align": "left",
        "sortable": True,
    },
    {
        "name": "value",
        "label": "Value",
        "field": "value",
    },
]

table = ui.table(columns = columns, rows = [], row_key = "name").classes("w - full")
…
```

执行代码可以看到如图 7-4 所示的界面。

图 7-4　量化系统的完整界面

同步的回测函数会消耗大量时间，从而对前端造成阻塞，所以可以使用 NiceGUI 的 run 模块下的 cpu_bound 方法以多进程的形式进行异步执行，完成后对结果部分的图像与表格更新即可，代码如下：

```
//ch7/7.1/main.py
…
async def run_backtesting_wrapper( ** kwargs):
    """
    回测运行及界面更新方法
    """
    ui.notify("Start backtesting...")
    qs_result, balance = await run.cpu_bound(run_backtest, ** kwargs)

    #更新表格
    result_dict = qs_result.to_dict()["Strategy"]
    statistics = []
    for key, value in result_dict.items():
        statistics.append({"name": key, "value": value})

    table.rows = statistics
    ui.notify("Done backtesting!")

    #更新曲线
    chart.options["series"][0]["data"].clear()
    chart.update()

    data = balance.to_list()
    for idx, d in enumerate(data):
        chart.options["series"][0]["data"].append([idx, d])
    chart.update()
…
```

最后，还需要处理回测策略下拉列表的数据源，所有可执行的策略位于项目根目录下的 strategies 文件夹内，当前端选中某一策略时，后端需要根据选取的策略动态地引入目标策略并执行。使用 inspect 模块可以动态地获取某一目录下的所有类与成员，如下代码可以获取 strategies 文件夹下的所有策略类：

```
//ch7/7.1/main.py
…

def get_strategies():
    """
    获取所有的可用策略

    Returns:
        dict[str, str]: 策略名称及其模块路径
    """
    module = importlib.import_module("strategies")
```

```
    strategies = inspect.getmembers(module, inspect.isclass)
    strategies = dict(strategies)
    result = {}
    for _k, _v in strategies.items():
        result[_k] = _v.__module__
    return result
...
```

获取所有策略后将数据发送至前端下拉列表即可。回测时根据前端选取的策略名称动态地引入该策略类即可：

```
//ch7/7.1/main.py
...
def run_backtest(
    strategy: str,
    capital: float,
    rate: float,
    fund_pool: list[str],
    start_date: str,
    end_date: str,
):
    ...
    strategy_module = importlib.import_module(strategy_dict[strategy])
    strategy_cls = getattr(strategy_module, strategy)
    start_date = datetime.strptime(start_date, "%Y-%m-%d")
    end_date = datetime.strptime(end_date, "%Y-%m-%d")
...
```

至此，回测系统的界面已经搭建完成，接收前端回测请求与结果的返回与展示逻辑已经编写完成。通过前端执行投资组合策略的回测可以得到如图 7-5 所示的结果。

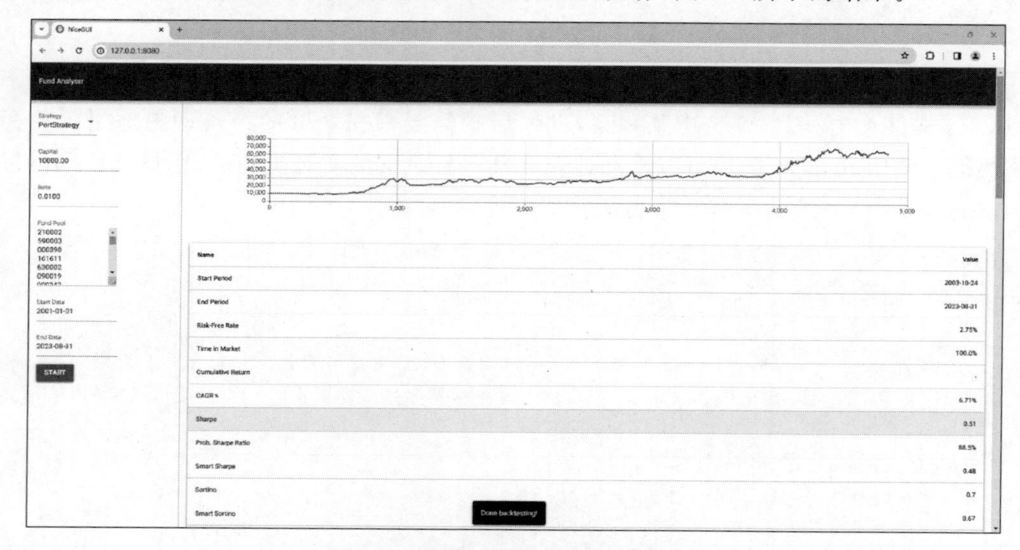

图 7-5　量化系统的回测结果展示

本节通过 NiceGUI 完成量化系统回测界面的单页面搭建与可视化，NiceGUI 还支持多页面的构建与路由，熟悉 Python 的读者可以自行尝试构建功能更加丰富的页面。对于希望构建更加复杂的前后端分离系统的读者，可以进一步学习 Node. js 相关前端技术并采用功能更加丰富的后端框架。

7.2　交易信号的推送

本书介绍的系统通过日常回测可以为投资者的日常投资活动进行指导，通过每日盘后获取最新基金数据并执行回测脚本，将最新的交易信号推送至投资者。在第 4 章的 4.6 节中已经对消息推送模块进行了介绍，通过钉钉机器人完成交易信号的即时推送，本节将介绍机器人创建、使用与推送方法。

首先通过钉钉建立群聊，在群聊的“机器人管理”中添加“自定义机器人”，如图 7-6 所示。

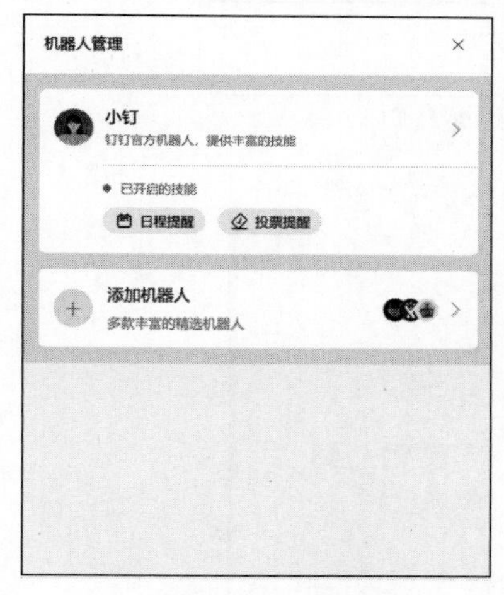

(a) 群聊机器人管理

(b) 添加自定义机器人

图 7-6　创建群聊机器人

在创建自定义机器人时，需要指定安全设置，目前支持 3 种设置：自定义关键词（当消息中包含关键词时才被推送）、加签（通过机器人与开发者双向进行安全认证的消息才被推送）和 IP 地址/段（特定 IP 地址/段的消息才被推送），通过安全设置可以保障机器人的安全性，不受恶意攻击与滥用的影响。本书在 4.6 节中介绍的机器人代码使用了加签的安全形式，若读者意在采用其他安全设置，则需要对消息推送相关代码进行修改。

机器人创建完成后会自动在群里发送一条消息，如图 7-7 所示。

在 4.4 节介绍的策略基类的 on_stop 方法调用了机器人推送消息的方法 send_latest_data，在配置文件中将机器人的激活状态 activated 置为 true 后，当策略完成回测即将停止时会自动推送最近一次的交易信息。

执行回测后，机器人发送的交易信息如图 7-8 所示。

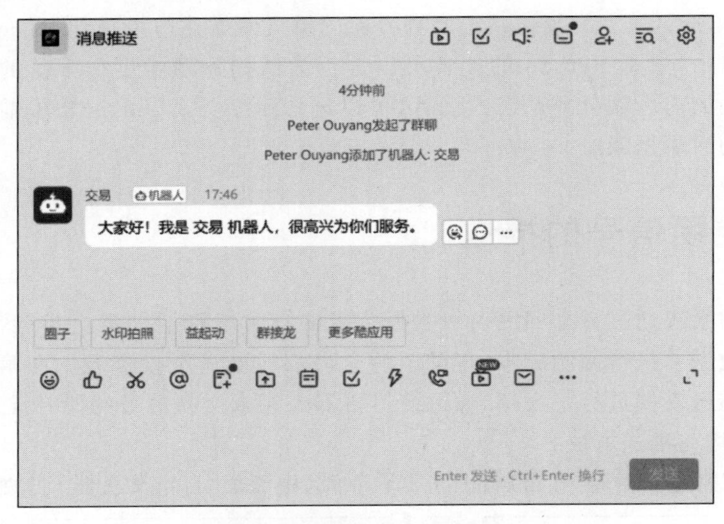

图 7-7　群聊机器人创建完成

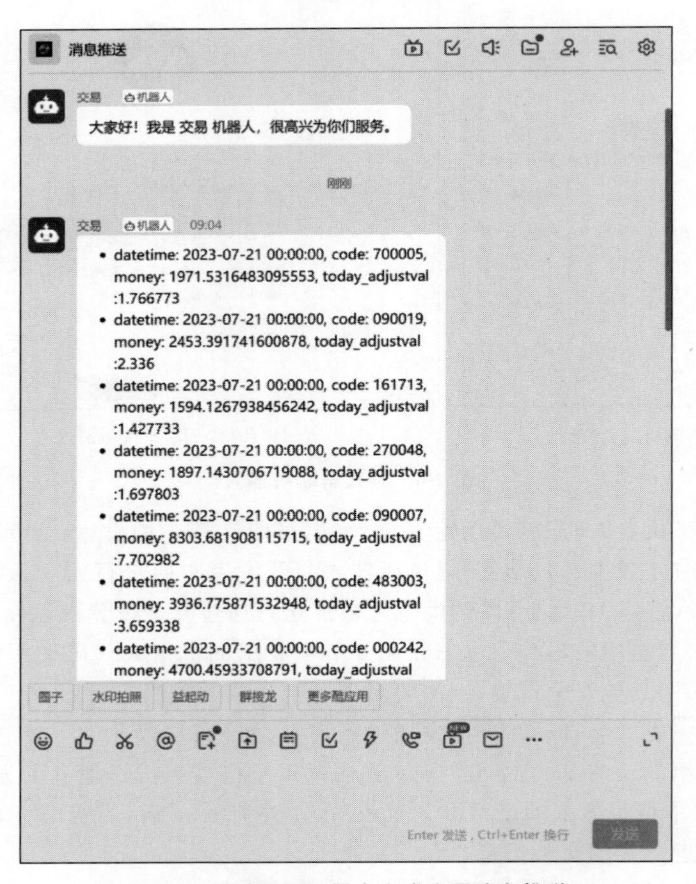

图 7-8　通过群聊机器人完成交易消息推送

读者可以修改 4.6 节中 TradeRobot 的消息推送格式，使机器人推送的消息更加符合需求。图 7-8 中的消息包括交易操作的日期、基金代码、买入金额/卖出份额及当日复权净值，从图中可以发现最新一次的交易动作是在 2023 年 7 月 21 日买入了若干基金。

当投资者进行策略测试时，为了避免测试消息的干扰可以先注销机器人，当策略实盘运行时再激活机器人，每日盘后执行回测并获取结果，推送最新的交易动作即可，消息推送的详细逻辑可参考 4.4 与 4.6 节中的代码。

7.3 系统性能的监控

本节将介绍系统上线运行的必要监控，一个好的监控可以清晰直观地告诉用户当前系统的运行状态，当发生异常时及时告知用户完成告警。本节采用的监控系统为 Prometheus，并结合 Grafana 进行监控指标的展示，采用的技术架构如图 7-9 所示。

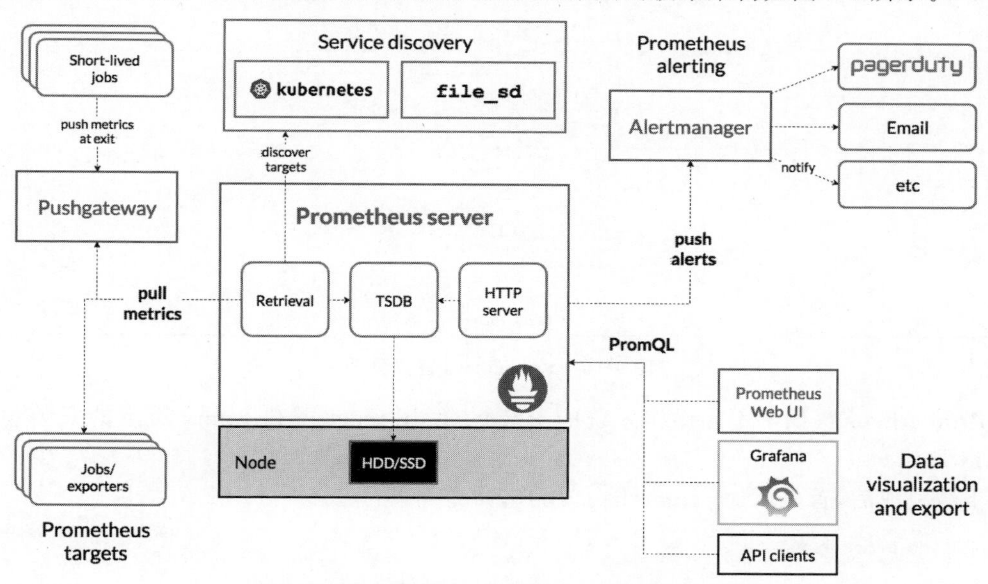

图 7-9 使用 Prometheus + Grafana 构建监控系统

由图 7-9 能看出，完整的监控系统一共包含以下几部分：指标采集器、监控数据处理中心、告警系统、可视化系统。

Prometheus 是一款开源的监控和告警系统，它以时序数据形式收集与存储监控数据，支持由指标名和键-值对组成的时间序列数据，适合于记录数值型的监控数据。Grafana 是一个监控仪表盘系统，使用它进行可视化监控可以简化监控的复杂度。Prometheus 支持从不同的指标采集器(Exporter)中获取监控数据，目前大部分常用组件有采集器可以使用，例如 Varnish、Nginx、MySQL、MongoDB 及 Linux 操作系统信息都有可以直接使用的采集器，Prometheus 对采集器的监控数据进行处理与存储，其自身带有简单的 Web 前端展示监控指标，使用 Grafana 能够更加直观明了地可视化监控指标。Prometheus 和 Grafana 都支持告警，通常来讲可以通过邮件或即时信息对告警信息进行推送。

7.3.1 监控环境配置

本节将介绍 Prometheus 和 Grafana 系统在 Ubuntu 中安装与配置的步骤。首先进入 Prometheus 官网下载并安装包，其官网界面如图 7-10 所示。

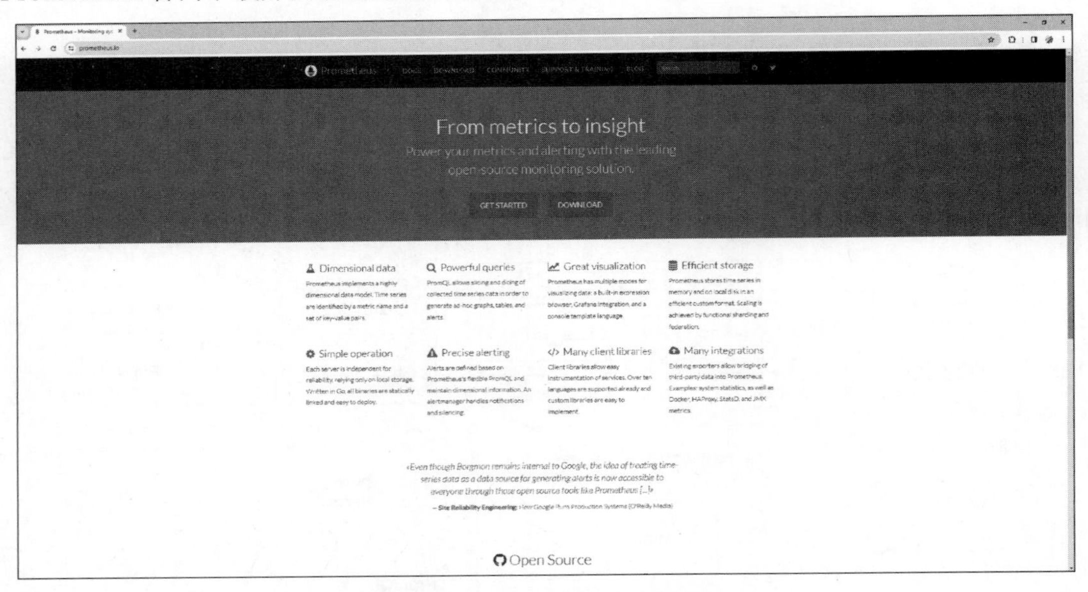

图 7-10 Prometheus 官方页面

Prometheus 提供了不同操作系统的安装包，使用 wget 下载 Linux 版本的安装包，如图 7-11 所示。

下载完成后，首先添加 prometheus 用户，命令如下：

```
useradd prometheus
```

解压并将可执行文件等复制到目标文件夹并将所有者设置为 prometheus 用户，命令如下：

```
tar -xvf prometheus-2.50.1.linux-amd64.tar.gz
cd prometheus-2.50.1.linux-amd64/

PROMETHEUS_PATH='/data/prometheus'
mkdir -p ${PROMETHEUS_PATH}/{data,conf,logs,bin}

cp prometheus promtool ${PROMETHEUS_PATH}/bin/
cp prometheus.yml ${PROMETHEUS_PATH}/conf/

chown -R prometheus:prometheus ${PROMETHEUS_PATH}
```

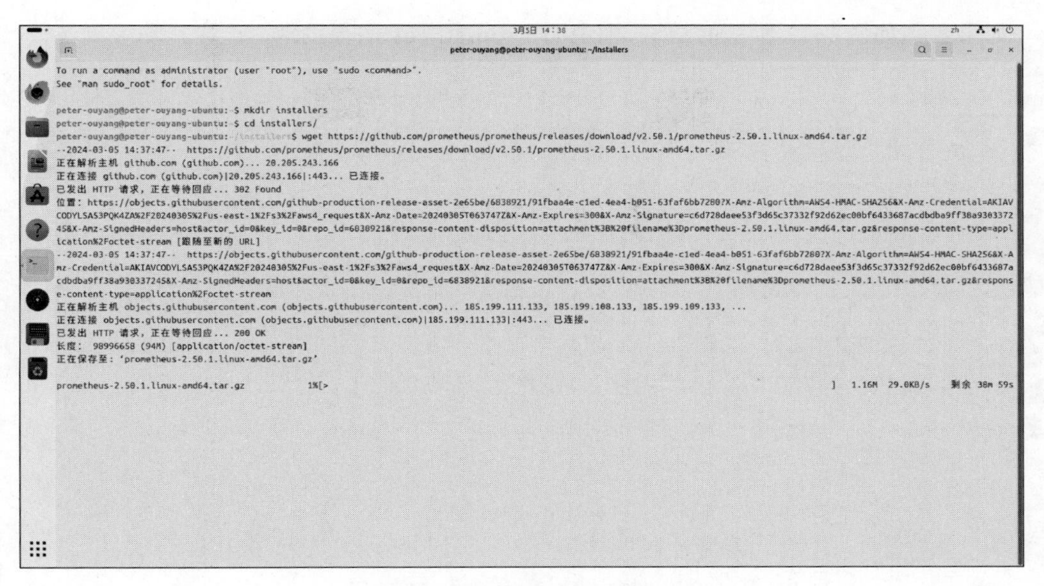

图 7-11　下载 Prometheus 安装包

设置环境变量并将 Prometheus 注册为系统服务，命令如下：

```
cat >> /etc/profile << EOF
PATH = /data/prometheus/bin: $ PATH: $ HOME/bin
EOF

cat >>/etc/systemd/system/prometheus. service << EOF
[Unit]
Description = Prometheus
Documentation = https://prometheus. io/
After = network. target

[Service]
Type = simple
User = prometheus
ExecStart = /data/prometheus/bin/prometheus  -- config. file = /data/prometheus/conf/prometheus. yml
 -- storage. tsdb. path = /data/prometheus/data  -- storage. tsdb. retention = 90d
Restart = on - failure

[Install]
WantedBy = multi - user. target
EOF
```

最后启动并查看 Prometheus 的运行状态，命令如下：

```
systemctl daemon - reload
systemctl enable prometheus
systemctl start prometheus
systemctl status prometheus
```

如果看到如图 7-12 所示的结果,则说明 Prometheus 运行正常。

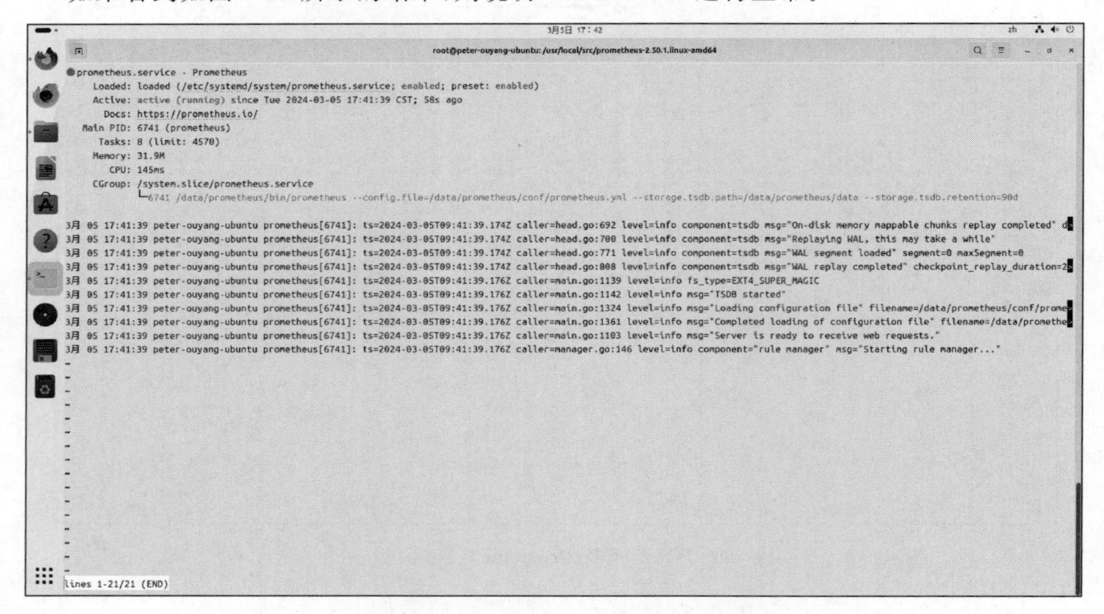

图 7-12　查看 Prometheus 的运行状态

Prometheus 默认的启动端口为 9090,通过浏览器查看 9090 端口可以看到 Prometheus 提供的简单 Web 页面,如图 7-13 所示。

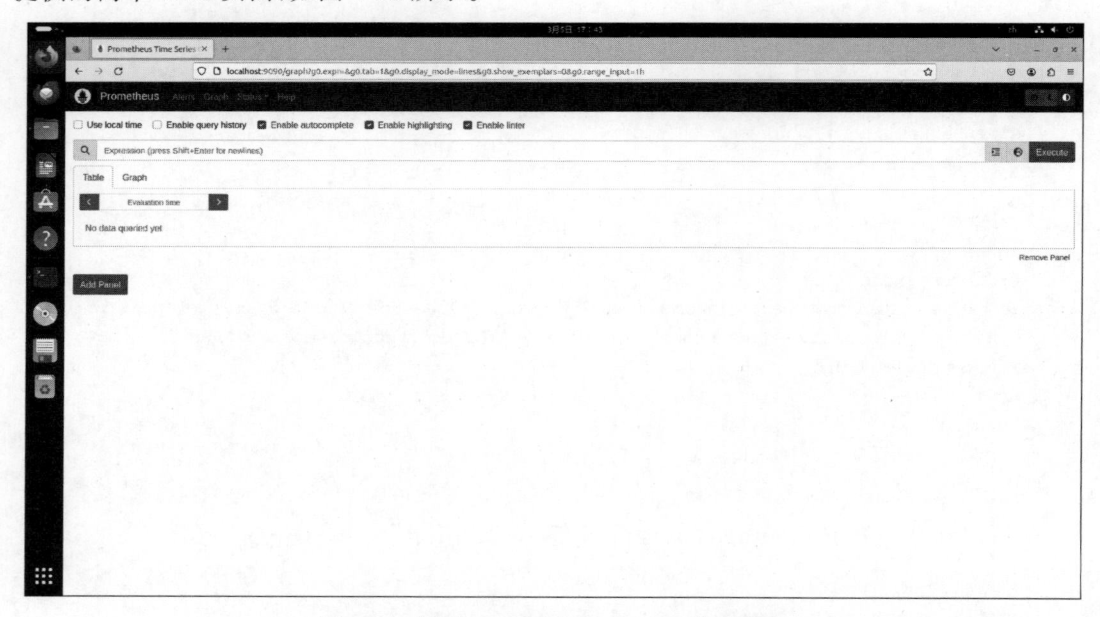

图 7-13　通过 Web 查看 Prometheus 监控状态

接下来安装 Grafana,首先进入 Grafana 官方网站下载 Linux 的安装包并按照指引进行安装，如图 7-14 所示。

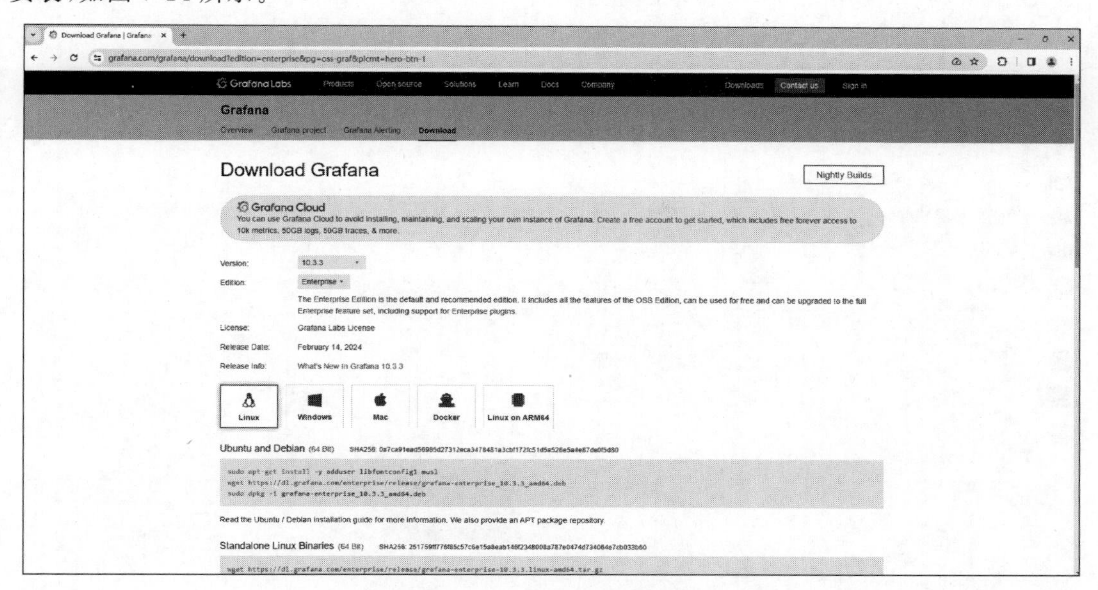

图 7-14 Grafana 下载页面

安装完成后启动 Grafana，使用下面的命令即可：

```
systemctl start grafana - server
systemctl status grafana - server
```

如果看到如图 7-15 所示的结果，则说明 Grafana 运行正常。

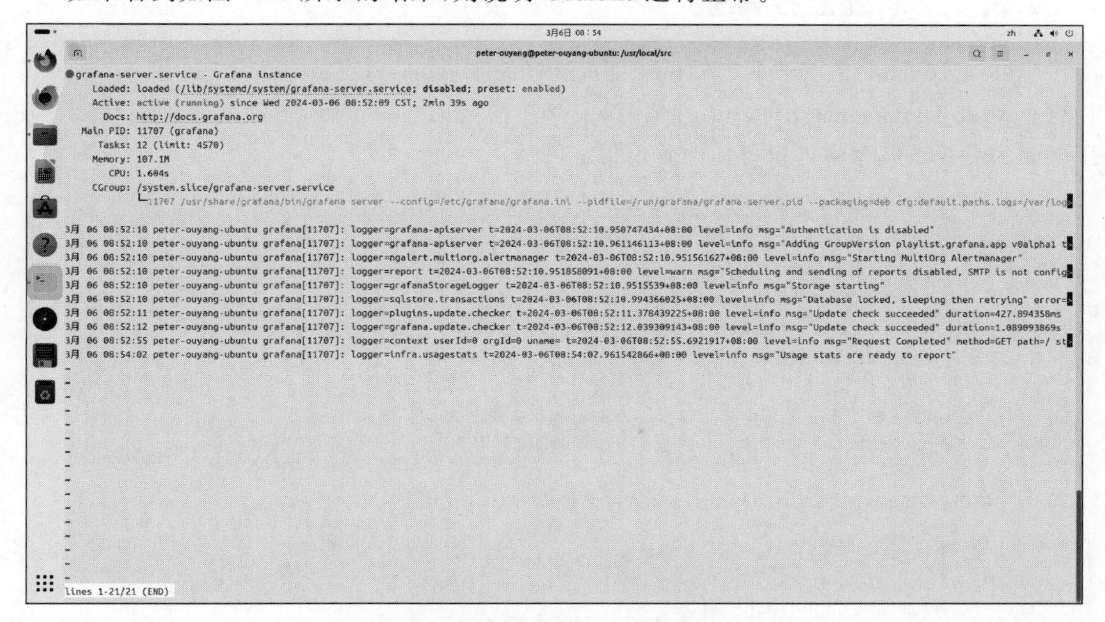

图 7-15 查看 Grafana 的运行状态

Grafana 默认使用 3000 端口，在浏览器打开 3000 端口并输入默认的用户名/密码(admin/admin)即可进入 Grafana 的控制台，如图 7-16 所示。

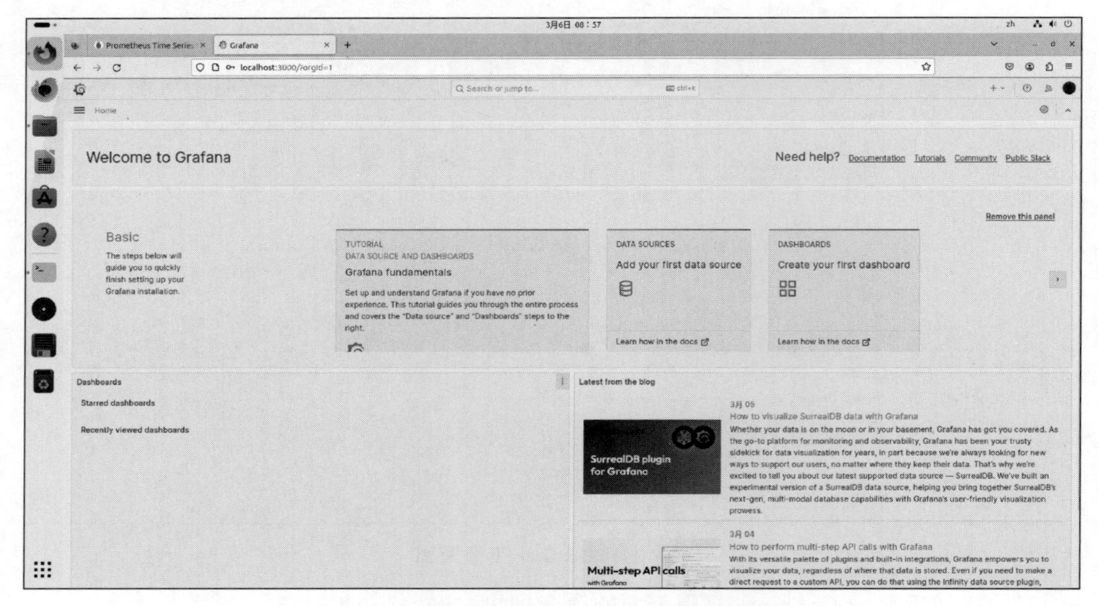

图 7-16 通过浏览器查看 Grafana 的控制台

本节完成了监控所需软件与环境的配置，后面几节将在本节的基础上添加监控指标。

7.3.2 系统监控配置

Node Exporter 是用于采集 Linux 主机指标的 Exporter，支持采集 CPU、内存、磁盘等信息。Node Exporter 采用 Go 语言编写，不存在任何第三方依赖，下载解压即可使用。使用下面的命令下载并将可执行文件放入指定目录：

```
wget https://github.com/prometheus/node_exporter/releases/download/v1.7.0/node_exporter-1.7.0.linux-amd64.tar.gz
tar -xvf node_exporter-1.7.0.linux-amd64.tar.gz

NODE_EXPORTER_PATH='/data/prometheus/node_exporter/'
mkdir -p ${NODE_EXPORTER_PATH}

cp node_exporter-1.7.0.linux-amd64/node_exporter ${NODE_EXPORTER_PATH}
chown -R prometheus:prometheus ${NODE_EXPORTER_PATH}
```

将 Node Exporter 配置为系统服务，命令如下：

```
cat > /lib/systemd/system/node_exporter.service << EOF
[Unit]
Description=node_exporter
```

```
Documentation = https://prometheus.io/
After = network.target

[Service]
Type = simple
User = prometheus
ExecStart = /data/prometheus/node_exporter/node_exporter
Restart = on - failure

[Install]
WantedBy = multi - user.target
EOF
```

使用下面的命令启动 Node Exporter 服务并查看其运行状态：

```
systemctl daemon - reload
systemctl enable node_exporter
systemctl start node_exporter
systemctl status node_exporter
```

若观察到如图 7-17 所示的结果，则说明服务启动正常。

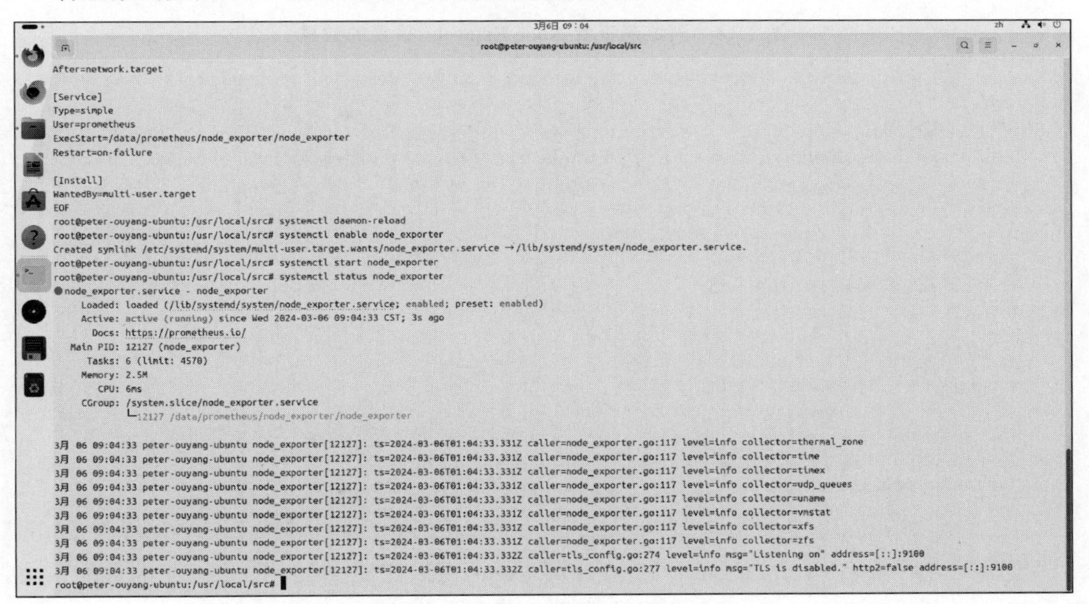

图 7-17　查看 Node Exporter 的运行状态

Node Exporter 默认使用端口 9100，在浏览器访问 9100 端口的 metrics 路径，可以看到 Node Exporter 采集到的最新指标数据，如图 7-18 所示。

Prometheus 的默认配置并不收集 Node Exporter 采集的数据，需要在配置文件/data/prometheus/conf/prometheus.yml 中添加 Node Exporter 的数据采集项，代码如下：

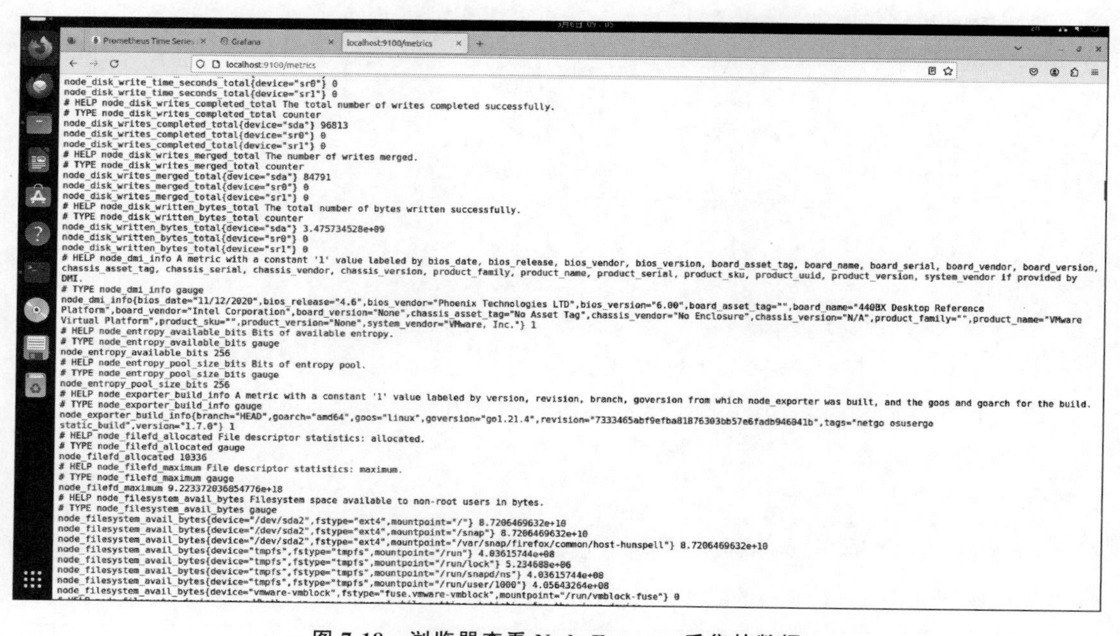

图 7-18 浏览器查看 Node Exporter 采集的数据

```
...
scrape_configs:
  # The job name is added as a label `job=<job_name>` to any timeseries scraped from this config.
  - job_name: 'prometheus'

    # metrics_path defaults to '/metrics'
    # scheme defaults to 'http'.

    static_configs:
  - targets: ["localhost:9090"]

  - job_name: 'node_exporter'
    static_configs:
      - targets: ["localhost:9100"]
```

修改配置后重启 Prometheus，现在 Prometheus 可以完成 Node Exporter 的数据采集，下面使用 Grafana 接入 Prometheus 的数据源进行展示即可。

进入 Grafana 页面，单击 Add your first data source，并将 Prometheus 添加为数据源，如图 7-19 所示，在页面中填写 Prometheus 相关配置。

完成配置后，可以看到 Grafana 展示 Prometheus 数据的界面如图 7-20 所示。

Grafana 支持灵活设计的仪表盘，用户可以通过创建新的 Dashboard 更加生动地展示监控指标，如图 7-21 所示，可以通过手动或直接导入模板的方式创建仪表盘。

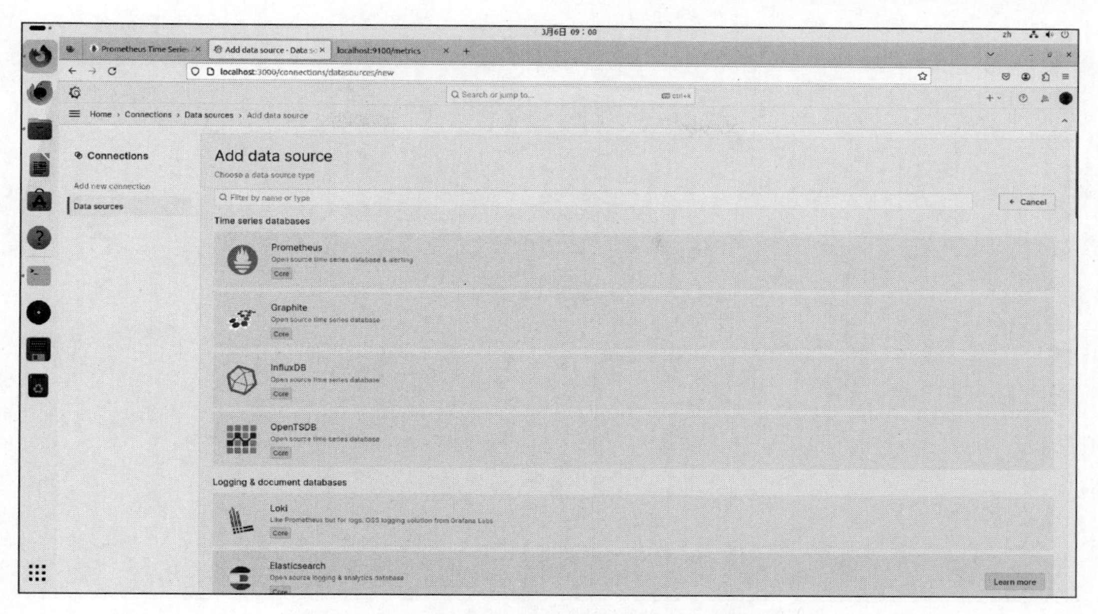

图 7-19　将 Prometheus 添加为 Grafana 数据源

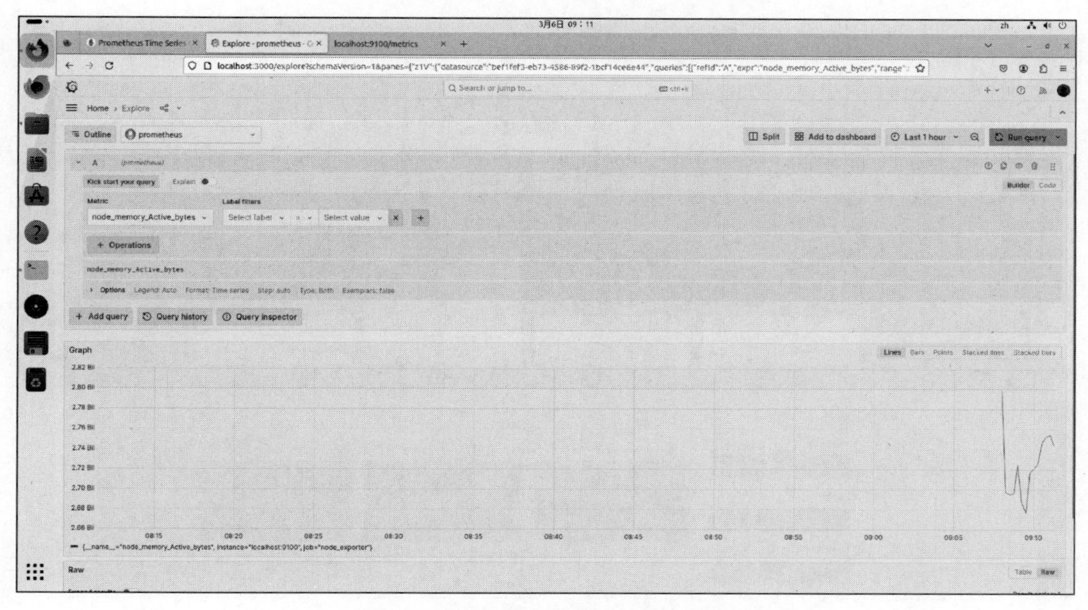

图 7-20　Grafana 展示 Prometheus 数据

由于 Node Exporter 是开源指标收集器，Grafana 提供了众多展示模板，可以直接使用模板库中的仪表盘展示 Node Exporter 的指标情况，图 7-22 展示了 Grafana 提供的模板库。

选中心仪的 Node Exporter 模板库后，将其 URL 粘贴到 Grafana 的导入页面即可，如图 7-23 所示。

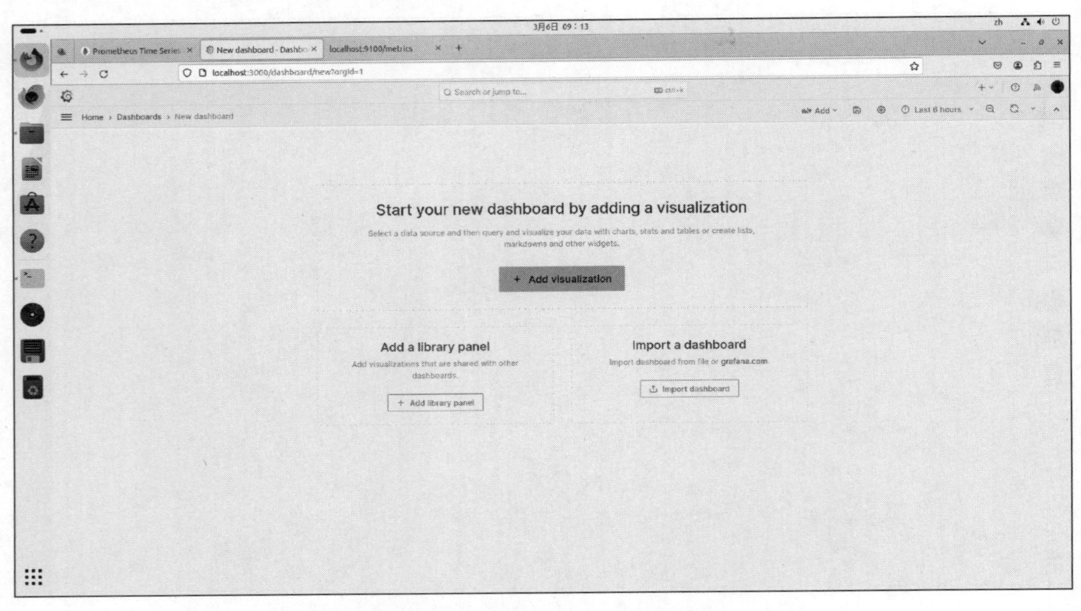

图 7-21　使用 Grafana 创建仪表盘

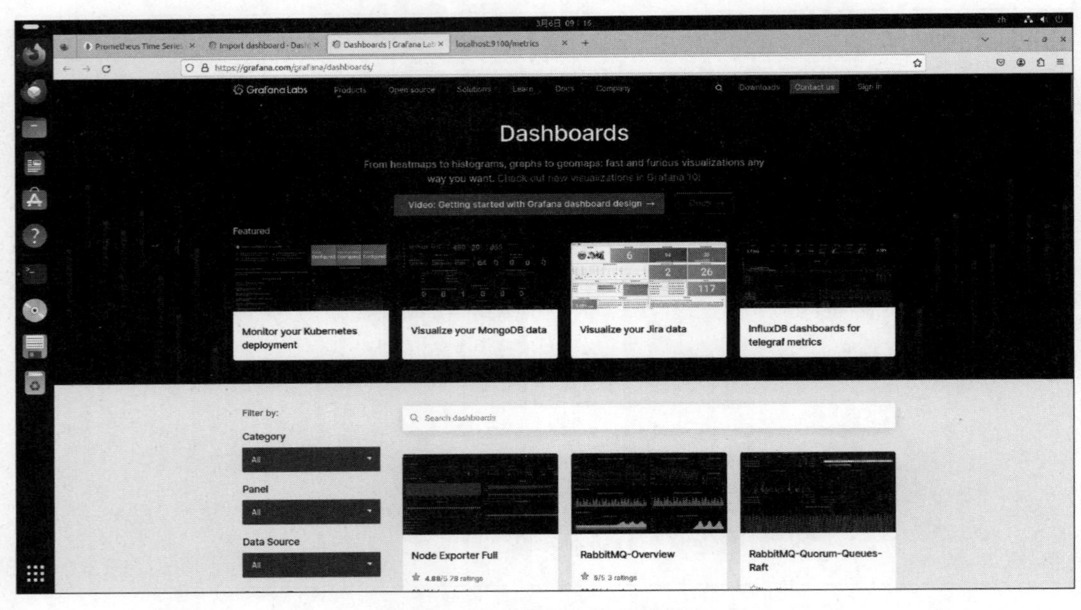

图 7-22　Grafana 仪表盘模板库

导入的模板会自动添加 Node Exporter 作为数据源，添加完成后可以看到类似图 7-24 所示的仪表盘。

从图 7-24 的仪表盘可以便捷地观察操作系统的性能，例如 CPU 或内存的占用情况，根据操作系统的监控指标的变化情况可以指导用户升级硬件或排查程序异常等。

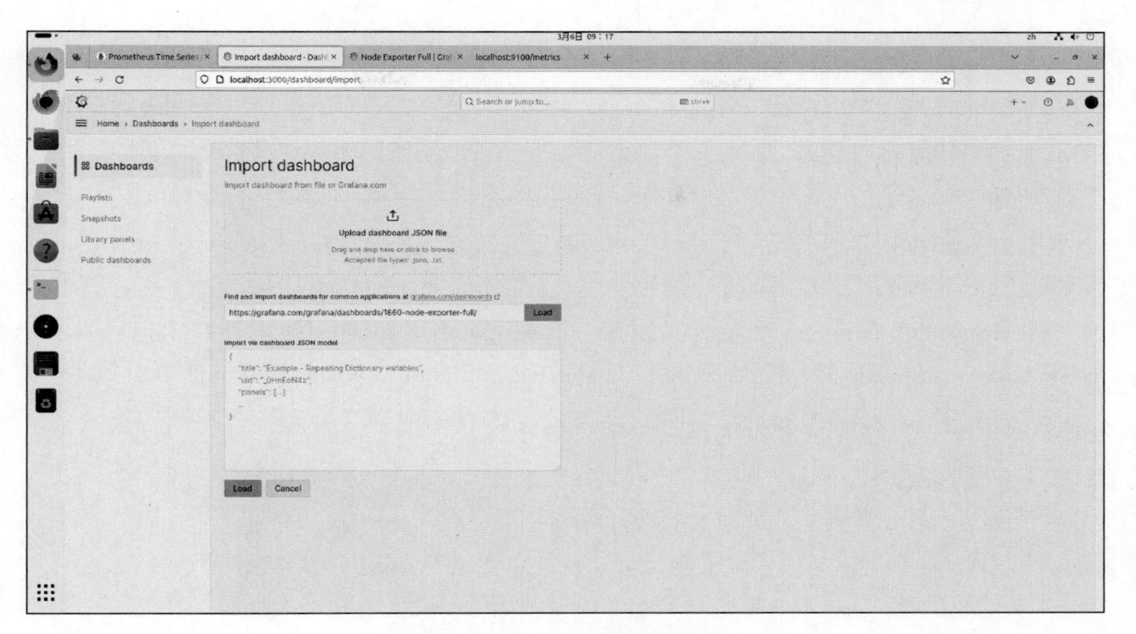

图 7-23　导入 Grafana 仪表盘

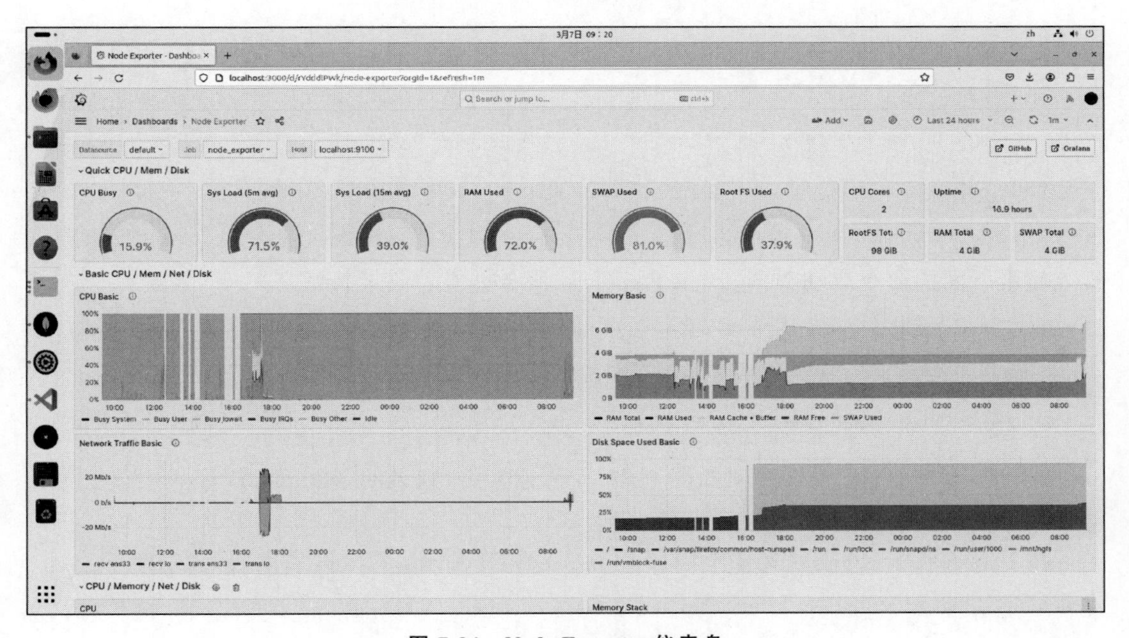

图 7-24　Node Exporter 仪表盘

本书量化系统采用的数据库为 MongoDB，使用 Prometheus＋Grafana 同样可以对 MongoDB 的性能进行监控。本书采用 Percona 开发的 MongoDB Exporter，其安装与配置过程与 Node Exporter 类似。首先使用下面的命令下载并将可执行文件放入指定目录：

```
wget https://github.com/percona/MongoDB_exporter/releases/download/v0.40.0/MongoDB_
exporter-0.40.0.linux-amd64.tar.gz
tar -xvf MongoDB_exporter-0.40.0.linux-amd64.tar.gz

MONGODB_EXPORTER_PATH='/data/prometheus/node_exporter/'
mkdir -p ${MONGODB_EXPORTER_PATH}

cp MongoDB_exporter-0.40.0.linux-amd64/MongoDB_exporter ${MONGODB_EXPORTER_PATH}
chown -R prometheus:prometheus ${MONGODB_EXPORTER_PATH}
```

将 MongoDB Exporter 配置为系统服务，MongoDB Exporter 的启动脚本通过--web.listen-address 选项选择服务开启的端口，这将在之后 Prometheus 的配置文件中用到：

```
cat > /lib/systemd/system/MongoDB_exporter.service << EOF
[Unit]
Description=MongoDB_exporter
Documentation=https://prometheus.io/
After=network.target

[Service]
Type=simple
User=prometheus
ExecStart=/data/prometheus/MongoDB_exporter/MongoDB_exporter
--Mongodb.uri=MongoDB://[用户]:[密码]@[主机]:[端口]
--web.listen-address=:9200 --collect-all --compatible-mode
Restart=on-failure

[Install]
WantedBy=multi-user.target
EOF
```

使用下面的命令启动 MongoDB Exporter 服务并查看其运行状态：

```
systemctl daemon-reload
systemctl enable MongoDB_exporter
systemctl start MongoDB_exporter
systemctl status MongoDB_exporter
```

执行以上命令后，如果看到如图 7-25 所示的界面，则说明 MongoDB Exporter 已经启动成功。

在 Prometheus 的配置文件中添加 MongoDB Exporter 的数据采集项，代码如下：

```
…
scrape_configs:
  # The job name is added as a label `job=<job_name>` to any timeseries scraped from this
# config.
  - job_name: 'prometheus'

    # metrics_path defaults to '/metrics'
```

```
    # scheme defaults to 'http'.

    static_configs:
    - targets: ["localhost:9090"]

  - job_name: 'node_exporter'
    static_configs:
      - targets: ["localhost:9100"]

  - job_name: 'MongoDB_exporter'
    static_configs:
      - targets: ["localhost:9200"]
```

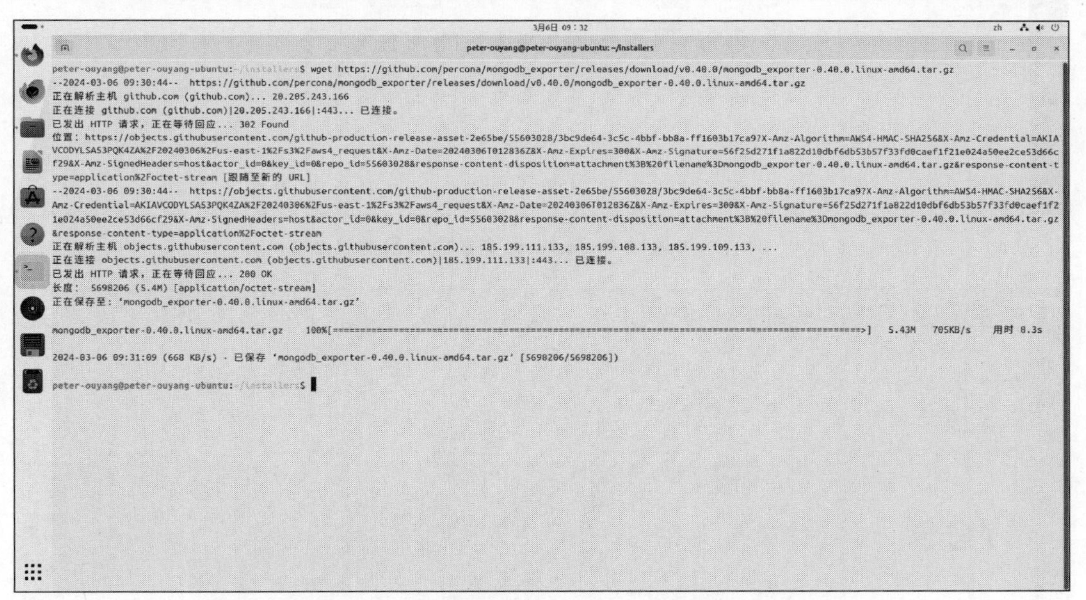

图 7-25 查看 MongoDB Exporter 的运行状态

重启 Prometheus，现在 Prometheus 可以完成 MongoDB Exporter 的数据采集工作，在 Prometheus 提供的简单 Web 页面中可以查看各指标收集器的运行状况，如图 7-26 所示。

从图 7-26 可以看出，各收集器均运行正常。通过 Grafana 添加适用 MongoDB Exporter 的仪表板，能够得到如图 7-27 所示的仪表盘。

本节完成了操作系统和量化系统组件层面的监控指标收集与展示，通过 Grafana 仪表盘强大的数据展示能力，用户可以直观便捷地感受系统的状态，7.3.3 节将介绍自定义监控指标。

7.3.3 自定义监控指标

通过 7.3.2 节使用开源 Exporter，读者能够体会到使用 Prometheus + Grafana 进行监

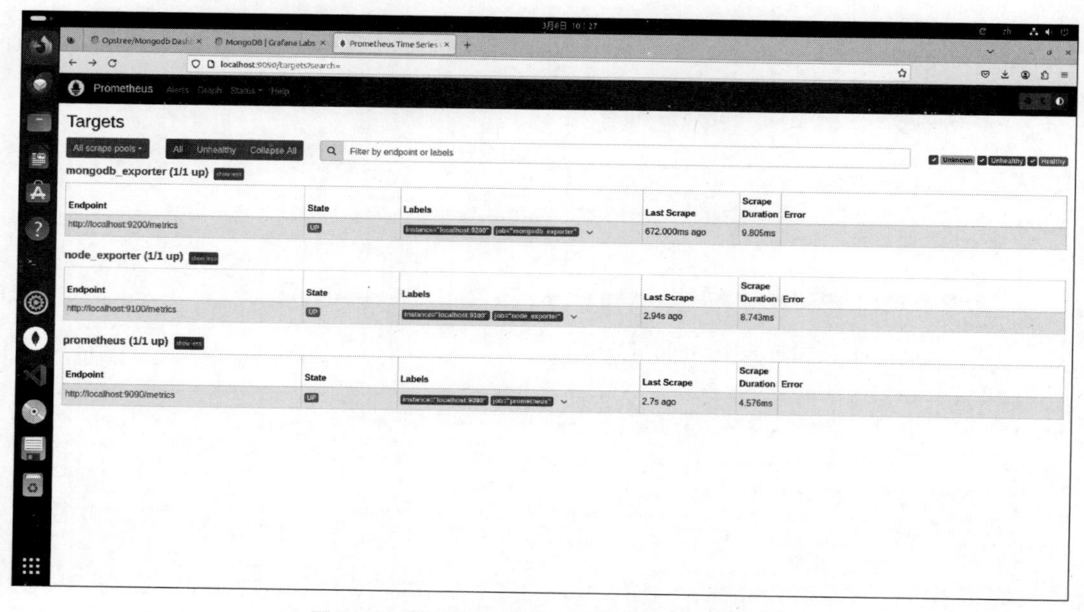

图 7-26　通过 Prometheus 查看收集器的状态

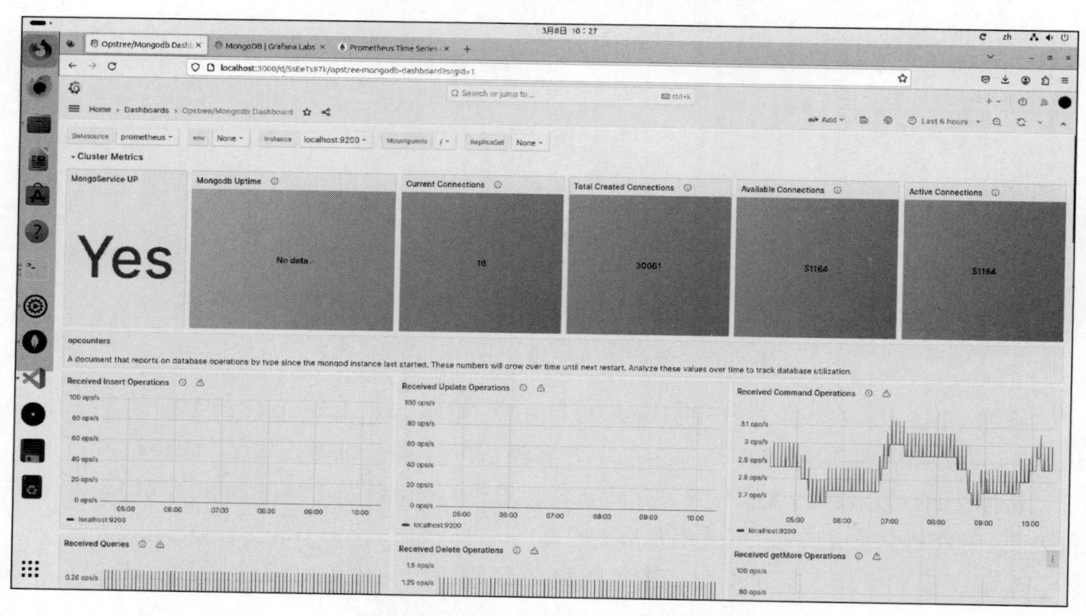

图 7-27　MongoDB Exporter 仪表盘

控的大致流程为定义与运行指标收集器、修改 Prometheus 配置文件使其完成收集器数据的采集、开发或导入 Grafana 仪表盘完成数据展示，而在自定义监控指标时，同样也遵循以上流程，许多编程语言都有定义指标收集器的包，在 Python 中为 prometheus_client，主要会用到其中的 start_http_server 方法、CollectorRegistry 类和 Gauge 类。start_http_server

用于启动 HTTP 服务器为 Prometheus 传递数据，CollectorRegistry 类用于注册收集器，Gauge 类用于收集指标值。创建 Gauge 实例时需要传入收集器名称、指标名称等，并将收集器与注册器 CollectorRegistry 的实例绑定，在收集指标值时使用 labels 方法指定指标并使用 set 方法设置值即可，调用 set 方法后的最新指标值会发送给 http_server 便于进一步收集。

下面将在监控系统中添加当日回测次数的指标，使用命令行形式执行的脚本执行回测命令为 python main_cmd.py，通过一定时间间隔扫描当前运行进程，当搜索到非已记录的目标进程 id 时，将回测次数加一并更新监控指标值，当时间跨过一日时重置回测次数。

在 Python 中，可以使用 psutil 模块查看当前系统中的进程，通过查看进程执行的脚本命令判断是否是目标进程，代码如下：

```
//ch7/7.3/collector.py
...
def is_target_process(self, cmd_lines):
    """
    判断目标进程是否存在

    Args:
        cmd_lines (list[str]): 命令行参数

    Returns:
        _type_: _description_
    """
    return self.target in cmd_lines
...
def process(self):
    """
    处理函数
    """
    self.last_datetime = self.this_datetime
    self.this_datetime = datetime.now()

    for pid in psutil.pids():
        try:
            p = psutil.Process(pid)

            if self.is_target_process(p.cmdline()):
                if pid not in self.process_set:
                    self.backtest_times += 1
                    self.process_set.add(pid)
                gauge.labels(names = "times").set(self.backtest_times)
        except psutil.NoSuchProcess:
            #无该进程
            continue

    gauge.labels(names = "times").set(self.backtest_times)
```

```
    print(
        f"上一次监控时间：{self.last_datetime}，本次监控时间：{self.this_datetime}，回测次
数：{self.backtest_times}，进程集合：{self.process_set}"
)
…
```

上面的代码包含指标收集的主逻辑，通过上文的介绍读者对此应不难理解。在主函数中开启 http_server 并绑定注册器即可，完整的代码如下：

```
//ch7/7.3/collector.py
from datetime import datetime
import time
import psutil
from prometheus_client import start_http_server, CollectorRegistry, Gauge


reg = CollectorRegistry()
gauge = Gauge("backtest", "回测次数", ["names"], registry=reg)


class BacktestMonitor:
    """回测监控类"""

    interval = 5
    port = 9300

    def __init__(self, target: str = "main_cmd.py"):
        self.target = target
        self.last_datetime = datetime.now()
        self.this_datetime = datetime.now()
        self.process_set = set()
        self.backtest_times = 0

    def trying_reset_backtest_times(self):
        """
        每日重置回测次数
        """
        if self.this_datetime.date() != self.last_datetime.date():
            self.backtest_times = 0
            print("监控次数重置")

    def run(self):
        """
        运行主函数
        """
        print(f"监控开始：{self.port}")
        start_http_server(self.port, registry=reg)
        while True:
            self.process()
```

```
            time.sleep(self.interval)
            self.trying_reset_backtest_times()

    def is_target_process(self, cmd_lines):
        …


    def process(self):
        …


if __name__ == "__main__":
    monitor = BacktestMonitor()
    monitor.run()
```

执行以上脚本,并在后台执行回测指令,可以在命令行看到如图 7-28 所示的提示信息。

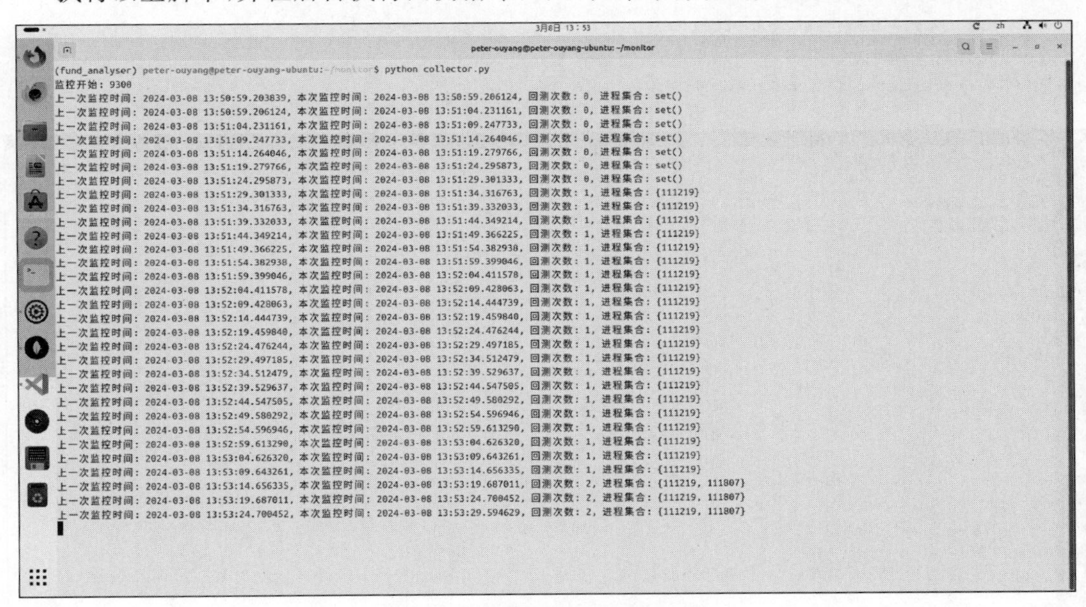

图 7-28 执行回测次数监控脚本

从图 7-28 可以看出,随着后台运行回测脚本,监控脚本成功地获取了执行次数数据。监控脚本默认通过 9300 端口发送监控数据,在浏览器中打开 9300 端口可以看到如图 7-29 所示的数据。

在 Prometheus 的配置文件中添加自定义的监控数据源,代码如下:

```
…
scrape_configs:
  # The job name is added as a label `job = < job_name >` to any timeseries scraped from this config.
  - job_name: 'prometheus'
```

```
    # metrics_path defaults to '/metrics'
    # scheme defaults to 'http'.

    static_configs:
    - targets: ["localhost:9090"]

  - job_name: 'node_exporter'
    static_configs:
      - targets: ["localhost:9100"]

  - job_name: 'MongoDB_exporter'
    static_configs:
      - targets: ["localhost:9200"]

  - job_name: 'backtest_exporter'
    static_configs:
      - targets: ["localhost:9300"]
```

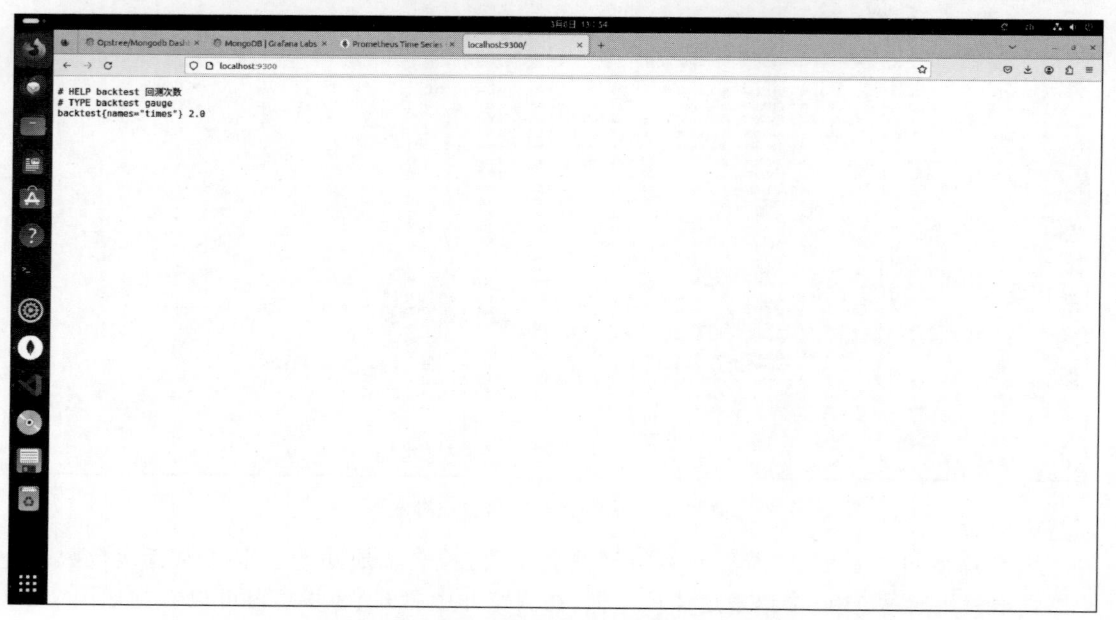

图 7-29　通过浏览器查看自定义监控数据

在 Grafana 中创建自定义 Dashboard 并添加 Prometheus 中的 Backtest 收集器作为数据源即可，如图 7-30 所示。

如图 7-30 所示，在仪表盘中可以清晰地展现当日回测次数发生的变化。7.3.4 节将使用 Grafana 设置告警来监控指标异常情形。

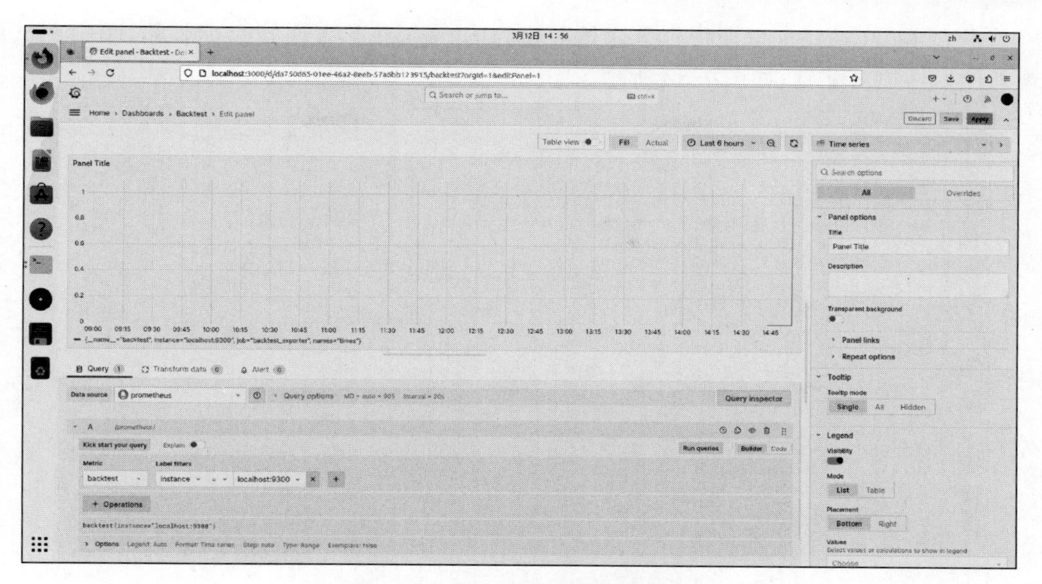

图 7-30　自定义仪表盘监控数据

7.3.4　设置监控告警

当监控指标发生异常时，Grafana 支持通过多途径发送异常提醒，本节以发送邮件的告警形式介绍其用法。

在 Grafana 的 Alerting 配置中总共包括三部分：告警规则、告警途径及两者之间的映射关系，如图 7-31 所示。

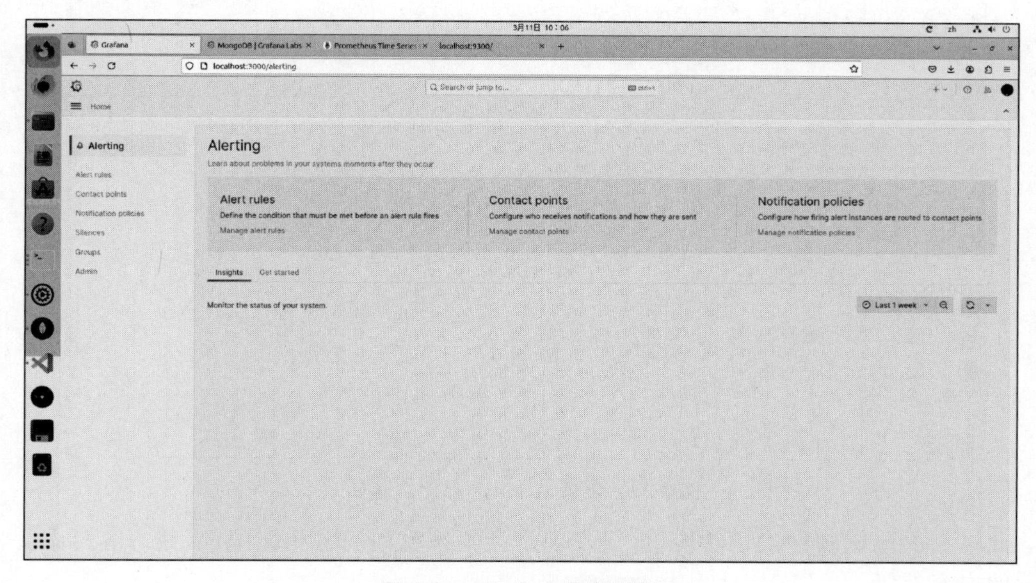

图 7-31　Grafana 告警配置

单击 Contact points 以便将告警途径配置为 Email，并配置通知目标邮箱，单击测试后发现邮件发送项未配置，如图 7-32 所示。

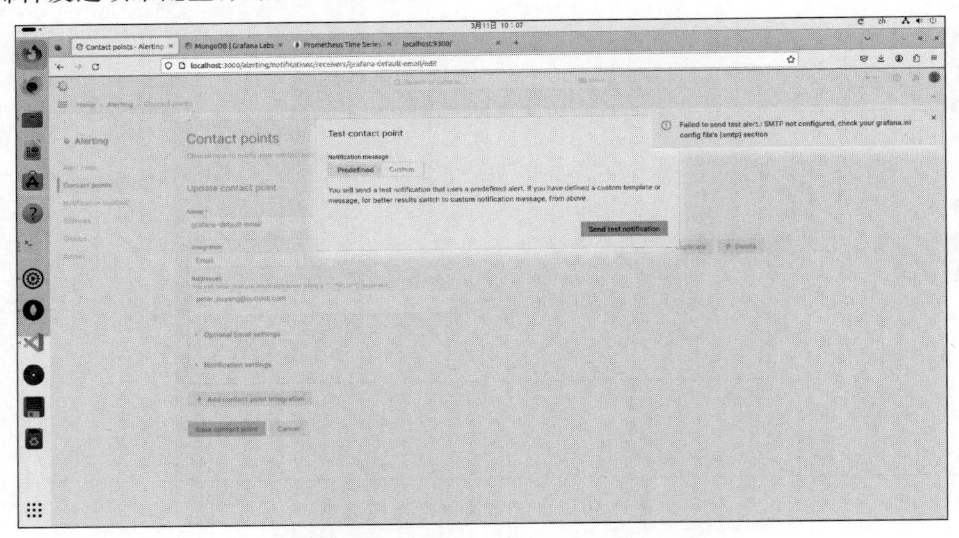

图 7-32 测试 Grafana 邮件发送

使用下面的命令修改 Grafana 的配置：

```
vim /etc/grafana/grafana.ini
```

在 smtp 配置项中配置邮件发送的用户名和密码等信息即可，如图 7-33 所示。

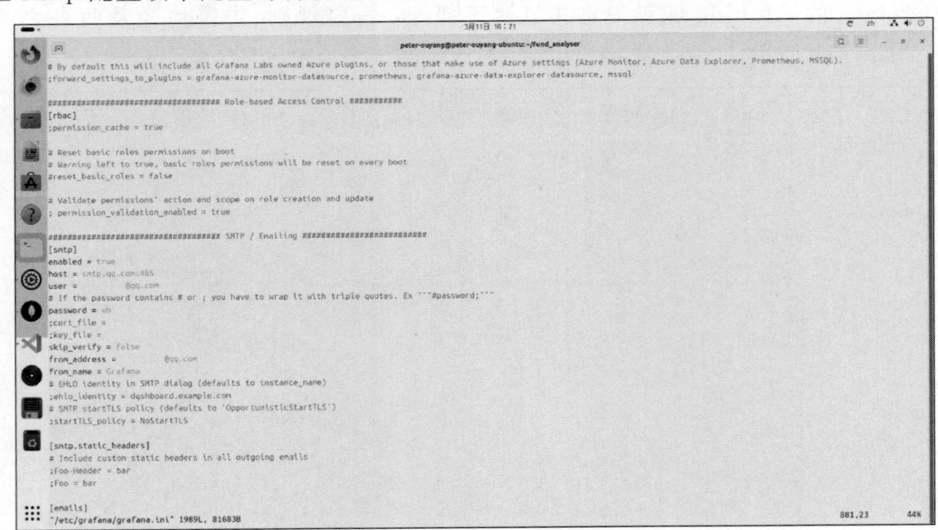

图 7-33 配置 Grafana 邮件发送项

此时再次测试邮件发送功能，可以发现目标邮箱收到一封测试邮件，其内容与图 7-34 所示的内容类似。

图 7-34　Grafana 测试邮件

完成邮件通知链路的配置后，下一步新建告警规则，本节制定的规则为若当日回测次数在 5 次以上，则进行邮件提醒。在新建告警规则的页面定义告警规则即可，新建规则分为 3 个步骤：数据采集规则、数据聚合规则、数据告警条件，如图 7-35 所示。

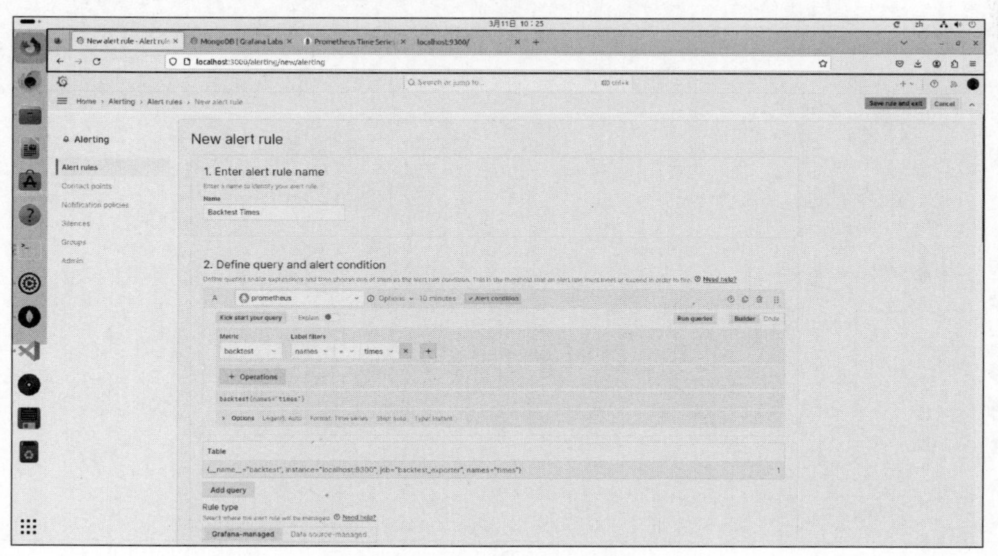

图 7-35　设置 Grafana 告警规则

在设置“数据采集规则”时，直接选择 backtest 中的次数即可，而在“数据聚合规则”中选取最后一个数据，即选择最新的回测次数；在“数据告警条件”中设置大于 5 即可。完成配置后可以看到已新建如图 7-36 所示的告警规则。

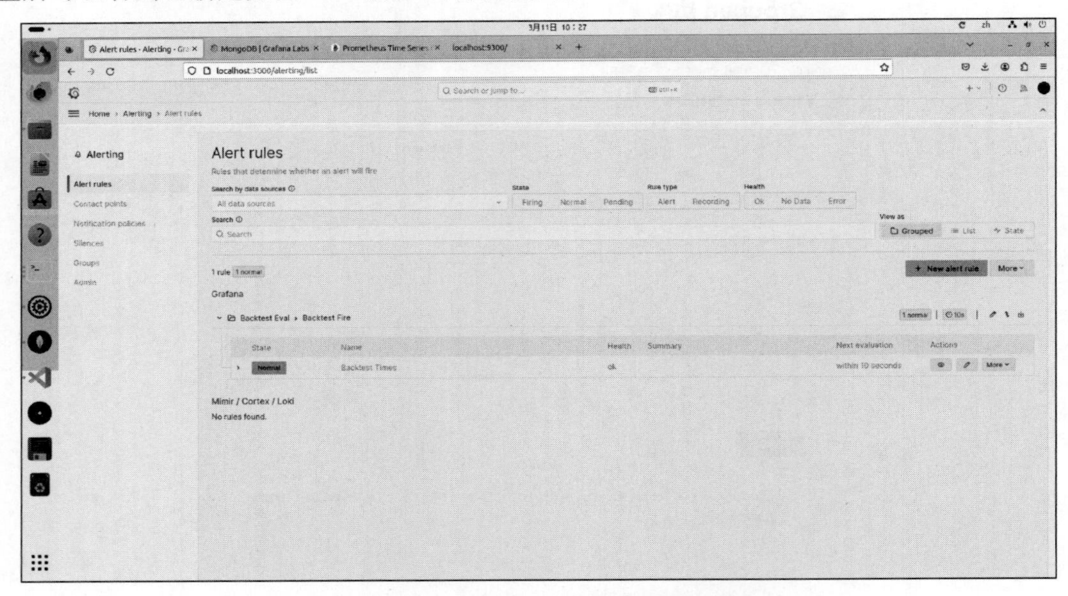

图 7-36 完成 Grafana 告警规则的创建

在后台执行回测脚本直至告警条件触发，本节执行了 6 次回测，监控仪表盘如图 7-37 所示。

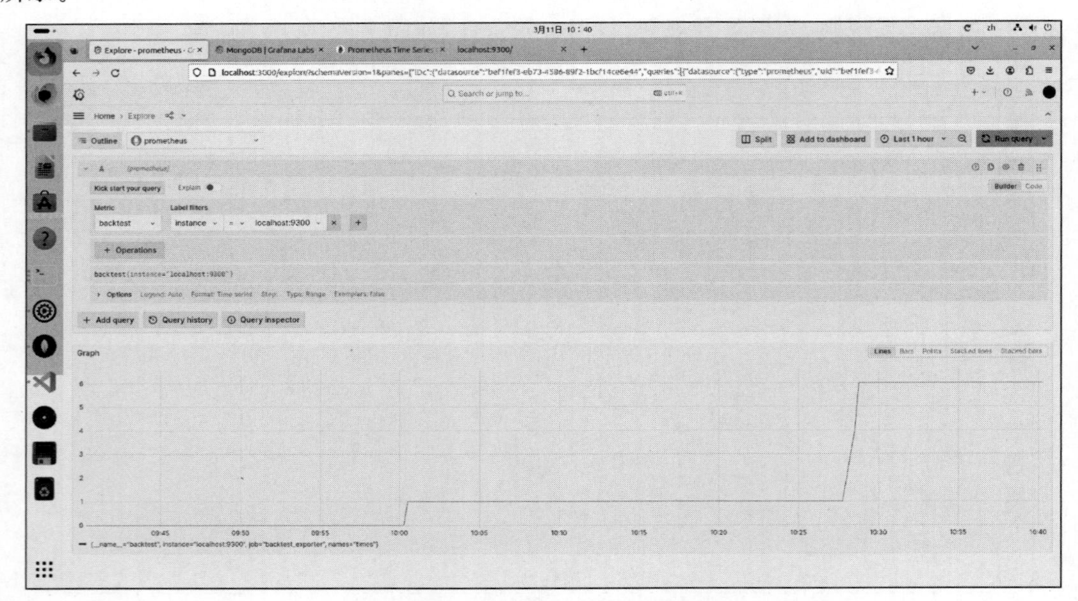

图 7-37 触发 Grafana 告警规则

触发规则后，目标邮箱会收到告警邮件，内容如图 7-38 所示。

图 7-38　Grafana 告警邮件

图 7-38 中的 A、B、C 分别代表数据采集规则、数据聚合规则、数据告警条件三者的结果，A=6 表明采集到的回测次数为 6，B=6 表明最新的回测次数为 6，而 C=1 表明此时阈值被触发，即回测次数已超过 5 次。Grafana 支持接入钉钉机器人进行提醒，适用于实时监控告警消息推送的需求，本书对此不进行介绍。

7.4　小结

本章介绍了对量化系统的优化方法与上线管理等，将系统可视化以便于使用，并配置 Prometheus + Grafana 对系统性能进行监控。读者可以在本章的基础上改进系统可视化的方式，并开发更多适合自身需求的监控指标，以保障系统在线上的平稳运行。

图书推荐

书　　名	作　　者
仓颉语言元编程	张磊
仓颉语言实战(微课视频版)	张磊
仓颉语言核心编程——入门、进阶与实战	徐礼文
仓颉语言程序设计	董昱
仓颉程序设计语言	刘安战
仓颉语言极速入门——UI 全场景实战	张云波
HarmonyOS 移动应用开发(ArkTS 版)	刘安战、余雨萍、陈争艳 等
深度探索 Vue.js——原理剖析与实战应用	张云鹏
前端三剑客——HTML5+CSS3+JavaScript 从入门到实战	贾志杰
剑指大前端全栈工程师	贾志杰、史广、赵东彦
Flink 原理深入与编程实战——Scala+Java(微课视频版)	辛立伟
Spark 原理深入与编程实战(微课视频版)	辛立伟、张帆、张会娟
PySpark 原理深入与编程实战(微课视频版)	辛立伟、辛雨桐
HarmonyOS 应用开发实战(JavaScript 版)	徐礼文
HarmonyOS 原子化服务卡片原理与实战	李洋
鸿蒙操作系统开发入门经典	徐礼文
鸿蒙应用程序开发	董昱
鸿蒙操作系统应用开发实践	陈美汝、郑森文、武延军、吴敬征
HarmonyOS 移动应用开发	刘安战、余雨萍、李勇军 等
HarmonyOS App 开发从 0 到 1	张诏添、李凯杰
JavaScript 修炼之路	张云鹏、戚爱斌
JavaScript 基础语法详解	张旭乾
华为方舟编译器之美——基于开源代码的架构分析与实现	史宁宁
Android Runtime 源码解析	史宁宁
恶意代码逆向分析基础详解	刘晓阳
网络攻防中的匿名链路设计与实现	杨昌家
深度探索 Go 语言——对象模型与 runtime 的原理、特性及应用	封幼林
深入理解 Go 语言	刘丹冰
Vue+Spring Boot 前后端分离开发实战	贾志杰
Spring Boot 3.0 开发实战	李西明、陈立为
Flutter 组件精讲与实战	赵龙
Flutter 组件详解与实战	[加]王浩然(Bradley Wang)
Dart 语言实战——基于 Flutter 框架的程序开发(第 2 版)	亢少军
Dart 语言实战——基于 Angular 框架的 Web 开发	刘仕文
IntelliJ IDEA 软件开发与应用	乔国辉
Python 量化交易实战——使用 vn.py 构建交易系统	欧阳鹏程
Python 从入门到全栈开发	钱超
Python 全栈开发——基础入门	夏正东
Python 全栈开发——高阶编程	夏正东
Python 全栈开发——数据分析	夏正东
Python 编程与科学计算(微课视频版)	李志远、黄化人、姚明菊 等
Diffusion AI 绘图模型构造与训练实战	李福林
HuggingFace 自然语言处理详解——基于 BERT 中文模型的任务实战	李福林
图像识别——深度学习模型理论与实战	于浩文

续表

书　名	作　者
数字 IC 设计入门(微课视频版)	白栎旸
动手学推荐系统——基于 PyTorch 的算法实现(微课视频版)	於方仁
人工智能算法——原理、技巧及应用	韩龙、张娜、汝洪芳
Python 数据分析实战——从 Excel 轻松入门 Pandas	曾贤志
Python 概率统计	李爽
Python 数据分析从 0 到 1	邓立文、俞心宇、牛瑶
从数据科学看懂数字化转型——数据如何改变世界	刘通
鲲鹏架构入门与实战	张磊
鲲鹏开发套件应用快速入门	张磊
华为 HCIA 路由与交换技术实战	江礼教
华为 HCIP 路由与交换技术实战	江礼教
openEuler 操作系统管理入门	陈争艳、刘安战、贾玉祥 等
5G 核心网原理与实践	易飞、何宇、刘子琦
Python 游戏编程项目开发实战	李志远
编程改变生活——用 Python 提升你的能力(基础篇·微课视频版)	邢世通
编程改变生活——用 Python 提升你的能力(进阶篇·微课视频版)	邢世通
编程改变生活——用 PySide6/PyQt6 创建 GUI 程序(基础篇·微课视频版)	邢世通
编程改变生活——用 PySide6/PyQt6 创建 GUI 程序(进阶篇·微课视频版)	邢世通
FFmpeg 入门详解——音视频原理及应用	梅会东
FFmpeg 入门详解——SDK 二次开发与直播美颜原理及应用	梅会东
FFmpeg 入门详解——流媒体直播原理及应用	梅会东
FFmpeg 入门详解——命令行与音视频特效原理及应用	梅会东
FFmpeg 入门详解——音视频流媒体播放器原理及应用	梅会东
精讲 MySQL 复杂查询	张方兴
Python Web 数据分析可视化——基于 Django 框架的开发实战	韩伟、赵盼
Python 玩转数学问题——轻松学习 NumPy、SciPy 和 Matplotlib	张骞
Pandas 通关实战	黄福星
深入浅出 Power Query M 语言	黄福星
深入浅出 DAX——Excel Power Pivot 和 Power BI 高效数据分析	黄福星
从 Excel 到 Python 数据分析：Pandas、xlwings、openpyxl、Matplotlib 的交互与应用	黄福星
云原生开发实践	高尚衡
云计算管理配置与实战	杨昌家
虚拟化 KVM 极速入门	陈涛
虚拟化 KVM 进阶实践	陈涛
HarmonyOS 从入门到精通 40 例	戈帅
OpenHarmony 轻量系统从入门到精通 50 例	戈帅
AR Foundation 增强现实开发实战(ARKit 版)	汪祥春
AR Foundation 增强现实开发实战(ARCore 版)	汪祥春